पुस्तक की प्रशंसा में

'भारत ने पिछले एक हज़ार साल में काफ़ी कुछ सहा है। इसके बावजूद, हम उन गिनी-चुनी प्रमुख प्राचीन सभ्यताओं में से हैं जो ऐसे हमलों के बावजूद बची हुई हैं जिन्होंने हमारे साथ ही सभ्यता के पथ पर बढ़ना शुरू करने वाली अनेक अन्य संस्कृतियों का सफ़ाया कर दिया। यह इसलिए हो सका क्योंकि हमारे पूर्वजों ने हमारी विरासत को सँजोकर रखा। उन्होंने इसकी रक्षा के लिए लड़ाई लड़ी। दुख की बात है कि आधुनिक भारतीयों ने हमारी राष्ट्रीय धरोहर की उतने उत्साह से परवाह नहीं की। जिन्होंने इसकी परवाह नहीं की उनमें कला व्यवसायी सुभाष कपूर शामिल है जिसके बारे में भारतीय अदालतों ने कहा है कि उसने हमारी बहुत सारी मूर्तियों की चोरी की और उन्हें विदेशियों के हाथों में बेचने में कई लोगों का साथ दिया। दुख की बात है कि हमारी धरोहर के ख़िलाफ़ इस अपराध में अनेक भारतीयों ने सुभाष का साथ दिया। हालाँकि, उनमें से कुछ ने इन ग़लत लोगों का मुक़ाबला भी किया। विजय उनमें से ही एक है। इस पुस्तक को पढ़िए और जानिए कि हम अपनी संस्कृति को जीवित रखने के लिए क्या कर सकते हैं और कैसे लड़ सकते हैं। इस पुस्तक को ख़रीदिए और उस संघर्ष के बारे में पढ़िए जो हमारे देवताओं को अपने घर लाने के लिए किया गया। अपनी बहुमूल्य विरासत के लिए हम कम से कम इतना तो कर ही सकते हैं।'

—अमीष

'यह पूरी तरह से बाँधे रखने वाला क्राइम थ्रिलर है, बस फ़र्क़ यह है कि यह सच्ची घटनाओं पर आधारित है। मुख्य पैरोकारों में से एक द्वारा लिखी गई यह किताब हमें उन अंतरराष्ट्रीय आपराधिक नेटवर्क के बारे में बताती है जिन्होंने भारत की लाखों डॉलर मूल्य की प्राचीन कलाकृतियाँ चुराई हैं, और उन असाधारण लोगों के बारे में भी बताती है जो उन्हें पकड़ने में लगे हैं। पिछले कुछ वर्षों में मैंने जो सर्वश्रेष्ठ पुस्तकें पढ़ी हैं, यह उनमें से एक है।'

—संजीव सान्याल

'आकर्षक और मंत्रमुग्ध करने वाली पुस्तक। इसे किसी सस्पेंस थ्रिलर फ़िल्म की पटकथा की तरह पढ़िए। वास्तविक अपराध की यह सर्वश्रेष्ठ प्रस्तुति है।'

—हुसैन ज़ैदी

मूर्ति चोर

भारतीय मंदिरों को लूटने की सच्ची कहानी

एस. विजय कुमार

अनुवाद - महेन्द्र नारायण सिंह यादव

मंजुल पब्लिशिंग हाउस

MANJUL

मंजुल पब्लिशिंग हाउस

कॉर्पोरेट एवं संपादकीय कार्यालय

• द्वितीय तल, उषा प्रीत कॉम्प्लेक्स, 42 मालवीय नगर, भोपाल-462 003

विक्रय एवं विपणन कार्यालय

• सी-16, सेक्टर 3, नोएडा, उत्तर प्रदेश, 201301

वेबसाइट : www.manjulindia.com

वितरण केन्द्र

अहमदाबाद, बेंगलुरू, भोपाल, कोलकाता, चेन्नई,
हैदराबाद, मुम्बई, नई दिल्ली, पुणे

The Idol Thief by S.Vijay Kumar - Hindi Edition

एस. विजय कुमार द्वारा लिखित मूल अंग्रेजी पुस्तक द आइडल थीफ का हिन्दी अनुवाद

कॉपीराइट © एस. विजय कुमार, 2018

यह संस्करण 2021 में पहली बार प्रकाशित

ISBN 978-93-90085-66-8

अनुवाद : महेन्द्र नारायण सिंह यादव

मुद्रण व जिल्दसाज़ी : रेप्रो इंडिया लिमिटेड

अनुक्रम

पात्रों का परिचय

सुभाष कपूर – न्यू यॉर्क निवासी चर्चित कला व्यवसायी। इस समय वह तमिलनाडु के अनेक मंदिरों से मूर्तियों की चोरी के मुक़दमे के इंतज़ार में चेन्नई में जेल में है। उसकी गिरफ़्तारी के बाद, अमेरिकी अधिकारियों ने सुभाष के भंडारगृह और चित्रशालाओं से 100 मिलियन डॉलर मूल्य की चोरी की कलाकृतियाँ बरामद की थीं, और उसे 'दुनिया की सर्वाधिक लाभप्रद वस्तुओं के तस्करों में से एक' बताया था।

सुषमा सरीन (पूर्व में कपूर) – सुभाष कपूर की बहन। 2011 में सुभाष कपूर की गिरफ़्तारी के बाद से उसके कला व्यवसाय और अन्य मामलों को वही सँभालती आ रही है।

संजीवी अशोकन – चेन्नई से बाहर रहने वाला एक कला व्यवसायी जो सुभाष कपूर को मूर्तियों की सप्लाई किया करता था। संजीवी की गिरफ़्तारी और उसके बाद सुभाष का साथ छोड़ देने के कारण अधिकारी उस तक पहुँचे।

दीनदयाल – सुभाष कपूर को मूर्तियों की सप्लाई करने वाला चेन्नई के बाहर का एक और कला व्यवसायी। अस्सी साल का दीनदयाल 2016 में गिरफ़्तार हुआ था। चेन्नई के उसके मकान और भंडार से क़रीब 200 वस्तुएँ मिली थीं।

शंटू – सुभाष कपूर का सहयोगी जिस पर वह बहुत ज़्यादा भरोसा करता था। उसकी गिरफ़्तारी के बाद सुभाष ने शंटू से अपनी रिहाई के लिए एक भ्रष्ट पुलिस अधिकारी को ब्लैकमेल करने के लिए कहा था।

सेल्वराज – चेन्नई पुलिस की मूर्ति शाखा का एक साहसी अधिकारी। सेल्वराज ने संजीवी अशोकन को, और फिर सुभाष कपूर को पकड़ने में सफलता पाई थी।

कादर बाचा - मूर्ति शाखा में सेल्वराज का डिप्टी।

इंडी - होनहार अमेरिकी पुलिस अधिकारी जो सुभाष कपूर के मामले की जाँच कर रहा है और उसकी व्यापक फ़ाइल तैयार कर रहा है। सुभाष कपूर को इंडी गिरफ़्तार कर पाता, उसके पहले ही सुभाष भारतीय पुलिस की पकड़ में आ गया था।

जेसन फ़ेच, मिशेला बोलैंड और डॉ. किरीट मनकोड़ी - इस पुस्तक के लेखक एस. विजय कुमार के सहयोगी जो उनके साथ ही मूर्ति चोरी का खुलासा करने में क़ानूनी एजेंसियों की मदद करते आ रहे हैं।

ग्रेस परामस्त्री - सुभाष कपूर की पूर्व प्रेमिका और पूर्व व्यापारिक सहयोगी, जो सिंगापुर में प्राचीन कलाकृतियों की दुकान चलाती है। ग्रेस और सुभाष के संबंध कड़वाहट के साथ ख़त्म हुए थे, जिसके कारण ग्रेस सुभाष से नाराज़ थी और उसने भारतीय अधिकारियों की उसे गिरफ़्तार करने में मदद की थी।

सेलिना मोहम्मद - सुभाष कपूर की प्रेमिका और व्यापारिक सहयोगी। सुभाष जिन मूर्तियों को संग्रहालयों और चित्रशालाओं को बेचा करता था, उनके मूल के प्रमाण और काग़ज़ात सेलिना तैयार कराती थी। अपनी गिरफ़्तारी के बाद सुभाष ने सेलिना के पास एक गुप्त नोट भेजा था और कहा था कि नटराज की दो अनमोल मूर्तियाँ और शिवगामी की दो मूर्तियाँ उसके लिए सँभालकर रखे।

आरोन फ्रीडमैन - सुभाष कपूर का सहायक और गैलरी मैनेजर। अब सुभाष के ख़िलाफ़ मामले में वह अमेरिकी अधिकारियों की मदद कर रहा है।

प्राक्कथन

हे देव, इस पृथ्वी पर सुरक्षित रहें

तमिलनाडु में अरियालुर के पास एक छोटे से गाँव में कहीं : ग्यारहवीं शताब्दी ई. के आसपास

शिल्पकार ने मंत्रोच्चारण शुरू किया तो उसकी गहरी आवाज़ कमरे में गूँज गई। फ़र्श पर पालथी मारकर बैठे उसने अपने दोनों हाथ सिर के ऊपर जनेऊ के छोटे फंदे के ऊपर उठाए। एक सिरा उसने अपने काले बाएँ कंधे पर गिरने दिया और दूसरे सिरे को अपने दाहिने हाथ के नीचे से निकाला। जनेऊ के दो और फंदे उसकी जाँघों पर फैले थे। मंत्रोच्चारण जारी रखते हुए उसने झुककर चम्मच उठाई और पानी की कुछ बूँदें अपने दाहिने हाथ पर डालीं और बाक़ी धागों को उसी तरह से पहनना शुरू कर दिया।

उसने अपनी आँखें बंद कीं और अपने प्रथम पूर्वज - सृष्टि के रचयिता विश्वकर्मा की शक्तियों को आमंत्रित किया। मिट्टी के चूल्हे पर खौल रहे कुंगिलियम या साल के पेड़ के अर्क की सुगंध हवा में भरी हुई थी तभी उसने अपनी आँखें खोलीं और अपने बेटे को शुद्ध मधुमोम डालने का इशारा किया। गर्मी में सुनहरा मोम पिघल गया और गाढ़े रंग के कुंगिलियम में मिल गया। उसने कुछ और मोम उसमें डाला ताकि मिश्रण के सभी घटकों का अनुपात बराबर हो जाए। वह आज मुख्य धड़-प्रतिमा की साज-सज्जा करने वाला था।

वह उबलते मिश्रण को देखते ही समझ गया कि यह इच्छित हद तक गाढ़ा हो गया है, और यह अब ठंडे पानी के उस बर्तन को लाने का संकेत है, जिसमें मिश्रण को रखा जाना है। गर्म मिश्रण, पानी में भी तना हुआ था तथा तुरंत सुनी जाने वाली ध्वनि के साथ जम गया। उसके बेटे ने उसे देखा, उसकी आँखें जैसे पूछ

रही थीं कि क्या वो परिणाम का परीक्षण करना चाहेगा। उसने गर्दन ना में हिलाते हुए संकेत दिया कि इसकी ज़रूरत नहीं है।

अब यह अनुकूल समय था, और इसी समय एक बड़े बर्तन में ताज़ा पानी को उबलने के लिए आग पर रख दिया गया। इसी पानी में, ठंडे मोम का मिश्रण डाल दिया गया। यह मोम धीरे-धीरे इसमें अपना आकार खोता जा रहा था। उसने अपनी आँखें पुनः बंद करके नृत्य के देवता नटराज के ध्यान श्लोक वैदिक मंत्र का पाठ किया तथा अपने हाथों से नर्म मोम बाहर निकाला। अपने मन की आँखों से वह स्पष्ट रूप से देख सकता था कि वह किस तरह की छवि थी : त्रिनेत्र भगवान शिव के पीछे उनकी जटाएँ, चारों ओर घूम रही थीं। ऊपरी भुजा बाहर की ओर फैली हुई थी, जिनमें से एक में डमरू तथा दूसरे में आग थी। बायाँ पैर ऊपर गया था और फिर दोनों निचली भुजाओं से उन्होंने अपनी मुद्रा बनाई थी - बाएँ हाथ से गज बनाया था - जो हाथी की सूँड़ जैसा दिख रहा था, साथ ही अँगुलियाँ विनम्र मुद्रा में नीचे के उठे पैरों की ओर इशारा कर रही थीं। यह संकेत देता है कि ईश्वर समस्त परेशानियों एवं बाधाओं को दूर करते हैं; जबकि दाहिना हाथ अभय मुद्रा को प्रदर्शित करता है। यहाँ अँगुलियाँ ऊपर की ओर संकेत करती हैं तथा हथेली दर्शक की ओर होती है। यहाँ ईश्वर का संकेत है कि भक्तों को डरना नहीं चाहिए क्योंकि उसकी रक्षा के लिए वह है। वह मुस्कराया क्योंकि उसने वह दिव्य आभा भी देखी, जब प्रभु ने समस्त विश्व को अपनी तीव्र ज्योति में समेट लिया। ऐसा प्रतीत हो रहा था, जैसे अद्भुत रोशनी शिव की नाभि से निकल रही थी, धीरे-धीरे इसकी तीव्रता बढ़ती चली गई तथा इसके तेज़ से पूरा कमरा जगमगा उठा। उसके कानों ने अपने भगवान के घुँघरुओं और ताल से ताल मिलाने वाली आदिकालीन डमरू को उसी परिपूर्ण ताल में सुना जैसा कि उसकी अँगुलियों ने मोम को आकार दिया था।

अपने कार्यों की समीक्षा के लिए जैसे ही वह उठा, उसकी आँखें नम हो गईं। उसके महसूस करने से पहले कि उसने सिर्फ़ वही दुहराया था जो उसके माध्यम से उसे युगों से सौंपा गया था। उसकी रगों में बसा हज़ारों साल का प्राचीन संचित ज्ञान, अब अनवरत खून की धारा के साथ बहने लगा था। यह उसकी अद्वितीय रचना होगी जिसे वह अपने अलंकरणों एवं प्रतीक चिह्न से अमिट बना देगा, लेकिन इसके लिए उसे एक अलग तरह के मिश्रण की आवश्यकता थी। उसने अपने बेटे को इशारा किया कि वह कुछ और मोम मिलाकर, इसे डेढ़ हिस्सा मोम और एक हिस्सा कुंगिलियम का कर दे।

वह काँसे की मूर्ति बनवा रहा था और उसने धातु के लिए रुपये दिए थे, लेकिन आज का दिन ज़्यादा ही ख़ास था। उसकी पत्नी ने उसे खुशख़बरी दी थी - वह गर्भवती है और उसने आश्वस्त किया था कि उसे लड़का ही होगा। वह चढ़ावे

के लिए उसकी सोने की चार सबसे भारी जंज़ीरें लाया था। इनको गलाया जाना था और इनसे अपने देवता की चमकीली मूर्ति बनानी थी ताकि इससे उसके बच्चे का भविष्य भी उज्ज्वल बन जाए।

हालाँकि, पहले शिल्पकार को नटराज का मोम का कच्चा साँचा बनाना था जिसमें पिघली हुई धातु उड़ेली जानी थी।

दस दिन बाद, निर्धारित समय पर लोग गर्भगृह के सामने इकट्ठे हुए और उसने एक ऊँची पीठ पर अपनी कलाकृति रखी। जैसे ही रोशनी पास लाई गई, वैसे ही रोशनी और छाया के प्रभाव में वह नृत्य के देवता, नटेशा की मूर्ति एकदम जीवंत लगने लगी।

1311 ई. के आसपास

उजाला तो नहीं हुआ था, लेकिन गाँव के लोग उठ चुके थे, जो कि बड़े सुबह असामान्य और उन्मत्त शोर से स्पष्ट हो रहा था। पुजारी के हाथों में तेज़ी आ गई और वह नारियल की जटा की मोटी रस्सी को पीतल के एक बर्तन के गले में बाँधने लगा। गाँठ ठीक से बँधी या नहीं, यह देखने के लिए उसने आख़िर में एक बार खींचकर देखा, और उसे मंदिर के कुएँ में डाल दिया और उसके पानी तक पहुँचने का इंतज़ार करने लगा। इसके बाद वह हाथों को आगे-पीछे करके बर्तन ऊपर खींचने लगा। लकड़ी की चर्खी में अच्छी तरह से तेल लगा हुआ था जिस कारण उससे कोई आवाज़ नहीं आ रही थी। भगवान का नाम लेते हुए उसने बर्तन का पानी अपने सिर पर डाला, तो उसकी लंबी चोटी उसकी आँखों पर फैल गई। चेहरे पर आए बालों को उसने एक तरफ़ किया और बर्तन फिर से कुएँ में डाल दिया। ठंडे पानी ने उसकी तंत्रिकाओं को आराम पहुँचाया। ऐसा उसने दस बार किया और फिर बर्तन को बड़े पीतल के ड्रम में ख़ाली कर दिया। वह ड्रम के अंदर झुका और उसकी अंदर की दीवारों को साफ़ करने लगा और उसके अंदर के सामान को बाहर करने लगा। चर्खी इसी तरह से दस बार और चली, और ड्रम पूरा भर गया और पुजारी ने अपना ध्यान ड्रम के बगल में रखे चाँदी के छोटे बर्तन की ओर लगा दिया। उसने इस बर्तन को भी भरने से पहले अच्छी तरह से साफ़ किया। ऐसा करते-करते उसके बाल सूख गए, हालाँकि, उसकी धोती अब भी गीली थी और उसके बदन से चिपकी हुई थी। उसने अपनी चोटी को गूँथकर उसमें गाँठ लगाई और उसे सिर के पीछे कर दिया।

उसने पीतल के ड्रम और चाँदी के बर्तन को उठाया। पानी भरा होने के कारण वे भारी थे, लेकिन उसका हृदय उनसे भी ज़्यादा भारी था।

उसने अपने सारे पंचांग पिछली रात को ही देख लिए थे। शाम का समाचार नक्षत्रों से संबंधित था। शक संवत 1232 (1311 ई.) को पढ़ना आसान नहीं था।

उसने अपना भविष्य देखने की कोशिश की, लेकिन एक काला बादल उस पर छा गया। उसने अपने बेटे के बारे में भी जानने के लिए पंचांग देखा, लेकिन उसके बारे में भी उससे कुछ पता नहीं चला।

तब उसने एक निर्णय लिया। वह जानता था कि वह दिन आख़िरकार आ चुका है। यह दिन सर्वोच्च बलिदान का दिन था। जब वह काफ़ी छोटा था, तभी उसके दादा ने उसे यह बताया था, और फिर उसके पिता ने भी कई बार उसे यह बताया था, ताकि उसे ठीक से पता रहे कि उसे क्या करना है। हर चरण एकदम स्पष्ट तरीक़े से बताया गया था। यह सब कुछ पहले से निर्देशित किया जा चुका था।

उसके पास मंदिर के मुख्य द्वार की एक बड़ी चाबी थी जो एक मोटे लाल धागे से उसकी कमर में बँधी रहती थी। कुछ और भी छोटे-छोटे ताले खोलने थे, और लोहे के एक बड़े अर्गले को हटाना था, इसलिए उसने बर्तनों को द्वार के पास ही रख दिया और लंबे सिरे वाली प्राचीन चाबी लकड़ी के उस मोटे द्वार में लगा दी जो द्वार के अंदर एक और छोटा द्वार था। छोटे-से खुले रास्ते से गुज़रने के लिए वह नीचे झुका और भारी अर्गले तक पहुँच गया जो मंदिर के मुख्य द्वार को रोकने के लिए उसके पीछे लगा था। गर्भगृह की तरफ़ एक दीपक उस समय भी जल रहा था। वह दीपक की ओर गया, उसमें बाती बढ़ा दी और पास में रखे कनस्तर से तेल लेकर उसे पूरा भर दिया। उसने गर्भगृह का द्वार खोला, कुछ और दीपक जलाए और बर्तनों को लाने वापस चल दिया। आमतौर पर वह मुख्य देवता के पास सीधे चला जाता था, लेकिन आज का दिन कुछ अलग था। उसने परंपरा तोड़ दी थी।

वह पंद्रह सालों से मुख्य पुजारी था और उसके पिता के गुज़रने से पहले, वह पंद्रह साल तक उनके साथ पूजा-पाठ सीखता रहा था। उसके सामने गुज़री किसी भी पीढ़ी के दौरान ऐसा नहीं किया गया था। वह उस तरफ़ मुड़ा जहाँ उत्सव की मूर्तियाँ रखी गई थीं। दक्षिण भारत में, मुख्य देवी-देवता की मूर्ति पवित्रतम स्थल में रखी जाती थी जिसे हटाया नहीं जा सकता। आमतौर पर पत्थर की बनी उस मूर्ति को मूल बेरा या मूलावार कहा जाता है। मूल का शाब्दिक अर्थ मुख्य या प्रमुख होता है। शिव मंदिरों में मूल मूर्ति आमतौर पर लिंग होती है। त्योहारों और विशेष अवसरों के दौरान, शिव या विष्णु के विभिन्न अवतार काँसे की मूर्तियों के रूप में भक्तों के दर्शन के लिए रखे जाते हैं और फिर उनकी सवारी निकाली जाती है। ये उत्सव मूर्तियाँ होती हैं और नियत दिनों पर देवताओं के नियत अवतारों को लकड़ी के वाहनों पर स्थापित कर उनकी सवारियाँ निकाली जाती हैं। जब सवारी नहीं निकाली जा रही होती हैं, तब भी इन मूर्तियों को सजीव मानकर वैसा ही सम्मान उनको दिया जाता है। रात के समय उनको अनुष्ठानिक गीत-संगीत के साथ उनके शयनकक्ष में ले जाया जाता है जिसे पल्ली अराई कहते हैं (पल्ली का अर्थ शयन और

अराई का अर्थ कक्ष होता है)। सुबह होने पर भी उन्हें इसी तरह के मधुर गीतों के साथ प्यार से जगाया जाता है, स्नान कराया जाता है, नए वस्त्र धारण कराए जाते हैं और मूलावार के सामने रखने से पहले भोजन कराया जाता है।

जैसे ही पुजारी ने जंगले का छोटा द्वार खोला, वह अपने देवताओं को जगाने वाले स्तोत्र गाने लगा। उसने चाँदी का पात्र लिया और नृत्य करते अपने भगवान नटराज और उनकी अर्धांगिनी शिवगामी की मूर्तियों पर उसका पानी उड़ेल दिया (पार्वती जब नृत्य कर रहे शिव को देखती हैं तो उन्हें शिवगामी कहा जाता है)। इसके बाद दैवीय परिवार-शिव, उमा (पार्वती का एक और नाम) तथा सोमस्कंद के रूप के स्कंद, और फिर उझावरम मंदिरों को साफ़ करने वाले अपने प्रतीक साधन के साथ सर्वव्यापी अप्पार, और अंत में विशाल गणेश को उसने स्नान कराया। उसने अपने साथ लाए इमली के गूदे को निकाला और मूर्तियों को फिर से धोने से पहले उन पर उस गूदे को रगड़ा। उसके हाथ चलते जा रहे थे और इस बीच वह देवताओं की स्तुति में गायन जारी रखे हुए था। फिर उसने अपनी कमर के चारों ओर लिपटा कपड़ा खोल दिया और मूर्तियों को अलग-अलग करके सुखाने लगा। उनकी बगलों, पीठ और नटराज की लटों के बीच के स्थान को सावधानी से पोंछने लगा। नटराज के गले और सीने पर गिरी पानी की बूँदों को पोंछते समय उसके हाथों ने उनके गालों को भी स्पर्श किया।

उसे पता ही नहीं चला कि वह कब तक वहाँ बना रहा। उसका ध्यान तभी टूटा जब उसे मंदिर के मुख्य द्वार के पास एकत्र हो गए अपने आदमियों का शोरगुल सुनाई दिया। वे लोग वहाँ इतनी जल्दी नहीं आ सकते थे! उसका छोटा बेटा भी उनके साथ आया था जो जल्दी उठने के कारण उनींदा और आधा सोया-सा लग रहा था।

लोगों के हाथों में मौजूद औज़ारों के पकड़ने के ढंग से ही पता चल रहा था कि वे लोग तनाव में थे। वे आठ लोग थे और कई सारे सब्बल तथा फावड़े लिए थे। लड़का दौड़ता हुआ अपने पिता के पास गया और उसने उनका हाथ पकड़ लिया। पुजारी ने एक बार और मूर्तियों से नमी को पोंछा और अपनी प्रार्थनाएँ करने के लिए सीधा खड़ा हो गया। इसके बाद वह मुड़ा और मजबूत क़दमों से बाहर निकल गया। वे लोग चुपचाप उसके पीछे चल पड़े।

वह मंदिर की लंबी बाहरी दीवार के साथ चलता गया, और इस दौरान अपने क़दम गिनता गया और स्तंभों पर उकेरे गए देव-चित्रों को देखता गया। जब वह शंख बजाती एक बौनी स्त्री के चित्र के पास आया तो वह रुक गया और उसने अपनी बाईं ओर तीन क़दम बढ़ाए। अब वह ग्रेनाइट की एक भारी चौकी पर खड़ा था, जो कि मंदिर के चारों ओर लगी ऐसी ही चौकियों से किसी भी तरह से अलग नहीं लग रही थी। उसने अपने बेटे को पास आने का इशारा किया और उसके कान में

कुछ फुसफुसाया। इसके बाद उसने बाक़ी लोगों को आवाज़ दी। पत्थर को खिसकाने के लिए वे लोग एक छोटे सब्बल का इस्तेमाल करते थे। हैरानी की बात रही कि केवल कुछ झटकों के बाद ही वह निकट आ गया। उन्होंने एक टेढ़ी रस्सी को उसके नीचे खिसकाया और उसे एक तरफ़ खींचा। इसके बाद ही उनका ध्यान इस तरफ़ गया कि वह चौकी साथ की अन्य चौकियों की मोटाई तुलना में केवल आधी ही थी।

तुरंत ही उन्होंने अपने फावड़े उठाए और उसके नीचे की ज़मीन खोदनी शुरू कर दी। जल्द ही उनमें से चार लोगों की कमर तक गहरा गड्ढा हो गया। और खोदना है या नहीं, यह पूछने के लिए उन्होंने पुजारी की तरफ़ देखा, लेकिन उसने सिर हिलाया और इशारा किया कि गड्ढे को उन्हें अपने गले तक गहरा करना है। गड्ढा पाँच हाथ गहरा होना चाहिए था।

जब उनका यह काम पूरा हो गया तो उन्होंने गड्ढे के तल में ग्रेनाइट की एक बड़ी चौकी रख दी और उस पर समान रूप से कुश की घास फैला दी। ग्रेनाइट की चौकी और कुश की घास को उसने विधि-विधान में बताए अनुरूप, शाम को ही तैयार कर लिया था। उसने घास पर जल छिड़का और धरती माता की सुरक्षा का आह्वान किया। अंत में, सम्मानपूर्वक एक-एक करके मूर्तियाँ लाई गईं, और सावधानी से घास पर रख दी गईं।

कुछ ही दूरी पर, गहरा धुँआ उठा और हवा मृत्यु की दुर्गंध से भर गई।

उन्होंने गड्ढे में मिट्टी वापस भर दी और उस पर पत्थर रखकर उसे फिर से ढँक दिया। जब तक अतिरिक्त मिट्टी और रेत को कुएँ में डाला गया, तब तक उनके सुबह के श्रम का कोई निशान नहीं था।

चीख़ने-चिल्लाने की आवाज़ों के साथ ही हवा भारी हो चली थी। उन आदमियों ने अपने सब्बल और फावड़े लिए और उन्हें मंदिर के मुख्य द्वार के पास रख दिया था।

दौड़ते घोड़ों की टापों की आवाज़ सुनकर वह गर्भगृह की तरफ़ भागा। उसने आख़िरी प्रार्थना की जो कि उसके ख़ुद के लिए नहीं, बल्कि उसके बेटे के लिए थी और यह स्नेह के कारण नहीं, बल्कि इसलिए की थी कि वह उस जगह का पता कर सके और अपने देवता को उनके उचित स्थान पर स्थापित कर सके। मलिक कफ़ूर के नेतृत्त्व में अलाउद्दीन खिलजी की हमलावर सेना इस मंदिर से दस गुना बड़े मंदिरों को पलक झपकते ही जीत चुकी थी। अब वो सेना यहाँ थी। दुश्मन के धनुषों की टंकारों और तीरों की बौछारों के साथ घुड़सवार सेना की उन्मादी जयकार बाहर गूँज रही थी क्योंकि तीरंदाज़ों ने कुछ ही मिनटों में वहाँ एकत्र लोगों को मार डाला था, और मंदिर के द्वार खोल दिए थे। उन्होंने ऐसी किसी भी चीज़ को तोड़ने में ज़्यादा समय नहीं लगाया जो मूल्यहीन थी। उन्होंने पत्थर की मूर्तियों पर धातु

के अपने हथियार चलाकर पड़ताल की। पुजारी ने उनसे देवताओं को छोड़ देने का अनुरोध किया, लेकिन कोई फ़ायदा नहीं हुआ।

वे उसके बाल पकड़कर उसे सड़क पर खींच लाए जहाँ उनका सेनापति जिरह-बख़्तर पहने मौजूद था। समूचे गाँव को पहले ही पूरी तरह से तबाह किया जा चुका था। पुजारी के बगल में गाँव का मुखिया था जिसका चेहरा ख़ून से सना था। उन्होंने बीते दिन के लूटे स्वर्ण आभूषणों से भरा थैला उसे दिखाते हुए सोने के बारे में पूछा। पहले उन्होंने मुखिया के कान काटे और फिर नाक काटी, लेकिन इस पर भी उसने कुछ नहीं बताया। इसके बाद उन्होंने उसकी जीभ बाहर खींचकर कुत्तों की तरफ़ फेंक दी। इसके बाद वे पुजारी की तरफ़ मुड़े।

वे सोना या धातु की बनी मूर्तियाँ चाहते थे, जिन्हें वे गला सकें। वे उसे खींचकर वापस मंदिर में ले गए और उसका सिर पत्थरों के स्तंभों से टकराने लगे। उन्होंने उसके पैर रस्सियों से घोड़ों से बाँध दिए और उसे सड़क पर खींच लाए, जहाँ उसे अपने बेटे का शरीर दिखा जिस पर अनगिनत तीर धँसे हुए थे, और वह ऊपर की ओर चेहरा किए पड़ा था। मरने से पहले आख़िरी साँस लेते हुए उसने किसी तरह से अंतिम प्रार्थना की।

'हे मेरे भगवान, जब तक आपका मन करे, धरती के अंदर आप सुरक्षित रहना।'

कुछ ही सेकेंडों के बाद उसका शव ज़मीन पर पड़ा था और उसे बनाने वाले भगवान के साथ उसकी आत्मा का मेल हो चुका था।

क्या ऐसा सचमुच हुआ था? मुझे यक़ीन नहीं है। हालाँकि, मैं हमारी मूर्तियों के इसी तरह के इतिहास की कल्पना करता हूँ। किस तरह से उन्हें गहरी भक्ति के साथ बनाया गया होगा, किस तरह से अनेक मूर्तियों को नष्ट कर दिया गया होगा और हमारे बहुत सारे देवता किस तरह से ज़मीन के अंदर दबाए गए होंगे। जब भी देव मूर्तियों के लिए ख़तरा हुआ होगा, उन्हें ऐसे ही दबा दिया गया होगा। देखें, परिशिष्ट 1।

① 1

सुभाष कपूर की आलीशान ज़िंदगी

मार्च 2007

'8.5 मिलियन अमेरिकी डॉलर इस जोड़ी के लिए!'

यह वो क़ीमत थी जिस पर न्यू यॉर्क में आर्ट ऑफ़ द पास्ट नाम की गैलरी चला रहा जाना-माना आर्ट डीलर, सुभाष कपूर नटराज और शिवगामी की चोल युग की मूर्तियों के बेजोड़ युगल को बेच रहा था। ये ऐसी मूर्तियाँ थीं जिन्हें सुरक्षित रखने के लिए मंदिर के पुजारी सहर्ष अपने जान की बाज़ी लगा देते।

सन् 850 ईसवी से 1250 ईसवी के बीच चोल वंश के शासनकाल में पूरे तमिलनाडु में पत्थरों को तराशकर कई भव्य मंदिरों का निर्माण किया गया था। जैसा कि प्रस्तावना में बताया गया है, इन मंदिरों में पत्थर के बने मुख्य देवी-देवता की मूर्तियों के साथ ही काँसे की अनेक मूर्तियाँ भी थीं जिन्हें क़ीमती रेशमी वस्त्रों और चमकदार गहनों से सजाया गया था। चोल युग के इस बेहतरीन क़िस्म के काँसे की मूर्तियों की संग्रहालयों और संग्रहकर्ताओं के बीच ज़बरदस्त माँग है। दुनिया भर के कई कला संस्थानों में भारतीय कलाकृतियों के संग्रह में वे आकर्षण का मुख्य केंद्र होती हैं। मार्च 2007 में सुभाष कपूर जिसे 8.5 मिलियन डॉलर में बेच रहा था, वह नटराज की 3.5 फ़ुट ऊँची और लगभग 150 किलोग्राम वज़न की मूर्ति थी, जिसमें भगवान शिव निर्माण और विनाश का तांडव नृत्य कर रहे थे। उनके चारों ओर एक विशाल आग का घेरा था और उनसे काफ़ी छोटी और हल्की प्रतिमा उनकी खूबसूरत पत्नी शिवगामी की थी, जिनके चारों ओर भी आग का घेरा था। यह जोड़ा बारहवीं सदी का है।

सुभाष न्यू यॉर्क के मैडिसन एवेन्यू के एक मशहूर मांसाहारी रेस्त्राँ में अक्सर बिक्री से जुड़ी बैठकें किया करता था। अगर कोई ख़रीदार सुभाष कपूर द्वारा लगाई जाने वाली क़ीमत सुनकर हैरान रह जाता था तो इसमें कोई आश्चर्य की बात नहीं थी। इस तरह की क़ीमत तो किसी ने भारतीय कला की सबसे अच्छी कलाकृति के लिए भी नहीं सुनी थी। लेकिन यह किसी मामूली कलाकृति को बेचने की आए दिन वाली कोशिश नहीं थी। इस युगल मूर्ति का कोई जोड़ नहीं था, और इस तरह की कलाकृति कला-जगत में कभी बिक्री के लिए नहीं आई थी।

इस समय तक यह जोड़ी भारत में ही थी, और सुभाष के पास इन मूर्तियों की बस एक तसवीर थी। जहाँ तक भारत के बाहर ऐसे किसी दूसरे मामले की बात है तो नटराज और उनकी पत्नी शिवगामी की काँसे मूर्तियों को लेकर एक तथ्य सार्वजनिक रूप दर्ज है जिसके अनुसार 1987 में रॉबर्ट एल्सवर्थ ने न्यू यॉर्क स्थित, मेट्रोपोलिटन म्यूजियम ऑफ़ आर्ट को नटराज की मूर्ति उपहारस्वरूप दे दी थी लेकिन शिवगामी की मूर्ति 1990 में एक निजी संग्रहकर्ता के हाथों बेच दी थी।[1] नटराज की मूर्ति कई वर्षों बाद संग्रहालय से ग़ायब हो गई। एल्सवर्थ ने शिवगामी की जिस मूर्ति को बेचा था, उसे 2013 में सद्बी'ज़ नीलाम घर ने फिर से बिक्री के लिए रखा और वह 1,37,000 डॉलर में बिकी थी।[2] हालाँकि, कपूर की युगल मूर्ति एल्सवर्थ की मूर्ति से काफ़ी अच्छी थी और उम्मीद थी कि उसकी छप्परफाड़ क़ीमत मिलेगी।

ख़ास बात यह थी कि नटराज और शिवगामी की जिस मूर्ति को कपूर बेचना चाह रहा था, उसके निचले हिस्से में एक दुर्लभ लेख खुदा था और चोलकालीन काँसे की मूर्ति पर इस प्रकार का लेख खुदा होना असाधारण था। इससे उसका महत्त्व बढ़ गया था क्योंकि इससे यह स्पष्ट था कि दोनों एक ही जोड़ी की थीं, यानी दोनों ही एक ही मंदिर की थीं। लेख में तमिल लिपि में सुतमल्ली लिखा था, जो उस गाँव का नाम है जहाँ की मूर्तियाँ थीं। लेकिन एक समस्या थी। हाँ, सुतमल्ली का काँसा अपने आप में ही ख़ास था लेकिन उस जोड़ी को ना तो कभी प्रदर्शनी में रखा गया था, ना ही उसका अध्ययन किया गया था या इससे पहले कला की किसी किताब या कैटलॉग में उसे कभी शामिल किया गया था। तो फिर अचानक न्यू यॉर्क में कहाँ से आ गई?

सुतमल्ली शिवगामी

सुतमल्ली नटराज

यह सवाल किसी भी ख़रीदार को बेचैन कर सकता था क्योंकि, 1972 में पारित भारतीय क़ानून के अनुसार, 100 वर्षों से पुरानी कोई भी प्राचीन कलाकृति देश के बाहर नहीं ले जाई जा सकती। यदि यह पता चल जाता है कि 1972 के बाद कोई प्राचीन कलाकृति भारत के बाहर ले जाई गई है, तो यूएन समझौते के अनुसार, प्राप्तकर्ता देश को उसे बिना किसी मुआवज़े को लौटाना होगा। इस कारण ही एक म्यूज़ियम द्वारा कपूर से उस जोड़े को ख़रीदने में रुकावट खड़ी हो गई थी। हालाँकि, इस आर्ट डीलर का इस तरह की रुकावटों को पार करने के लिए लुभावने ऑफ़र देने का अपना ही तरीक़ा था। किसी म्यूज़ियम के लिए अभिग्रहण करने वाली समिति और उसके प्रमुख संरक्षकों पर निजी प्रदर्शनी में धन लुटाना, किसी जाने-माने अकादमिक कला इतिहासकार से प्रमाणित कराना, और मुफ़्त में कुछ पेंटिंग्स के साथ ही कलाकृतियों का उपहार इतनी बड़ी रक़म पर होने वाले सौदे के लिए कोई बड़ी बात नहीं थी।

बेशक, कपूर को सौदे को अंतिम रूप देना बखूबी आता था। हाल ही में, सिंगापुर के एशियन सिविलाइज़ेशन म्यूजियम (एसीएम) ने चोलकालीन उमा, यानी देवी पार्वती की एक अद्भुत मूर्ति की बुकिंग की थी जिसे वह बेच रहा था। और आपको यह भी बता दें कि उसके पास नटराज की चोलयुगीन एक और मूर्ति थी जो तमिलनाडु के श्रीपुरंदन गाँव के उसी मंदिर की थी, ताकि आप समझ जाएँ कि कपूर कितना बड़ा आर्ट डीलर था। कला की दुनिया में सुभाष जिस तरह की नायाब कलाकृतियाँ लेकर आता था, उससे एक प्रकार की खलबली मच जाती थी। हालाँकि, नटराज की श्रीपुरंदन की मूर्ति का उसे तब तक कोई ख़रीदार नहीं मिला था। और इस कारण, यदि सुतमल्ली के जोड़े की 8.5 मिलियन डॉलर की क़ीमत, अगर ख़रीदार को बहुत ज़्यादा लगती थी तो सुभाष उसे श्रीपुरंदन की नटराज की मूर्ति बेचने की पेशकश कर सकता था। हालाँकि, उसकी क़ीमत क्या थी? बस 5.1 मिलियन डॉलर। नटराज की उस मूर्ति को बाद में कैनबरा स्थित नेशनल आर्ट गैलरी ऑफ़ ऑस्ट्रेलिया (एनजीए) ने हाथों-हाथ ले लिया था।

1949 में जन्मे सुभाष का एक बड़ा भाई था, रमेश और एक छोटी बहन थी, सुषमा। उनका परिवार बँटवारे से पहले लाहौर से जालंधर आया था जहाँ आकर उनके पिता को यह अहसास हुआ कि बँटवारे के ख़ौफ़ से बचने के लिए जो परिवार अफरा-तफरी में दुर्लभ किताबों और पांडुलिपियों को छोड़ गए थे, उनकी ख़रीद-बिक्री के व्यवसाय से अच्छा पैसा कमाया जा सकता है। 1962 तक ये परिवार दिल्ली आ गया था, जहाँ कपूर के पिता ने एक गैलरी खोली जहाँ ख़ास तौर पर पहाड़ी पेंटिंग्स बेची जाती थीं। कपूर ने रमेश के साथ दिल्ली के डीएवी स्कूल से पढ़ाई की और परिवार के व्यवसाय में भी हाथ बँटाया। 1974 में कपूर अमेरिका चला गया जहाँ उसने उसी कारोबार को जारी रखा, और 1976 में उसकी शादी नीरू से हुई। रमेश और सुषमा भी 1976 में अमेरिका चले गए, और 1981 तक वे सभी अमेरिकी नागरिक बन चुके थे।

सुभाष कपूर

यानी एक ऐसा बच्चा, जिसके पिता छोटे-मोटे आर्ट डीलर थे, वह अंतरराष्ट्रीय कला व्यवसाय का एक बेहद जाना-माना नाम बन चुका था जो किसी लिहाज से कम बड़ी उपलब्धि नहीं थी।

कपूर की गैलरी, आर्ट ऑफ़ द पास्ट, मैडिसन एवेन्यू और 89वीं स्ट्रीट के कोने पर स्थित थी, जो दौलतमंदों के मैनहटन के अपर ईस्ट साइड और हमारे ज़माने के विख्यात कला संस्थानों में से एक एमईटी के गुगेनहाइम और कूपर-हेविट के क़रीब थी। उसे सीप, दुर्लभ बीफ़ स्टीक, यहाँ तक कि दुर्लभ शराब का भी शौक था। कुछ हद तक अधेड़ और गंजा होने के साथ ही, वह बेहतरीन सूट और सिल्क की टाई के साथ बन-ठन कर रहता था और बिना रिम वाले चश्मे पहनता था। वह इतना पैसे वाला था कि बड़े शौक से मैनहटन के कला-जगत की शैंपेन और कैवियार की पार्टियों और म्यूजियम के जश्न के साथ ही, शाही नीलामियों वाले गर्व भरे अकादमिक हलकों में शामिल हुआ करता था।

अगर आप स्मिथसोनियन संग्रहालय में जाएँ, तो एक या उससे अधिक तख्तियों पर आपको सुभाष कपूर का नाम मिल ही जाएगा। म्यूजियम के क्षेत्र में उसने अपनी जगह बनाने के लिए काफ़ी मेहनत की थी, और इसके लिए अक्सर बेशक़ीमती कलाकृतियों को वह तोहफ़े में दिया करता था। जैसे कभी शुंग युग (200 ईसवी पूर्व से सन् 50 ईसवी) का बर्तन जिसे उसने एमईटी को अपनी बेटी की तरफ़ से दिया था।[3] एमईटी के भारतीय संग्रह की पहली ही प्रदर्शनी में एक ऐसी तख्ती का होना किसी की ब्रांड वैल्यू और पब्लिक प्रोफ़ाइल में दिन दूनी रात चौगुनी तरक़्क़ी को बताने के लिए काफ़ी है, जिस तख़्ती पर लिखा हो – 'सुभाष कपूर की ओर से उनकी बेटी, ममता कपूर के सम्मान में भेंट, 2003।'

अपनी बेटी के सम्मान में सुभाष कपूर की एमईटी को भेंट

इससे न्यू यॉर्क के मेट्रोपोलिटन म्यूजियम ऑफ़ आर्ट के म्यूजियम सामग्री अभिग्रहण समितियों के बीच पैठ बनाना काफ़ी आसान हो जाता है। कपूर ने अपने पिता से ही इस कारोबार के गुर सीखे थे, और इस कारण 2007 में जब उनकी मृत्यु हुई, तब कपूर ने एक बार फिर एमईटी को अपने पिता की याद में कलाकृतियों का एक समूह भेंट किया था, जबकि *इंडियन एक्सप्रेस*[4] के अनुसार, उसके पिता पर 1970 के दशक में कलाकृतियों की चोरी का मुक़दमा चलाया गया था। वह न्यू यॉर्क के द पियर जैसे होटलों को कलाकृतियाँ उधार दिया करता था, जहाँ उन पर और उनके साथ लगी उसके नाम की पट्टी पर बेहद अमीर लोगों की नज़र पड़ना निश्चित होता था।

आख़िर कैसे सुभाष कपूर इतनी ज़बरदस्त ऊँचाई तक पहुँच गया था? 1994 तक, सुभाष न्यू यॉर्क में एक छोटी-सी गैलरी का मालिक हुआ करता था। एक समय पर उसने चंद्रकेतुगढ़ की टेराकोटा कलाकृतियों को बेचना शुरू किया था। चंद्रकेतुगढ़ भारत के पश्चिम बंगाल में 2500 वर्ष पुराना स्थल है जहाँ काफ़ी उपद्रव मचा था। पूर्व-मौर्य युग (ईसा पूर्व 600 के लगभग) से लेकर बारहवीं सदी में पाल-सेन युग तक वहाँ निरंतर रूप से आबादी बसी थी। इस स्थल पर मूल रूप से 1950 के दशक के मध्य में उत्खनन का कार्य कलकत्ता यूनिवर्सिटी ने किया था लेकिन 1960 के दशक के मध्य में इस काम को पूरी तरह से बंद कर दिया गया था। 1950 के दशक में एक क़ानून पहले से ही था जिसके अंतर्गत 'पुरातात्त्विक सामग्रियों का निर्यात प्रतिबंधित था। इसलिए उस क्षेत्र की कोई भी कलाकृति बेची जाती तो उसकी खुदाई और निर्यात को अवैध माना जाता था।'[5]

इन कलाकृतियों की बिक्री से सुभाष की तिजोरी वर्षों-वर्ष तक भरती रही, जिसका श्रेय उस टेरोकोटा की नाजुक कलाकृतियों के छोटे बाज़ार को जाता है। सुभाष ने सैकड़ों की संख्या में उनकी बिक्री की। यहाँ तक कि संग्रह करने वालों को और संग्रहालयों को दान में भी दिया। उदाहरण के लिए, सुभाष ने एमईटी को शुंग युग के जिस बर्तन को उपहार के रूप में दिया था, वह चंद्रकेतुगढ़ का ही था।

वर्ष 1994 के आसपास, सुभाष ने अपने कारोबार को एक क़दम और आगे बढ़ाया। उसने प्रतिष्ठित आर्ट गैलरी ऑफ़ न्यू साउथ वेल्स (एजीएनएसडब्लू) को चंद्रकेतुगढ़ की दो टेराकोटा कलाकृतियों की बिक्री की। एजीएनएसडब्लू ने दोनों टेराकोटा का अभिग्रहण नाम मात्र के काग़ज़ात के साथ या मूल स्रोत का जिक्र किए बगैर पूरा किया और उसकी कंपनी, आर्ट ऑफ़ द पास्ट को तय की गई 14,500 डॉलर की रक़म ट्रांसफ़र भी कर दी गई। एजीएनएसडब्लू ने दोनों को अपने यहाँ टेराकोटा संख्या 1376 और 2131 के नाम से दर्ज किया।

यह एजीएनएसडब्लू के साथ लंबे लेन-देन की शुरुआत थी। सुभाष ने अपनी गैलरी के कर्मचारियों को कह रखा था कि वे म्यूजियम को समय-समय पर

पोर्टफ़ोलियो भेजते रहें, जिनमें से काफ़ी हद तक पेंटिंग्स को शामिल किया जाए। उसने नियमित रूप से उसे कलाकृतियों की बिक्री की, जिनमें 1995 में 62,500 डॉलर में बेची गईं दो पेंटिंग्स शामिल थीं। जून 1998 में केरल नृत्य का मुखौटा 7,500 डॉलर में और शिव का मेवाड़ स्कूल का लघु चित्र 3,500 डॉलर में बेचा गया।

हालाँकि, सुभाष को अब भी उस बड़ी कामयाबी का इंतज़ार था, जिसके तहत बहुत बड़ी रक़म के बदले मूर्ति की बिक्री उसे सीधे चोटी के सौदागरों के बीच खड़ा कर दे। इसके लिए उसे जादुई स्पर्श की शक्ति वाले आदमी की मदद का इंतज़ार था।

यह व्यक्ति अक्सर उसकी गैलरी में आता रहता था और उसने भारतीय कलाकृतियों को अमेरिका तक लाने में बहुत बड़ी सहायता की थी। हालाँकि, उसने यह काम आनंद कुमारस्वामी जैसे कला के किसी विद्वान के रूप में नहीं बल्कि संग्रहकर्ताओं के एक स्रोत के रूप में किया था, जो लगभग हर भारतीय कलाकृति की क़ीमत तय करता था, जिनमें चोलयुगीन काँसे से लेकर गुप्त शिला और ऐसी ही कलाकृतियाँ शामिल थीं। वह अरबपतियों और हॉलीवुड की हस्तियों को अपने हाथों से बनाया खाना खिलाता था। वे अपने निजी इस्तेमाल के लिए उससे कलाकृतियाँ ख़रीदते थे और उन कलाकृतियों को उसके सुझाए संग्रहालयों को दान किया करते थे। वह कला-जगत की एक बड़ी पत्रिका से जुड़ा था, और जाना-माना इतिहासकार होने के साथ ही विख्यात विद्वान भी था। भारतीय कला पर उसकी एक किताब में उन कलाकृतियों की चर्चा बार-बार मिलती है जो सुभाष से ख़रीदी गईं थीं।

सुभाष कपूर ने इस विद्वान से अपने नाम की सिफ़ारिश ऑस्ट्रेलिया के नामी-गिरामी लोगों के बीच कराने के लिए बहुत पैसा ख़र्च किया था। उस पत्रिका में आर्ट ऑफ़ द पास्ट का विज्ञापन किसी मास्टरस्ट्रोक से कम नहीं था। इन विज्ञापनों की मदद से सुभाष जहाँ इस विद्वान से फ़ायदा उठा सकता था, वहीं अपने ब्रांड की साख मजबूत करने के साथ ही अपनी कलाकृतियों और अपने कारोबार को वैध होने का जामा भी पहना सकता था। पत्रिका के विज्ञापन संग्रहालय अभिग्रहण समितियों के लिए बहुत उपयोगी संदर्भ उपलब्ध कराते हैं।

आख़िरकार, वर्ष 1995 के आसपास, कपूर को इस विद्वान की बेशक़ीमती सिफ़ारिश मिल गई। उस विद्वान ने सलाह दी कि वह अपने संग्रह में से कुछ नमूने एजीएनएसडब्लू को उधार दे और उन्हें म्यूजियम की एक बड़ी प्रदर्शनी में उन्हें प्रदर्शित करने के लिए राज़ी करे। सुभाष इस मौक़े को पाकर खुशी से उछल पड़ा। जल्द ही, जून 1997 में आयोजित डांसिंग टु द फ़्लूट : म्यूजिक ऐंड डांस इन इंडियन आर्ट एग्ज़ीबिशन के लिए छह कलाकृतियाँ और तीन चित्र उसने सिडनी पहुँचा दिए।

आयोजकों ने सुभाष और उसके भाई रमेश को प्रदर्शनी में शामिल होने के लिए व्यक्तिगत न्यौता भेजा। यही नहीं, सिडनी के होटल इंटरकॉन्टिनेंटल में एजीएनएसडब्लू

के कॉर्पोरेट रेट पर उनके लिए कमरे भी बुक कर दिए। (रमेश न्यू यॉर्क में अपनी ही कपूर गैलरीज़ चलाता है और दावा करता है कि उसका अपने भाई से अब कोई लेना-देना नहीं है)।

ऑस्ट्रेलिया के उस दौरे में सुभाष ने काफ़ी कुछ सीखा और अपने काम करने के तरीक़े को और चुस्त-दुरुस्त बनाया जिसका उसे फ़ायदा मिलने लगा। उसने एजीएनएसडब्लू को कई कलाकृतियाँ बेची थीं, लेकिन उनमें से 1999 में पाल वंश के काल की वराह की मूर्ति बिक्री बेहद महत्त्वपूर्ण थी। पहली बात तो यह कि उसने पेंटिंग्स और टेराकोटा की छोटी-मोटी मूर्तियों की बिक्री को बहुत पीछे छोड़ते हुए मूर्तियों के सौदे की शुरुआत कर दी थी, जिसमें उसे बहुत बड़ी रक़म मिलती थी। दूसरी बात, इसके बाद उस विद्वान के साथ उसके संबंध के फलने-फूलने की शुरुआत हो गई जिसने इस बंदोबस्त में अहम भूमिका निभाई और लेन-देन की बातचीत में भी उसकी मदद की। इस वजह से, काफ़ी लंबी बातचीत के बाद सौदा 12,000 डॉलर में पक्का हो गया। रक़म के कम होने पर मत जाइए। इस सौदे का महत्त्व यह था कि इसने सुभाष कपूर को संग्रहालय मूर्तिकला की दुनिया में प्रवेश दिलाया जिससे उसकी प्रतिष्ठा पहले से काफ़ी बढ़ गई थी।

देखते ही देखते, कपूर अपने ऑस्ट्रेलियाई ग्राहकों से लाखों डॉलर के सौदे करने लगा। वर्ष 2004 में, उसने एजीएनएसडब्लू को अर्धनारीश्वर की मूर्ति 3,00,000 डॉलर में बेची, जिसमें भगवान शिव और पार्वती के उभयलिंगी रूप को दिखाया गया था। अगले ही साल उसने श्रावणी मूर्ति (दुर्गा का चंडी रूप जिसमें दुर्गा का शरीर स्त्री का है लेकिन चेहरा शेर का, जिसे प्रत्यंगिरा या नरसिंही भी कहा जाता है) को एनजीए को 3,28,244 ऑस्ट्रेलियाई डॉलर में बेचा।

सुभाष ने महज इन दो सौदों से पाँच लाख अमेरिकी डॉलर कमा लिए थे। बड़े कारोबारियों के बीच उसकी चर्चा हो रही थी। उसके बाद तो उसने कभी पीछे मुड़कर नहीं देखा।

वर्ष 2011 में, जर्मनी में इंटरपोल ने सुभाष कपूर को कलाकृति की चोरी, विशेष रूप से उन मूर्तियों की चोरी के लिए जो तमिलनाडु के गाँवों सुतमल्ली और श्रीपुरंदन से लाई गई थीं और जिनका नाम आप पहले ही सुन चुके हैं, गिरफ़्तार कर लिया। बाद में प्रत्यर्पण कर कपूर को भारत भेज दिया गया जहाँ वह मुक़दमे का इंतज़ार कर रहा है। उसकी गिरफ़्तारी से कला-जगत में भूचाल आ गया, जिसके झटके आज भी महसूस किए जा रहे हैं। हर महाद्वीप में इस बात का पता लगाया जा रहा

है कि किन कलाकृतियों की चोरी उसने की, जो वहाँ के जाने–माने संग्रहालयों और संग्रहकर्ताओं के पास हैं। और, उसके सहयोगियों की धरपकड़ और गिरफ़्तारियाँ एक के बाद एक की जा रही हैं। यह सुभाष कपूर के पकड़े जाने की कहानी है। हालाँकि, उसके बारे में यह मत समझिए कि वह ब्लैक–ऐंड–व्हाइट फ़िल्मों में दिखाए जाने वाले आकर्षक खलनायक जैसा कलाकृतियों का कोई चोर है जो ज़्यादा नुक़सानदेह नहीं है। वर्ष 2012 में, जब अमेरिकी अधिकारियों ने न्यू यॉर्क में सुभाष के गोदाम पर छापेमारी की तो उन्हें 100 मिलियन डॉलर की चोरी की कलाकृतियाँ मिलीं। यह तो मात्र उस सूची के आधार पर कहा गया था जो उसी ने बनाई थी। उस वक़्त तक इस आदमी को इस धंधे में तीन दशक से भी अधिक बीत चुके थे। ज़रा सोचिए, उसने अपना काला कारोबार कहाँ तक फैला रखा होगा। इसमें कोई आश्चर्य नहीं कि अमेरिकी अधिकारियों ने उसे 'दुनिया के सबसे मालदार तस्करों में से एक' करार दिया।[6] यह गंभीर अपराध था, कोई हल्की बात नहीं थी।

हालाँकि, इस कहानी से मेरा क्या लेना–देना, जो सिंगापुर में शिपिंग से जुड़ा एक आम अधिकारी है? मैं भले ही शिपिंग अधिकारी हूँ लेकिन अंधेरा ढलते ही मैं अपने आप को कलाकृतियों के चोर का शिकारी समझने लगता हूँ। वर्ष 2007-08 के लगभग, मैंने भारतीय कला पर poetryinstone.in नाम का एक ब्लॉग शुरू किया था। अनजाने में ही उस ब्लॉग को लेकर सुभाष कपूर के पकड़े जाने में मेरी एक भूमिका रही। उस समय से ही मैं भारतीय और अमेरिकी अधिकारियों से क़रीब से जुड़ा हुआ हूँ, और अपने देवी–देवताओं की मूर्तियों को स्वदेश वापस लाने और इन बुरे लोगों को पकड़वाने को अपना कर्तव्य मानकर प्रयास करता रहा हूँ। मैं जो कुछ कर सकता हूँ, बस वही कर रहा हूँ। इस क्रम में मैंने कलाकृतियों के बारे में और कलाकृतियों के काले संसार के बारे में बहुत कुछ जान लिया है और भारतीय कला पर आयोजित होने वाले सेमिनारों में इस संदर्भ में व्याख्यान देना शुरू कर दिया है, जिससे अकादमिक समुदाय और कलाकृतियों का व्यावसायिक जगत, दोनों ही नफ़रत करते हैं।

इससे पहले कि हम आगे बढ़ें, मेरे लिए संजीवी अशोकन से आपका परिचय कराना आवश्यक हो गया है। मुख्य रूप से संजीवी ही सुभाष कपूर के लिए मूर्तियाँ सप्लाई करता था। तो चलिए सुतमल्ली और श्रीपुरंदन के मंदिरों की लूट से शुरुआत करते हैं।

(2)

सुतमल्ली और श्रीपुरंदन की लूट

मैंने जब अपनी सांस्कृतिक धरोहरों और अपने देवी-देवताओं की भयंकर लूट-खसोट के अध्ययन और उनका पर्दाफ़ाश करने की अपनी ज़िम्मेदारी पर ग़ौर किया, तो मुझे लगा कि मुझे इसके जोख़िम का जायजा लेना चाहिए। जब भी मीडिया के साथ या अपने व्याख्यानों के बाद मैं सवाल-जवाब के सत्र में शामिल होता हूँ तो यह बात मेरे मन में आती है। मैं अपनी जान को बहुत बड़े जोख़िम में डाल रहा था। चेन्नई में मेरे व्याख्यानों में कई गुंडे बिन बुलाए चले आते थे। आयोजकों से कहा जाता था कि वे प्रतिष्ठित सेमिनारों में मुझे आमंत्रित नहीं करें। मैं क़ानून का पालन कराने वाली एजेंसियों, दोहरा मापदंड रखने वाले कला-जगत, और बदमाशों की समान रूप से आलोचना करता रहा हूँ, और इस वजह से मेरे कई दुश्मन बन गए थे। मुझे धमकी भरे ईमेल मिलते रहे हैं जिनमें मुझे अमेरिका सुरक्षा एजेंसियों की मदद नहीं करने की चेतावनी दी जाती है। बिना शक, यह था सबसे बड़ा ख़तरा : गिरफ़्तार किए जाने के बाद भी संदिग्ध चोरों को हर बार जमानत पर छोड़ दिया जाता है। इसके बावजूद मुझे अपनी राह पर चलते रहने की प्रेरणा एस. आर. बालसुब्रह्मण्यम की लिखी किताब, *अर्ली चोला टेंपल्स* (प्राचीन चोल मंदिर) से मिली जो मुझे संयोग से मिली थी।

चार लोगों ने किसी देवदान भूमि, जिस ज़मीन को भगवान को दान कर दिया गया है, पर अपना झूठा दावा किया था। वह ज़मीन मंदिर की है, यह साबित करने के लिए, तिरुच्चुला वेलैक्कड़ के कुछ सदस्यों ने आग में कूदकर अपनी जान दे दी थी। तिरुच्चुला वेलैक्कड़ शैव श्रद्धालु थे जिन्होंने मंदिरों और उनकी संपत्ति की रक्षा के लिए अपने प्राणों की भी आहुति दी थी।[1]

वे ऐसे संरक्षक थे जो शिव की संपत्ति की रक्षा के लिए अपना सबकुछ बलिदान कर देने के लिए तैयार रहते थे! अक्सर, लोग ऐसे संरक्षकों की भूमिका को भुला देते हैं। उनमें से कई इस काम को किसी नौकरी की तरह, या वेतन, इनाम या पुरस्कार के लिए नहीं करते। वे इसे अपना कर्तव्य समझते हैं।

ऐसी ही एक संरक्षक सुतमल्ली की कल्याणी अम्माल थी।

एक समय का सुतमल्ली का वैभवशाली श्री वरदराज पेरुमल मंदिर (भगवान विष्णु का मंदिर) कुछ दशकों से खंडहर बनकर रह गया था और दसवीं सदी के अपने ऐश्वर्य को खो चुका था। मेन रोड और उस प्राचीन मंदिर के जर्जर द्वार के बीच स्थित, कल्याणी अम्माल की फूस की झोपड़ी की हालत भी अच्छी नहीं थी। वो अकेले ही रहती थी। मंदिर की चाबियाँ उसके ही पास थीं और वह किसी को भी मंदिर के भीतर घुसने नहीं देती थीं, सिवाय त्योहारों के मौके पर जब पास के शहर से कोई पुजारी पूजा के लिए आता था।

गाँव के लोग उसे पागल महिला कहते थे लेकिन अच्छी तरह जानते थे कि उससे उलझना ठीक नहीं है। (अपनी खोज के दौरान मैं ऐसी कई 'पागल' महिलाओं से मिला हूँ जिनके पास जर्जर मंदिरों की चाबियाँ रहती थीं, लेकिन उनके साथ बातचीत में मुझे कहीं कोई दिक्क़त नहीं हुई!) कभी उसका भरा-पूरा परिवार था जो मंदिर की परंपरागत रूप से देखभाल किया करता था और ग्रामसभा से हर महीने मिलने वाले भत्ते से अपना गुज़ारा करता था। भत्ता मिलना बंद होने के बाद भी वह अपना गुज़ारा कैसे कर रही थी, यह एक रहस्य था। इतिहास की वह आख़िरी कड़ी बची थी, और वह भी साल 2000 की शुरुआत में, मंदिर की सुरक्षा की ज़िम्मेदारी कथित तौर पर जानलेवा मधुमक्खियों के झुंड और जंग लगे लोहे के पुराने दरवाजे के भरोसे छोड़कर कहीं चली गई। वह क्यों गई या कहाँ गई, कोई नहीं जानता।

उस गाँव में एक शिव मंदिर भी था, सुंदरेश्वरर मंदिर, जो और भी बुरी हालत में था, जिसे बरसों से किसी ने खोला तक नहीं था। साल 2000 की शुरुआत में, हिंदू धार्मिक और परमार्थ बंदोबस्ती बोर्ड (एचआरऐंडसीईबी) के अधिकारी सुतमल्ली गाँव आए और उन्होंने सुंदरेश्वरर मंदिर की काँसे की मूर्तियों को वरदराज पेरुमल मंदिर में रखने का फ़ैसला किया ताकि उन्हें सुरक्षित रखा जा सके। वरदराज पेरुमल मंदिर कम से कम हर तीन-चार महीने में एक बार तो खुलता था। आश्चर्य है कि एचआरऐंडसीईबी ने उन मूर्तियों की ना तो कभी तसवीर खींची ना ही उनके काग़ज़ात बनाए, और यह ग़लती भविष्य में उन्हें बहुत भारी पड़ने वाली थी।

तमिलनाडु में एचआरऐंडसीईबी के प्रबंधन के अंतर्गत 50,000 से भी अधिक मंदिर हैं, जिसने सदियों पुरानी वंशानुगत ट्रस्टीशिप की परंपरा समाप्त की थी और उनमें मंदिर के कोष की हेराफेरी, मंदिर की ज़मीनों से लगान वसूली नहीं होने,

जीर्णोद्धार के नाम पर घपले और संपत्ति की चोरी जैसे मामलों को सुलझाने में लगा है। दुर्भाग्यपूर्ण तथ्य यह है कि भले ही कई लोग मानते हैं कि 'अमीर' मंदिरों को सरकारी धन नहीं मिलना चाहिए, फिर भी मुट्ठी भर 'प्रसिद्ध' मंदिरों की सालाना आय 10,000 रुपये या 150 डॉलर है और ऐसे मंदिर इन 50,000 मंदिरों में से 10 प्रतिशत भी नहीं हैं।

वर्ष 1925 से ही, जब एचआरऐंडसीई एक्ट के पहले रूप को लागू किया गया था, तब से लेकर अब तक इसमें कई बार सुधार किया जा चुका है। तमिलनाडु के मौजूदा क़ानून के मुताबिक, मंदिरों का प्रबंधन और नियंत्रण तथा उन्हें मिलने वाले दान का हिसाब-किताब रखना राज्य की प्रमुख ज़िम्मेदारी है।

यदि एचआरऐंडसीईबी सुभाष कपूर और संजीवी अशोकन का एक दुश्मन था तो दूसरी शत्रु थी आइडल विंग। जल्दी ही आप समझ जाएँगे कि सुभाष और संजीवी के लिए उनसे निपटना काफ़ी हद तक आसान क्यों था।

आइडल विंग तमिलनाडु में क़ानून को लागू करने वाली एक ख़ास इकाई है जो विशेष रूप से 5 लाख रुपये से अधिक की मूर्तियों की चोरी के मामलों से निपटती है। 1980 में स्थापित इस विंग को शुरुआत में मंदिरों से लूटपाट की वारदातों को कम करने में काफ़ी मदद मिली थी। ऐसा कैसे हुआ? वारदातों में कमी आइडल विंग की ओर से सिलसिलेवार ढंग से उठाए गए कई क़दमों का नतीजा थी, जिनमें सबसे महत्त्वपूर्ण था दूरदराज के कम आबादी वाले ग्रामीण इलाक़े के मंदिरों से अधिक क़ीमती मूर्तियों को अधिक आबादी वाले इलाक़े के बड़े मंदिरों में लाने का विस्तृत और समय लगने वाला काम।

वर्ष 1984 में, आइडल विंग के प्रमुख, वी. रामकृष्णन ने कहा था, "अब तक हमने चोल युग की लगभग 3,000 मूर्तियों को असुरक्षित मंदिरों से बड़े मंदिरों और संग्रहालयों में शिफ़्ट कर दिया है।" लेकिन कम क़ीमत वाली 3,000 प्राचीन मूर्तियों को उस समय भी नहीं हटाया जा सका था और वह कार्यक्रम 2018 में जारी है।[2]

पिछले कुछ वर्षों के दौरान इस काम में प्रगति हुई है। मूर्तियों को रखने के लिए अनेक केंद्रीय मूर्तिकेंद्रों का निर्माण किया गया है। मंदिर के लोग त्योहारों के दौरान अपनी मूर्तियों को वहाँ से ले जा सकते हैं लेकिन उत्सवों के समाप्त होते ही उन्हें मूर्तियाँ लौटानी पड़ती हैं। हालाँकि, इन केंद्रों में केवल काँसे की मूर्तियाँ रखी जाती हैं – पत्थर की मूर्तियाँ आज भी मंदिरों में भगवान भरोसे ही हैं।

दुर्भाग्य से, मंदिर से मूर्तियाँ चुराने वालों का पता लगाने में महीनों और कभी-कभी तो वर्षों लग जाते हैं, और कई मामलों में अधिकारियों के पास तो इसके दस्तावेज़ ही नहीं होते कि मंदिरों में क्या-क्या रखा था। इस लिहाज से सुभाष और संजीवी ने बेहतरीन अपराध का रास्ता चुना था। एक ऐसा अपराध जिसका पता

बरसों-बरस तक नहीं लग पाता है। ऐसा अपराध जिसमें कोई यक़ीन से कह नहीं सकता कि चोरी किसी चीज़ की हुई है।

अब तक आइडल विंग और एचआरऐंडसीईबी, दोनों ही इस काम में बुरी तरह नाकाम साबित हुए हैं। कई वर्षों पहले ही अस्तित्त्व में आने के बाद भी, उन्होंने अब तक मंदिरों में रखी संपत्ति का ब्योरा तक तैयार नहीं किया है। इतने बुनियादी क़दम उठाए बिना किसी तरह की प्रगति कैसे हो सकती है?

पुलिस रिकॉर्ड के अनुसार, मई 2005 में, मासूम सा दिखने वाला सुभाष कपूर ताज कॉनमेरा में आया, जो चेन्नई का सबसे पुराना कलाकृतियों से सजा होटल है। कोई भी उसे सामान्य भारतीय कारोबारी समझ सकता था जो अक्सर उस होटल में आते-जाते रहते हैं और रिसेप्शनिस्ट ने भी उससे ना तो पासपोर्ट ना ही पहचान पत्र माँगने की जहमत उठाई, जो अब तो अनिवार्य है, लेकिन 2005 में ऐसा कुछ नहीं था। कुछ घंटे बाद, संजीवी अशोकन उससे मिलने आया। यह तब की बात है, जब दोनों की पहली मुलाक़ात हुई थी। तमाम लोग संजीवी को कलाकृतियों का सम्मानित विक्रेता समझते थे। मूल रूप से केरल निवासी संजीवी, कई साल पहले तमिलनाडु चला आया था। वह चेन्नई के पड़ोस में ट्रिप्लिकेन में रहता था और पैरीज़ कॉर्नर में उसकी एक आर्ट गैलरी थी, और इसके अलावा तमिलनाडु और केरल में उसके कई दफ़्तर/गैलरियाँ भी थीं। किसी को भनक तक नहीं थी कि संजीवी और सुभाष चोल युग की काँसे की मूर्तियों की इतिहास में अब तक की सबसे बड़ी लूट को अंजाम देने की साजिश रच रहे हैं।

आइडल विंग की आधिकारिक रिपोर्ट के अनुसार जो कुछ हुआ वह इस प्रकार था।[3]

संजीवी को तमिलनाडु के प्राचीन मंदिरों की 'भौगोलिक स्थिति' के चप्पे-चप्पे की जानकारी थी। उसके पास 'मूर्ति अपराधियों', मूर्ति चोरों का एक लंबा-चौड़ा नेटवर्क था जो कुछ पैसों के लिए मूर्तियों की चोरी के लिए तैयार रहते थे और जितने पैसों के लिए वे इस काम को करते थे, उसकी तुलना में मूर्तियों की क़ीमत कई गुना ज़्यादा थी। संजीवी इलाक़े के नक़्शों और दुर्लभ पुस्तकों की सहायता से सुनसान-वीरान पड़े मंदिरों का पता लगाता था। अपनी पहली मुलाक़ात में सुभाष कपूर ने संजीवी से ख़ास तौर पर चोल युग के काँसे की मूर्तियों की माँग की, जिनका इंतज़ाम करने के लिए संजीवी तैयार हो गया था। ऐसा माना जाता है कि उसने सुभाष कपूर को कुछ मंदिरों और मूर्तियों की तसवीरें भी दिखाई जिन्हें वह निशाना बनाने वाला था।

यह किसी भी सौदागर का सपना सच होने जैसा था। संजीवी चोल युग के काँसे की एक या दो मूर्तियाँ नहीं बल्कि मंदिरों में मौजूद तमाम मूर्तियों का इंतज़ाम करने का भरोसा दिला रहा था। सुभाष ने संजीवी को मूर्तियों के लिए एडवांस दिया और दोनों ने उसी साल कुछ समय बाद फिर से मिलने पर सहमति जताई। इस दौरान, संजीवी को अपने स्टॉक में मौजूद मूर्तियों को भिजवाना शुरू करना था ताकि वह यह साबित कर सके कि वह अपने 'संपर्कों' की मदद से इन प्राचीन मूर्तियों को भारत के बाहर और न्यू यॉर्क में सुभाष की गैलरी तक बिना किसी झंझट के पहुँचा सकता है।

संजीवी ने जितनी जानकारी दी और वह जिस तरह मूर्तियों को सुभाष तक पहुँचाने का वादा कर रहा था, उससे सुभाष अपनी क़िस्मत पर इतरा रहा था। इतने बढ़िया सप्लायर से मिलकर उसे ज़रूर काफ़ी खुशी हुई होगी। यहाँ तक कि बूढ़ा दीनदयाल, जो सुभाष को लंबे समय से मूर्तियाँ भेज रहा था, वह भी उसके जैसा रसूख नहीं रखता था।

संजीवी ने अपना शिकार चुन लिया था श्रीपुरंदन का श्री बृहदेश्वरर मंदिर (जो तंजावुर स्थित सम्राट श्री राजराज चोल के विशाल बृहदेश्वर मंदिर से अलग है)। किसी भी प्रसिद्ध पुस्तक या वेबसाइट में इस मंदिर की कोई चर्चा नहीं है। स्पष्ट रूप से संजीवी यहाँ एक-दो बार जा चुका था और जानता था कि वह मंदिर जीर्ण-शीर्ण हो चुका है और एक दशक (कुछ के अनुसार दो दशक) से वहाँ पूजा अर्चना नहीं हो रही थी।

संजीवी ने कला के कारोबार से जुड़े स्थानीय व्यापारी और अपने पुराने परिचित, शिव कुमार के ज़रिए, दो स्थानीय चोरों, रतिनम और कालियपेरुमल को इस काम में लगाया।

जनवरी 2006 की एक रात, रतिनम और कालियपेरुमल मंदिर के दरवाज़े का ताला तोड़कर अंदर दाख़िल हुए और अंदर रखी काँसे की आठ मूर्तियों में से तीन को उठा लाए। उन्होंने टूटे ताले के लीवर को चिपका दिया ताकि किसी को पता नहीं चल सके कि कुछ गड़बड़ है। अगले ही दिन संजीवी ने उनसे मूर्तियाँ ले लीं और इस काम के बदले उन्हें 2 लाख रुपये दे दिए। एक रात में इतनी कमाई कम नहीं थी!

संजीवी ने उन मूर्तियों को अपने क़रीबी और दाहिना हाथ माने जाने वाले पक्किया कुमार की कंपनी, एवरस्टार इंटरनेशनल सर्विसेज के ज़रिए देश के बाहर भेज दिया। चोरी की गई भगवान की मूर्तियों को सीधे न्यू यॉर्क के निंबस इंपोर्ट एक्सपोर्ट, इंक. को भेजा गया जिसका मालिक सुभाष कपूर था।

मई 2006 में, रतिनम और कालियपेरुमल ने एक बार फिर मंदिर में उसी तरीक़े से सेंध लगाई और तीन अन्य मूर्तियाँ चुरा लीं, जिनके बदले उन्हें फिर से 2 लाख रुपये दिए गए और संजीवी ने मूर्तियाँ सीधे सुभाष कपूर के पास भिजवा दीं।

बाक़ी बची दो मूर्तियाँ काफ़ी बड़ी थीं, लगभग चार फुट ऊँची नटराज की मूर्ति (जिसे सुभाष एनजीए को 5.1 मिलियन में बेचने वाला था) और हैरान कर देने वाली भगवान विष्णु की सुंदर मूर्ति। उन्हें भी उसी तरीक़े से उड़ा लिया गया। मूर्तियों के आकार और वज़न के कारण इस चोरी के लिए कुछ और लोगों की ज़रूरत थी। वहीं, चोर भी इन दोनों के लिए ज़्यादा धन माँग रहे थे और उन्हें 3 लाख रुपये दिए गए। फिर से उन्हें भी नवंबर 2006 को चेन्नई बंदरगाह से न्यू यॉर्क में बैठे सुभाष कपूर तक भिजवा दिया गया।

श्रीपुरंदन नटराज

सुभाष कपूर के न्यू यॉर्क स्थित एचएसबीसी बैंक खाते से संजीवी को एक मोटी रक़म डॉलर में भेजी गई जो रुपयों में बताएँ तो 1,16,37,694 रुपये थी। अपने लोगों को कुछ लाख रुपये देकर संजीवी को इतनी बड़ी रक़म मिली।

बाद में, संजीवी को सुभाष कपूर से एडवांस में कुछ और धन के साथ चोल युग के मंदिरों पर दुर्लभ और पुरानी किताबें भी मिलीं जिनका फिर से इस्तेमाल किया गया। संजीवी का अगला निशाना सुतमल्ली का वरदराज पेरुमल मंदिर था, जो श्रीपुरंदन से मात्र 10 किलोमीटर दूर था। दोनों ही गाँव पुदुच्चेरी से लगभग 150 किलोमीटर अंदर की तरफ़ हैं। यह मंदिर भी अस्त-व्यस्त हालत में था, जिसे तीन से चार महीने में एक बार पूजा-पाठ के लिए खोला जाता था। जैसा कि पहले बताया गया है, चोल युग के सुंदरेश्वर मंदिर के देवी-देवताओं की मूर्तियों को वरदराज पेरुमल मंदिर में ले जाया गया था, जहाँ मूर्तियों की संख्या बढ़कर अठारह हो गई थी।

फ़रवरी 2008 में दो दिनों के भीतर संजीवी के मंदिर लुटेरों के गैंग ने इन मूर्तियों पर हाथ साफ़ कर दिया। संजीवी अशोकन ने उन चोरों से 25 लाख रुपये में दस मूर्तियाँ अपने क़ब्ज़े में ले लीं और उन्हें सुभाष कपूर के पास भेज दिया। हालाँकि, इस बार सीधे नहीं बल्कि वाया हांगकांग और लंदन होते हुए मूर्तियाँ भेजी गई। बाक़ी की मूर्तियों को चोरों ने पुदुच्चेरी की प्राचीन कलाकृतियों की किसी दुकान में एक अज्ञात विदेशी को बेच दिया।

ज़रा अंदाज़ा लगाइए कि इस लूट से संजीवी ने कितनी कमाई कर ली होगी? 1,01,10,4184 रुपये![4] और इन्हीं में से मार्च 2007 में सुभाष कपूर सुतमल्ली नटराज और शिवगामी की युगल मूर्तियों का ढिंढोरा पीट रहा था, जबकि वास्तविक रूप से ये उसके पास पहुँची भी नहीं थीं। वह उन्हें 8.5 मिलियन डॉलर में बेचना चाहता था, यह रक़म उन दिनों लगभग 34,00,00,000 रुपये बैठती थी, जो किसी भी पैमाने पर किसी भी निवेश के बदले हैरान कर देने वाली कमाई थी!

हालाँकि, इसका चौंका देने वाला पक्ष भी है। जब सुतमल्ली मंदिर को तमिल नववर्ष पर, सटीक तारीख़ बताऊँ तो 14 अप्रैल, 2008 को खोला गया, तब जाकर चोरी का पता चला था। ज़रा सोचिए कि जब मंदिर के दरवाज़े चोरी के कुछ महीने बाद खुले होंगे और यह देखा गया होगा कि बारहवीं सदी की जिन देवमूर्तियों को वहाँ रखा गया था, उनका नामोनिशान तक नहीं है तो कितना गहरा झटका लगा होगा। उसी समय हमारी इन बेशक़ीमती धरोहरों की बोली लगाई जा रही थी और न्यू यॉर्क के पॉश इलाक़े की दुकानों में उनका सौदा हो रहा था। उसी दिन उदयारपलायम पुलिस स्टेशन में केस दर्ज किया गया, और जून 2009 में उस केस को आइडल विंग में ट्रांसफ़र कर दिया गया।

श्रीपुरंदन में चोरी का पता चलने की कहानी तो और भी विचित्र है। सुतमल्ली में हुई चोरी का जब पता चला तो श्रीपुरंदन मंदिर की मूर्तियों को लेकर चिंता स्वाभाविक थी क्योंकि दोनों गाँवों के बीच की दूरी मात्र 10 किलोमीटर थी। आइडल विंग के अनुसार, जून 2008 में, यानी सुतमल्ली की चोरी का पता चलने के दो महीने बाद, एचआरऐंडसीई विभाग के अधिकारियों की एक टीम श्रीपुरंदन मंदिर पहुँची, जिसका मक़सद वहाँ की मूर्तियों को किसी मूर्तिकेंद्र में शिफ़्ट करना था। 'लेकिन गाँवों के लोगों ने उनको रोक दिया और वादा किया कि वे लोहे का एक नया दरवाज़ा लगाकर मूर्तियों की रक्षा करेंगे। ग्रिल गेट जब तैयार हो गया, और 18.08.2008 को जब एचआरऐंडसीई के अधिकारियों, स्थानीय पुलिस तथा गाँव के लोगों ने ताला खोलने का प्रयास किया तो पाया कि ताले टूटे हुए हैं। मूर्तियाँ चोरी हो चुकी हैं।'[5] इसका मतलब हुआ कि जब जून 2008 में अधिकारी मंदिर के दौरे पर पहुँचे थे तब उन्होंने मंदिर को खोलकर यह तक नहीं देखा कि सबकुछ सही सलामत है या नहीं। इसकी बजाए एक ग्रिल गेट बनवाने का काम शुरू हो गया था ताकि ग्यारहवीं सदी की उन मूर्तियों की रक्षा की जा सके जिन्हें दो साल पहले ही अमेरिका निर्यात किया जा चुका था! सारी की सारी मूर्तियाँ हाथ से निकल चुकी थीं। आने-जाने वालों को मूर्ख बनाने के लिए चोरों ने तालों को चिपकाने की जो चाल चली थी, वह सही में कारगर हो चुकी थी और उसने एचआरऐंडसीई विभाग के अधिकारियों के साथ ही गाँव वालों को भी बेवकूफ़ बना दिया था। पुलिस केस दर्ज किया गया जिसे नवंबर 2008 में आइडल विंग को ट्रांसफ़र कर दिया गया।

अब तो अधिकारियों के पास उन बेशक़ीमती मूर्तियों की तसवीर तक नहीं थी जिनकी उन्हें तलाश थी। उन्हें ना तो कोई भनक थी, ना ही अंदाज़ा कि ये संजीवी और सुभाष कपूर की कारस्तानी है। श्रीपुरंदन और सुतमल्ली में लापरवाही का यह आलम था।

3

मुंबई से चला कंटेनर

पकड़े जाने से पहले कई दशकों तक सुभाष कपूर और संजीवी अशोकन प्राचीन कलाकृतियों की सौदेबाज़ी से वारे-न्यारे करते रहे। सुतमल्ली और श्रीपुरंदन की जिन मूर्तियों ने उन्हें शिकंजे तक पहुँचाया, वे तो समुद्र की एक बूँद मात्र थे। उनके हाथों ना जाने कितनी धरोहरों का सौदा हो चुका था। तो फिर क्या वजह थी कि इतने वर्षों तक वे पकड़े नहीं गए? तो सुनिए, इसकी एक वजह तो यह है कि सुभाष के दोस्त हर जगह थे, और दूसरी यह कि वह तक़दीर का धनी था। 'मुंबई से चले कंटेनर' का ही मामला देख लीजिए। सुभाष इस मामले में बस बाल-बाल ही बचा था।

मार्च 2007 में न्यू यॉर्क में, सुभाष कपूर के फ़ोन की घंटी बजी जिसके बाद उसे काटो तो ख़ून नहीं था। एक अख़बार की ख़बरों के मुताबिक़ फ़ोन उसके किसी 'परिचित' का था, जो न्यू यॉर्क में भारतीय कंसुलेट में काम करता था। उसने उसे सतर्क किया कि अमेरिकी अधिकारियों को भारत के अधिकारियों ने किसी ऐसे कंटेनर की गुप्त सूचना दी है जिसे उसकी कंपनी, निंबस इंपोर्ट-एक्सपोर्ट, इंक. के लिए भेजा जा रहा है। सुभाष को जानने वाले ने जो चेतावनी दी थी, वह एकदम साफ़ और संक्षिप्त थी – 'इससे दूर रहो!'[1]

अमेरिका के आव्रजन और सीमा शुल्क प्रवर्तन (आईसीई) के अनुसार, मुंबई के जवाहरलाल नेहरू पोर्ट ट्रस्ट के भारतीय अधिकारियों को न्यू यॉर्क आ रहे माल को लेकर संदेह हो गया था जिस पर संगमरमर के गार्डन फ़र्नीचर का लेबल लगा था।[2] संदेह का पहला कारण यह था कि माल का वज़न कई टन था जबकि गार्डन फ़र्नीचर का वज़न काफ़ी कम होना चाहिए था, और दूसरा कारण यह था कि निर्यात एक गारमेंट और टेक्सटाइल कंपनी की तरफ़ से किया गया था, ना कि फ़र्नीचर

19

निर्माण करने वाली कंपनी की ओर से। इन बातों ने ख़तरे की घंटी बजा दी थी। वास्तव में उस कंटेनर में 20 मिलियन डॉलर क़ीमत की भारतीय कलाकृतियाँ भेजी जा रही थीं, जिनमें से कुछ चोरी की थीं और उन्हें कपूर तक पहुँचाया जा रहा था।[3]

20 मिलियन डॉलर क़ीमत के माल को फेंक देने का फ़ैसला सीने को छलनी करने वाला था, लेकिन इसे लेना भी ज़रूरी था। इस धंधे की यही क़ीमत थी। कपूर ने अपने एजेंट को फ़ौरन संदेश भेजा कि वह माल को छोड़ दे। फिर उसने संभवतः अपने विश्वसनीय गुर्गे, 'शंटू' से संपर्क किया जिसने उसे बचाया। शंटू सबकुछ सुलझा सकता था, और वह तुरंत डैमेज कंट्रोल में जुट गया। वैसे भी, भारत में सबकुछ मैनेज हो जाता था! और अब कई नाराज़ लोगों को मनाने की ज़रूरत थी।

कपूर ने जब फ़ोन काटा और उसे अपनी जेब में रखा, तो अगर आप उस कमरे में मौजूद होते, तो उसके विकृत दाहिने कान को देख पाते। आगे चलकर उसने अपने अप्रकाशित 'स्वेच्छा से दिए गए क़बूलनामे' में उस स्थिति को विस्तार से बताया, जिस क़बूलनामे को माननीय सब-डिवीजनल एग्ज़ीक्यूटिव मजिस्ट्रेट तिरु. जेम्स चेलैया और एक सम्मानित स्थानीय गवाह, पांडिवराजन के सामने मुख्य जाँच अधिकारी, पी. अशोक नटराजन ने दर्ज किया था। 'अपने बचपन के दिनों में फिरौती के लिए मेरा अपहरण किया गया था और हरियाणा-राजस्थान की सीमा पर पुलिस ने मुझे छुड़ाया था। इस घटना में एक किडनैपर ने मेरा दाहिना कान चबा डाला था और उस समय से ही यह विकृत है।'

भारत के अख़बारों में मोटे-मोटे अक्षरों में अमेरिका में ज़ब्त किए गए माल की सुर्खियाँ और लंबी-चौड़ी ख़बरें छपीं। 23 मार्च 2007 को *डीएनए* ने लिखा, 'डीआरआई की मदद से अमेरिकी कस्टम ने कलाकृति घोटाले का पर्दाफ़ाश' और ज़ब्ती को इस प्रकार विस्तार से बताया :

डीआरआई (राजस्व ख़ुफ़िया निदेशालय) से मिली गुप्त सूचना के बाद, अमेरिकी कस्टम अधिकारियों ने हाल ही में भारतीय कलाकृतियों की खेप पकड़ी जिसकी क़ीमत कई करोड़ आँकी गई है... इनमें से कुछ कलाकृतियाँ दूसरी सदी और 12वीं सदी ई. की थीं...

बलुआ पत्थर के भगवान शिव और पार्वती, नृत्य करते गणेश, पार्वती के साथ बाल गणेश और कार्तिकेय की मूर्तियों के साथ ही भारत के एक राजा का फ़ोटो एल्बम जिसमें 1800 के दशक के अंत में लंदन में

खींची गई तसवीरें हैं, इन सभी की क़ीमत कुल मिलाकर कई करोड़ है। यदि इन दुर्लभ कलाकृतियों को देश में वापस लाना है तो विदेश मंत्रालय को दख़ल देना पड़ेगा।

अमेरिकी कस्टम अधिकारियों ने कुल मिलाकर 75 मूर्तियाँ, चित्र, चाँदी के बर्तन और कई प्राचीन फ़ोटो एल्बम पकड़े हैं...

अमेरिका में बैठा आयातक इन अनमोल ऐतिहासिक कलाकृतियों की बिक्री का रैकेट 1976 से ही चलाता आ रहा था। मूर्ति चोर भारतीय मंदिरों और ऐतिहासिक स्थलों से इन प्राचीन धरोहरों को अमेरिका मे बैठे आयातक को भेज रहे थे।

भारतीय अधिकारियों ने निर्यात करने वाले की पहचान कर ली है। उसका नाम निंबस इंपोर्ट्स ऐंड एक्सपोर्ट्स है।[4]

उसूलों वाली आदर्श दुनिया में, यह केस आईने की तरह साफ़ होता। कपूर को उसी समय गिरफ़्तार कर लिया गया होता। द *हिंदू* ने तो यहाँ तक लिखा कि ‘जब आईसीई (अमेरिकी आव्रजन और सीमा शुल्क प्रवर्तन) ने खेप को पकड़ा और कपूर को पूछताछ के लिए बुलाया, तो स्पष्ट रूप से उसने माना कि उसे इस बात की जानकारी है कि भारत की सांस्कृतिक धरोहरों को आयात करने को लेकर क़ानून हैं, और यह भी मालूम था कि उस माल का आयात क़ानूनन नहीं किया जा सकता है। इस कारण, उसने उन वस्तुओं से हाथ धो लेने का फ़ैसला किया।’[5] इसके बावजूद कुछ नहीं हुआ। अमेरिका में यह केस टिक नहीं पाया। इस मामले की जाँच कर रहे अमेरिकी अधिकारी को इसे आगे बढ़ाने में शायद कोई दिलचस्पी नहीं थी। कुछ बचे तो ढेर सारे सवाल जिनका जवाब अब तक नहीं मिला है।

भारतीय अधिकारियों ने मुंबई में ही उस खेप को क्यों नहीं रोका?

सुभाष को सतर्क करने वाला फ़ोन किसने किया था?

फ़ोन करने वाले के पास भारतीय अधिकारियों और अमेरिकी कस्टम के बीच साझा की गई गुप्त सूचना की जानकारी कैसे थी?

कपूर को क्यों इतने वर्षों तक अपना कारोबार करने की छूट मिली?

सुभाष कपूर पर किसी का हाथ नहीं डालना यही दिखाता है, जैसा कि मैंने पहले भी कहा था रू ऊँची-ऊँची जगहों पर इसके दोस्त और चाहने वाले बैठे थे। सच में वह क़िस्मत का भी धनी था। हालाँकि, उसे क्या मालूम था कि लावारिस छोड़ा गया कंटेनर लौट कर उसके ही गले पड़ जाएगा।

सतर्क करने वाले उस फ़ोन कॉल के कुछ समय बाद, सुभाष कपूर व्यस्त हो गया। अगर मुंबई-न्यू यॉर्क रूट पर निगरानी शुरू हो गई थी, तो उसे अमेरिका तक माल मँगवाने के लिए उसे किसी दूसरे रास्ते की तलाश करनी थी।

अर्धनारीश्वर की उस मूर्ति को न्यू यॉर्क तक लाने के लिए उसने हांगकांग रूट का इस्तेमाल किया था। उस मूर्ति को उसने एजीएनएसडब्लू को 2004 में 3,00,000 डॉलर में बेचा था। उसने अपने सहयोगी से कहा कि इस रूट को फिर से चालू करने के लिए वह अपनी भरोसेमंद साथी मिस लाई शेउंग से बात करे जो वहीं यूनियन लिंक इंटरनेशनल मूवर्स लि. में काम करती थी। उसने एक बार फिर चेन्नई/कोलकाता/मुंबई-हांगकांग रूट के इस्तेमाल की योजना बनाई ताकि भारत से अपने माल को बाहर निकाले और वाया लंदन न्यू यॉर्क तक उन्हें मँगवा ले। उसकी यह योजना इस तरह कारगर हुई : लाई शेउंग को हांगकांग में माल मिल जाता था, जिसे वह कुछ समय वहीं रखती थी, और फिर उसे या तो सीधे सुभाष के पास न्यू यॉर्क भेज देती थी या कभी-कभी नील पेरी-स्मिथ को भेजती थी, जो लंदन में रहकर आर्ट रिस्टोरर का काम करता था और वह इसे कुछ समय बाद सुभाष को भिजवा देता था।[6]

आख़िर इतना घुमवदार रास्ता अपनाने की ज़रूरत क्या थी? क्योंकि हांगकांग और लंदन में कुछ समय के लिए मूर्तियों को रखकर वह भारत में मूर्तियों के मूल स्थान और न्यू यॉर्क की आर्ट गैलरी तक उनके पहुँचने के बीच दूरी की एक तह बनाना चाहता था, भले ही वह बेहद मामूली थी। वैसे भी, भारत से सीधे सुभाष कपूर को माल भेजना जोखिम भरा था। इसके साथ ही, अमेरिका तक प्राचीन कलाकृतियों को ले जाने पर नज़र रखी जा रही थी जिसके चलते उसे हांगकांग और लंदन के रास्ते ले जाने पर निगरानी से बचा जा सकता था। यूनियन लिंक ऐसी सेवा देने वाली कोई अकेली कंपनी नहीं थी। कलाकृतियों को ले जाने वाली और भी ख़ास कंपनियाँ हैं जो ऐसी 'सेवा' उपलब्ध कराती हैं। संयोग से, यूनियन लिंक का नाम अन्य गुप्त गतिविधियों में आ रहा है, जिनमें उत्तर कोरिया को सामान की आपूर्ति शामिल है। अधिकारी इसकी जाँच अभी कर ही रहे हैं।[7]

आख़िर सुभाष कपूर का पर्दे के पीछे खेला जाने वाला यह खेल चलता कैसे है? चलिए इसका एक उदाहरण देखते हैं कि किस प्रकार संजीवी नई-नई कलाकृतियों का बंदोबस्त करता था, और कैसे उन्हें अवैध रूप से अमेरिका भेजा जाता था। सुभाष कपूर जिस समय अमेरिका भेजे जा रहे बुरी तरह फँसा देने वाले उस मार्च महीने

के माल से अपना पिंड छुड़ाकर सबकुछ ठीक-ठाक करने में जुटा था, उसी दौरान उसे एक ईमेल मिला जिसमें ग्यारह अटैचमेंट थे।

उसने जब तसवीरों को खँगालना शुरू किया तो कंप्यूटर स्क्रीन पर एक काँसे की असाधारण मूर्ति सामने दिखी। तसवीरों में चोल युग की एक ज़बरदस्त काँसे की मूर्ति दिखी, जो हज़ार वर्ष पुरानी थी और एक अंधेरे, गंदे कमरे में रखी थी जिसकी दीवारों पर दीमकों की बनाई मिट्टी की आकृतियाँ नज़र आ रही थीं। ऐसी तसवीरें, जिन्हें मूर्ति चुराने वाले चोर गैलरी वालों को उन मूर्तियों की बिक्री के लिए भेजते हैं, उन्हें सुरक्षा एजेंसियां 'लुटेरों वाली तसवीर' के नाम से जानते हैं।

शायद वह उठा होगा और अपनी बुकशेल्फ़ तक आया होगा, और उन तीन किताबों को निकाला होगा, जो उसके धंधे की बाइबल थीं और आम तौर पर जिन्हें वह रेफ़रेंस के तौर पर इस्तेमाल करता था। इनका इस्तेमाल भी भरपूर होता था जो उनमें लगे फ़्लैप और अनगिनत टेप तथा नोट्स के चिपकाए जाने से साफ़ था। ये तीन किताबें थीं, *द चोला टेंपल्स* सीरीज जिनके लेखक थे एस.आर. बालसुब्रह्मण्यम, डगलस बैरेट की *अर्ली चोला ब्रोंजेज* और पी.आर. श्रीनिवासन लिखित *ब्रोंजेज ऑफ़ साउथ इंडिया*। इन तीनों की किताबों में उसी समय की अवधि की मूर्तियों के ज़बरदस्त उदाहरण थे और उसने बड़ी आसानी से उन पन्नों को खोल लिया जिनमें ऋषभवाहन का जिक्र है : जिसमें जटाधारी भगवान शिव ने सिर पर सर्पों की पगड़ी बाँध रखी है, और उनका हाथ नंदी बैल पर टिका है। सुभाष को भेजी गईं तसवीरों से यह संकेत मिल रहा था कि यह एक पूरा सेट है, जिसमें बैल भी है, जिस पर धूल और मैल की परत जमी है।

ईमेल की तसवीरें बहुत अच्छी नहीं थीं, फिर भी वह साज-सज्जा का अनुमान लगा सकता था। शिव की मूर्ति का ऊपरी बायाँ हाथ टूटा था, और दाहिना भी, लेकिन लंदन में उसके बैठे दोस्त सबकुछ ठीक कर सकते थे।

यह ईमेल बाद में एचएसआई के हाथ लगा था, जिसमें संजीवी ने उससे पूछा था कि क्या वह दोनों मूर्तियाँ उसी महीने भिजवा दे क्योंकि उस महीने उसके पसंदीदा अधिकारी ड्यूटी पर थे। उस जिस मूर्ति का इंतज़ार पिछले महीने ही था, वह अब तक उसके पास नहीं पहुँची थी लेकिन अगले हफ़्ते तक उसके आ जाने की उम्मीद थी। इस बीच उसने इस बड़ी मूर्ति (ऋषभवाहन) पर काम करना शुरू कर दिया और कुछ तसवीरें भी ले ली थीं। वह मूर्ति 48 इंच ऊँची थी, और वज़न 140 किलोग्राम (26x30 के बैल के बिना) का था। एक बार सुभाष हाँ कर दे तो वह नई मूर्ति को भेजने के काम में जुट जाने वाला था।

सबकुछ कितना आसान था! सुभाष को बस 'हाँ' में जवाब देना था, कुछ धन (उतना नहीं जितना वहाँ की वस्तुओं के बदले मिलने वाला था) ट्रांसफ़र करना था

और न्यू यॉर्क में बैठे-बैठे उसे एक क़ीमती प्राचीन कलाकृति मिल जानी थी। उसे इनकी सफ़ाई करानी होगी, शायद उनमें से एक को मरम्मत के लिए लंदन के नील पेरी-स्मिथ को भेजना होगा, जो उस पर थोड़ी कृत्रिम सील लगाएगा, और किसी प्रतिष्ठित विद्वान से लच्छेदार कैटलॉग लिखवाएगा। इस तरह की कलाकृति के लिए तो उसे केमिकल विश्लेषण की भी ज़रूरत नहीं पड़ेगी। सामान्य रूप से काँसे की कार्बन तिथि-निर्धारण में काफ़ी कठिनाई आती है और मुख्य मूर्तियाँ ठोस ढाली हुई थीं। वाहनों को, जो इस मामले में नंदी बैल था, आम तौर पर खोखला बनाया जाता है जिनका अंदर का हिस्सा कोमल रहता है। ढालने की प्रक्रिया ऐसी होती है कि अंदर मिट्टी की एक परत छोड़ दी जाती है। थर्मोल्यूमिनेसेंस की मदद से उस मिट्टी की उम्र पता की जा सकती है, जिससे पता लगाया जा सकता है कि मूर्ति कितनी पुरानी होगी।

फिर उसे म्यूजियम के किसी ऐसे क्यूरेटर को ढूँढ़ना होगा जिसे उनकी तलाश हो, पिछवाइयों या टूटे-फूटे टेराकोटा को उपहार के तौर पर देना होगा, जिसके बदले उसे लाखों का मुनाफ़ा होगा।

इस बार जिस मंदिर को निशाना बनाया गया वह था कमरासवल्ली का श्री बालअंबिका-करकोडेश्वर मंदिर जो तमिलनाडु के अरियालुर गाँव में स्थित था, और संजीवी अशोकन की गैंग की बदौलत ऐसा ख़ज़ाना था जिसे सुभाष कपूर लूट सकता था। यह चोलकालीन ईंटों से बना प्राचीन मंदिर था, जिसे महान सम्राट श्री राजराज चोल ने ग्रेनाइट का बनवा दिया था, और उसके यशस्वी बेटे, राजेंद्र चोल ने भारी दान देकर और अमीर बना दिया था। मंदिर बेहतरीन पत्थर और काँसे की मूर्तियों से संपन्न था।

सुभाष को कलाकृतियों की सप्लाई करने वाले पुराने लोगों की तुलना में संजीवी अशोकन ज़्यादा साधन-संपन्न था। अनमोल मूर्तियों को देश के बाहर भिजवाना तो उसके बाएँ हाथ का खेल था। वह बख़ूबी जानता था कि अगर आपकी पहुँच बड़े-बड़े लोगों से हो तो कैसे पूरे सिस्टम की आँखों में धूल झोंककर ज़बरदस्त स्टंट को अंजाम दिया जा सकता है। हाँ, यह सच में एक स्टंट ही था।

कपूर के उत्तर भारत को आपूर्तिकर्ताओं को एक निश्चित प्रक्रिया को अपनाना पड़ता था, जिसे उन्होंने 1970 के दशक में साध लिया था, जब भारतीय क़ानून प्रवर्तन को राजनयिक पाउच रूट की भनक लगी। उससे पहले तक राजनयिक सामान को जाँच से मिली छूट का इस्तेमाल कर भारतीय कलाकृतियों को देश से बाहर ले जाने की गारंटी दे सकते थे। अब चूँकि उस रास्ते पर नज़र रखी जा रही थी, इसलिए अब उन्हें एक अच्छे मूर्तिकार को ढूँढ़ना पड़ता था, उसे भेजे जाने वाले सामान की तसवीर दिखानी पड़ती थी और उससे मिलते-जुलते नमूने को बनवाना पड़ता था।

उसके बाद, हस्तशिल्प निर्यातक के रूप में किसी कंपनी को ढूँढ़ना पड़ता था जो क्षेत्रीय हथकरघा विकास आयुक्त के स्थानीय कार्यालय में रजिस्टर्ड हो, जिससे नमूने की तसवीरों को दिखाकर माल के लिए ऐसा सर्टिफ़िकेट लेना पड़ता था कि वह नया-नया तैयार हथकरघा उत्पाद है। फिर, जानबूझकर माल की क़ीमत इतनी कम बताई जाती थी कि कस्टम की निगरानी और आगे की जाँच-पड़ताल से बचा जा सके। बेशक, सबसे महत्त्वपूर्ण क़दम होता था, शिपिंग के समय नक़ली सामान के ढेर में असली को छिपाकर भेजना।

विकल्प के रूप में, वे क्षेत्रीय भारतीय पुरातत्त्व सर्वेक्षण (एएसआई) कार्यालय जाते थे, जहाँ नमूनों की उन्हीं तसवीरों और नमूनों को दिखाकर ग़ैर-प्राचीन कलाकृति का सर्टिफ़िकेट ले लेते थे। शिपिंग के समय एएसआई के अधिकारी जाँच नहीं करते थे, बल्कि उससे पहले ही कलाकृतियों को एएसआई के पास ले जाकर जाँच करा लेने का वे फ़ायदा उठा लिया करते थे। उसके बाद निर्यात का सर्टिफ़िकेट मिलता था जो 180 दिनों तक मान्य रहता था। अब निर्यात किए जा रहे उस सामान में, जिसकी क़ीमत जानबूझकर कम बताई गई थी, असली कलाकृति को नमूनों के साथ मिलाकर भेज दिया जाता था।

संजीवी का तरीक़ा भी ऐसा ही था। हालाँकि, कुछ समय से उसका हौसला काफ़ी बढ़ गया था और ज़्यादा रियायत देने वाले अधिकारियों की साठगाँठ के चलते वह नक़ली कलाकृतियों के बीच असली को छिपाने की जहमत उठाए बिना सीधा असली कलाकृतियाँ भेजने लगा था। संजीवी ने मई 2006 में एक नटराज, एक उमा और एक गणेश की मूर्ति भेजकर दिखा दिया कि सबकुछ कितनी आसानी से किया जा सकता है।

वो कंटेनर फ़्रेट स्टेशन उत्तर चेन्नई में है जहाँ से विशालकाय लोहे के बक्से वाले कंटेनर बंदरगाह पर जहाज़ों में चढ़ाए और फिर दूसरे देशों में भेजे जाते हैं। रात के समय भी अक्सर काफ़ी उमस, गंदगी और गर्मी रहती है। उस साल मई का मौसम और भी ख़राब था, जब चेन्नई की बदनाम गर्मी बिजली कटौती से और बढ़ गई थी और उसके साथ-साथ लोगों का पारा तो और भी हाई था। रात के 9 बजे के बाद का समय था, फिर भी सरकारी लोडिंग स्थल के आसपास काफ़ी हलचल थी, और सड़क किनारे के होटलों में तरह-तरह की बिरयानी और चिली डोसा खिलाया जा रहा था। चूँकि दिन के समय कंटेनर ट्रकों को शहर के भीतर आने की इज़ाज़त नहीं होती, इसलिए उस वक़्त वे सर्पाकार कतार में कई किलोमीटर तक खड़े होकर कंटेनरों की लोडिंग का इंतज़ार कर रहे थे ताकि उन्हें बंदरगाह तक ले जा सकें। शिपिंग क्लर्क, जिनकी ज़िम्मेदारी होती है कि वे बाहर भेजे जा रहे माल की जाँच उनकी रसीदों, पैकिंग लिस्ट और शिपिंग बिल से करें, उनके सामने माल के मालिकों

की भीड़ लगी होती है जो फ़ाइल लेकर अपने शिपिंग बिल (निर्यातक की ओर से फ़ाइल किया जाने वाला अनिवार्य दस्तावेज़) को पास कराने के लिए कस्टम डेस्क की तरफ़ भागते हैं।

यह काम सामान्य रुटीन का ऐसा हिस्सा बन जाता है कि कस्टम क्लर्क, जो यह सुनिश्चित करने वाला सरकारी अधिकारी होता है कि निर्यात के सारे काग़ज़ात सही हों, वह शायद ही कभी उन रसीदों में दर्ज सामग्रियों की सूची को पढ़ता है। उसे बस अपने कंप्यूटर स्क्रीन पर यह देखना होता है कि शिपिंग बिल नंबर का आकलन हो चुका है या नहीं। यह आकलन पहले ही कस्टम हेड ऑफ़िस में हो चुका होता है, जो बंदरगाह के सामने है, जहाँ वे पहले ही निर्यातक का नाम, सामान, पैकेज की संख्या को दर्ज कर चुके होते हैं और यह तय कर चुके रहते हैं कि शिपिंग बिल में जो क़ीमत दर्ज है, वह भेजे जा रहे सामान के लिए सही है। इसके बाद कस्टम क्लर्क का बेहद महत्त्वपूर्ण काम शुरू होता था, यानी जाँच करना, जिसका मतलब तकनीकी रूप से यह था कि उसे किसी एक बिल को वैसे ही उठाना था और खुद जाकर देखना था कि कार्गो से जो सामान भेजा जा रहा है, वह शिपिंग बिल से मेल खाता है या नहीं। सच्चाई यह थी कि वह अपनी शिफ़्ट में केवल तीन बार उठता था – एक बार कॉफ़ी के लिए और दो बार सिगरेट के लिए। वह किसी मशीन की तरह हर बीसवीं कॉपी पर 'जाँच लिया', और हर शिपिंग बिल पर 'निर्यात करने दें' की मुहर लगा दिया करता था। वह जिन रसीदों पर मुहर लगाता था, वे एक बहुत बड़े बक्से में चली जाती थीं। उसे हर शिफ़्ट में 250 ऐसे बिल क्लियर करने होते थे। काग़ज़ात पर मुहर लगाने के लिए उसे थोड़ा-सा प्रलोभन मिल जाए तो वह तेज़ी और खुशी से अपना काम करता था। इस तरह जाँच पूरी हो जाती थी!

संजीवी के गुर्गे (ऑपरेशन की गोपनीयता के लिए उसका नाम नहीं बताया जा सकता) ने पहले से गीला हो चुका अपना रूमाल माथे पर आया पसीना पोंछने के लिए निकाला। उसने अपने बॉस को पहले ही बता दिया था कि जोख़िम बहुत ज़्यादा है। संजीवी ने मूर्तियों को किसी निजी कंटेनर में भेजने की बजाय, खुदरा सामान की तरह भेजने की योजना बनाई थी, जिसका मतलब था कि मूर्तियों को क्रेट्स में रखा जाएगा जिन्हें किसी शिपिंग कंपनी को कस्टम परिसर में मौजूद किसी सार्वजनिक लोडिंग एरिया में अकेले सामान के रूप में दिया जाएगा। इसमें ख़तरा बहुत ज़्यादा था क्योंकि उसी समय पर आधा दर्जन दूसरे कंटेनर भी लोड किए जाते हैं और दर्जन भर से ज़्यादा कस्टम अधिकारी मँडराते रहते हैं। अगर कुछ ग़लत हो गया तो सबके सामने होगा। दूसरी तरफ़ निजी कंटेनर को संजीवी के गोदाम तक लाकर लोड किया जा सकता था, जहाँ अकेला कस्टम अधिकारी देख रहा होगा, मतलब चंद लोगों को ही 'मैनेज' करना होगा। उसने संजीवी से गुहार लगाई थी कि कुछ महीने रुक जाए तथा कुछ और 'ऑर्डर' लेकर एक पूरा कंटेनर भेजे ताकि कंटेनर उसके

गोदाम तक आ सके, लेकिन बॉस सुनने को तैयार नहीं था। उसने रात 9 बजे तक उसे रुकने का निर्देश दिया था, जिस समय पर कस्टम अधिकारियों की शिफ़्ट बदलती है, और फिर उसे बताने को कहा था कि डेस्क पर कौन है। उसके आदमी ने उस व्यक्ति का नाम उसे फ़ोन पर बताया। उसे बताया गया कि कोई दिक़्क़त नहीं होगी और वह काम को आगे बढ़ा दे।

संजीवी के गुर्गे ने दस्तावेज़ों को एक बार फिर से देखा। उसमें तीन वस्तुओं को 'भारतीय हस्तनिर्मित कलात्मक हस्तकला के सामान' के रूप में सूची में डाला गया था जिसकी क़ीमत 1,500 डॉलर बताई गई थी, जिसमें 150 डॉलर अनिवार्य बीमा के थे। उसने फिर से चेक किया। कील से हल्के-फुल्के अंदाज़ में बंद किए गए लकड़ी के तीन क्रेट्स थे, जिन्हें वह मामल्लपुरम से ट्रक से लेकर आया था, जो चेन्नई से 65 किलोमीटर की दूरी पर पल्लव वंश का शांत ऐतिहासिक शहर है। दस्तावेज़ों में पूरे सामान का वज़न 225 किलोग्राम लिखा था, लेकिन उसके बॉस ने कहा था कि वह ट्रक से क्रेट्स उतारने और लोडिंग यार्ड में रखवाने के लिए 3 टन की फ़ोर्कलिफ़्ट का इस्तेमाल करवाए। इसके पीछे कोई और कारण नहीं था बल्कि यह था कि कहीं ग़लती से फ़ोर्कलिफ़्ट क्रेट्स को पटक ना दे और सबके सामने अंदर रखी मूर्तियों का भेद नहीं खुल जाए। क्रेट्स के हर तरफ़ 'फ़्रेजाइल' अंकित था। उसने ब्यौरे पर फिर से एक नज़र डाली और सूखते गले को मुश्किल से तर किया। लोडिंग के समय वह किसी भी दुर्घटना का जोख़िम मोल नहीं लेना चाहता था क्योंकि जब सामान लोड किया जा रहा होगा, तब उस कंटेनर में अपना सामान भेज रहे कम से कम दस लोगों की नज़र उस पर होनी थी।

उस दिन सुबह, केंद्रीय कस्टम कार्यालय में जब शिपिंग बिल का आकलन किया गया तो काम बड़ी आसानी से हो गया। वहाँ भी वह तनाव में था क्योंकि रसीद पर बताई गई क़ीमत कबाड़ के लोहे से भी कम थी जबकि मूर्ति काँसे की थी। फिर भी, उसका बॉस निश्चिंत था। उसने सारे काग़ज़ात तैयार कर लिए थे, जिसमें हस्तशिल्प संवर्धन निकाय की ओर से मिले सर्टिफ़िकेट की फीके से नीले रंग की फ़ोटोकॉपी शामिल थी। उसके बॉस ने उसे दो लिफ़ाफ़े दिए थे, एक पर P (फ़ोटो) का निशान था जबकि दूसरे पर कोई निशान नहीं था। ऐसा लग रहा था जैसे लकड़ी की बड़ी डेस्क के दूसरी तरफ़ बैठा अधिकारी जानता था कि किसे खोलना है। उसने P के निशान वाले लिफ़ाफ़े को उठाया और उसके अंदर जो कुछ था, उसे हिलाकर देखा। नटराज रूप में शिव, उमा और गणेश की पाँच खुरदरी तसवीरें टेबल पर बिखर गईं। जो दूसरा मोटा लिफ़ाफ़ा था, वह सीधे दराज के अंदर चला गया। उस दराज में नीली, लाल सील और स्टांप थे, जिन्हें उसने रसीदों पर लगा दिया।

अब शाम के समय उसे शिपिंग बिल को कस्टम क्लर्क से पास कराना था। उसे बेहद महत्त्वपूर्ण 'निर्यात करने दें' का ठप्पा लगवाना था। आकलित किए जा चुके

बिल, सफ़ाई से डोर से नत्थी किए गए थे, उन्हें मेज़ पर रख दिया गया। उसने जब दस्तावेज़ों का ढेर देखा तो बंद पड़े टेबल फ़ैन के चलते उसका मिजाज बिगड़ा लग रहा था। यहाँ कोई भी मोटा लिफ़ाफ़ा नहीं था। शिपिंग क्लर्क ने अपने बॉस को फ़ोन घुमाया और फ़ोन कस्टम अधिकारी की तरफ़ बढ़ा दिया। फ़ोन पर, अधिकारी ने चार अंक बताए। कस्टम कार्यालय के बाहर, एक ऑटो के पास आकर एक यामाहा रुकी, उसकी नंबर प्लेट पर देखा तो वही नंबर था जो कस्टम अधिकारी ने अभी-अभी फ़ोन पर बताया था, और जैसे-तैसे पुराने अख़बार में लपेटे गए एक गंदे से बंडल को ऑटो ड्राइवर की तरफ़ बढ़ा दिया। ऑटो ड्राइवर ने उस कस्टम अधिकारी को फ़ोन किया जिसने स्टांप लगा दिया, जिससे पेपर पर नीले और लाल रंग का हल्का-सा निशान लग गया, जिस पर लिखा था 'जाँच लिया', 'निर्यात करने दें।'

ज़्यादातर लोग रात का खाना खाकर वापस आ चुके थे और कंटेनर लोड करने वाले इलाक़े में ज़बरदस्त चहल-पहल थी, जहाँ काम कर रहे लोगों और फ़ोर्कलिफ़्ट में एक दूसरे के रास्ते में नहीं आने की जद्दोजहद जारी थी। संजीवी के आदमी ने उस कंटेनर को ढूँढ़ना शुरू कर दिया जिसे अपना सामान न्यू यॉर्क भेजने के लिए चुना गया था। आख़िरकार उसने उसे एक कोने में खड़ा पाया, जिसके चमकीले नारंगी किनारे फ़्लडलाइट में चमक रहे थे। उसने सामान भरने वाले क्लर्क को काग़ज़ात थमाए और फ़ोर्कलिफ़्ट एक बार फिर काम में जुट गया। तीन लकड़ी के क्रेट करीने से एक के ऊपर एक कंटेनर के कोने में रख दिए गए। देखते ही देखते, कंटेनर का बाक़ी हिस्सा भी दूसरे सामान से भर गया, जिसमें अनेक तरह के निशान वाले कार्डबोर्ड के कई बक्से शामिल थे। सर्वे करने वाले ने क्रेट्स की संख्या का मिलान भरे जाने की योजना के अनुसार किया और कंटेनर को बंद कर सील करने का इशारा कर दिया। नीले दरवाज़े आहिस्ता-आहिस्ता रबर की किनारी पर कस गए और बोतल सील क्लिक की आवाज़ के साथ लग गए। ये ऐसे ताले होते हैं जिनकी चाबी नहीं होती। एक बार बंद हो जाने के बाद उन्हें अब अमेरिका के न्यू जर्सी पहुँचने पर ही खोला जाएगा। उसके पाँच घंटे बाद ही शिपिंग क्लर्क ने राहत की साँस ली। वह अब भी यही सोच रहा था कि उन्हें सामान किसी भरे हुए कंटेनर में भेजना चाहिए था, जैसा कि उसके पड़ोसी ने किया जिसने महाबलीपुरम में अपने गोदाम के भीतर ही सामान लोड करा दिया था। उसका बॉस कुछ डॉलर बचा लेने की फिराक में था।

अगले दिन, संजीवी का आदमी उस शिपिंग कंपनी के दफ़्तर में बेचैनी से इंतज़ार कर रहा था जिसका इस्तेमाल उन्होंने किया था। सामान के वज़न का बिल पास हो जाने तक लंच का समय बीत चुका था। सामान के वज़न का बिल एक चमत्कारी दस्तावेज होता है, ऐसा दस्तावेज होता है जो मालिकाना हक़ बताता है, शिपिंग कंपनी की प्राप्ति की रसीद होता है और साथ ही सामान ढोने का प्रमाण

होता है, यानी एक ही बिल में सबकुछ होता है। बेशक, उस ज़मीनी कर्मचारी को इतना सबकुछ पता नहीं था। उसे इतना भर पता था कि उसे तीन मूल रसीद लेनी हैं जिन्हें उसका बॉस कूरियर से सामान को प्राप्त करने वाले के पास भेजेगा। गंतव्य पर सामान लेने से पहले प्राप्त करने वाले को सामान ढोने वाले एजेंट को उनमें से किसी एक को दिखाना होगा।

उसने भेजने और प्राप्त करने वाले के नाम की फिर से जाँच की।

भेजने वाला : एवरस्टार इंटरनेशनल सर्विसेज (पक्किया कुमार की कंपनी)
माल पाने वाला : निंबस एक्सपोर्ट इंपोर्ट, इंक.।

कुछ घंटे बाद संजीवी का आदमी महाबलीपुरम के टाइगर केव स्टॉप पर उतरा। एक तरफ़ सूरज ढल रहा था तो दूसरी तरफ़ वो जल्दी-जल्दी सड़क पार कर रहा था। उसने जब संजीवी को दस्तावेज़ों का पुलिंदा थमाया, तो उसने 'जहाज से भेजने' की तारीख़ के बारे में पूछा। जहाज अगले दिन चेन्नई पोर्ट से रवाना होगा। संजीवी ने दस्तावेज़ों की एक प्रति माल प्राप्त करने वाले सुभाष कपूर के पास ईमेल से भेज दी।

कंप्यूटर पर संदेश भेजा जा चुका था। उसने दीवार पर टंगे कैलेंडर पर नज़र दौड़ाई। भगवान शिव और पार्वती के पुत्र भगवान मुरुगन के चेहरे पर मुस्कान थी। गुरुवार, 11 मई 2006।

'मैंने अभी-अभी आपके माता-पिता को विदेश भेजा है!' उसने कुछ ऐसा ही सोचा होगा।

INVOICE

Exporter M/S EVERSTAR INTERNATIONAL SERVICES #11 D, OTHAVADAI STREET MAMALLAPURAM 603 104 INDIA	Invoice No& Dt 05/ 09-05-2006	Exporter's Ref I.E.C. 0405025041
Consignee M/S NIMBUS IMPORT EXPORT INC # 2, CROSS FIELD AVENUE SUITE 105, WEST NYACK, NY 10994 USA	Buyer's Order No & Date	
	Buyer(if other than consignee)	
	Country of Origin of goods INDIA	Country of final Destination USA
Pre-Carraige by	Place of Receipt by Precarrier	Terms of Delivery and Payment
Vessel/Flight No BY SEA	Port of Loading CHENNAI/INDIA	DP
Port of Discharge NEW YORK	Port of Delivery NEW YORK	

Marks & Nos/ Container No.	No & kind of Pkgs	Description of Goods	Quantity NOS.	Rate USD	Amount USD
EIS 1 TO 5	5 W/CASE	INDIAN HAND MADE ARTISTIC HANDICRAFT ARTICLES			
		1. BRASS GANESH	1	150.00	150.00
		2. BRASS SIVA	2	350.00	700.00
		3. BRASS DEVI	2	250.00	500.00
				FOB	1350.-
		FREIGHT & INSURANCE			150.00
				FOB $	1350-

Amount chargable (In Words USD$ ONE THOUSAND FIVE HUNDRED ONLY)	TOTAL	1,500.00
Declaration We declar that this Invoice shows the actual price of the goods described and that all particulars are true and correct.	Signature & Date for EVERSTAR INTERNATIONAL SERVICES Proprietor	

तारीख़ 9 मई, 2006 की शिपिंग रसीद

$$4$$

गिरफ़्तारी

24 अगस्त 2008। संजीवी अशोकन जहाँ पंद्रह वर्षों तक मंदिर चोरों का गिरोह चलाने, सुभाष कपूर जैसी बड़ी अंतरराष्ट्रीय मछलियों को चोरी का माल भेजकर बेहिसाब अमीर बनने में लगा हुआ था, वहीं ज़्यादातर लोग उसे चेन्नई के पैरीज कॉर्नर की गैलरी का आर्ट डीलर समझते थे जिसकी अपनी प्रतिष्ठा थी।

हालाँकि, उस पर शिकंजा कसता जा रहा था जिसका श्रेय हमारी कहानी के एक नायक को जाता है : डिप्टी सुपरिंटेंडेंट ऑफ़ पुलिस (डीएसपी), सेल्वराज, जो अठारह महीनों से आइडल विंग के साथ काम कर रहा था। विडंबना यह है कि आइडल विंग में तबादले को एक सज़ा के तौर पर देखा जाता है, ना कि ऐसा जिसकी माँग हो और जिसे प्रतिष्ठित माना जाता हो। 1980 में गठन के बाद, एक दशक में ही तमिलनाडु के आइडल विंग में काम करने वालों की तादाद काफ़ी कम हो गई थी। इस बल में जान डालने वालों और इसके मक़सद को पूरा करने में अपनी जान लड़ा देने वालों को रिटायर कर देने या फिर किसी दूसरे विभागों में तबादले के बाद इसकी धार ख़त्म हो गई थी। यह ऐसे अफ़सरों का ठिकाना बन गया था जिन पर सरकार की दयादृष्टि समाप्त हो गई थी और उन्हें या तो कुछ समय के लिए आराम करने या फिर रिटायरमेंट तक सड़ा देने के लिए यहाँ भेज दिया जाता था। साल 2010 आते-आते, आइडल विंग में महज नौ पुलिसकर्मी बच गए थे। ज़रूरत पड़ने पर इसे दूसरी इकाइयों से कर्मचारी उधार लेने पड़ते थे, यहाँ तक कि मामूली जाँच और ज़ब्ती की कार्रवाई के लिए भी।

आइडल विंग की दशा इतनी ख़राब थी कि साल 2017 में मद्रास हाई कोर्ट ने राज्य सरकार को कड़ी फटकार लगाई और तब सत्रह पुलिस अधिकारियों को आइडल विंग में तैनात किया गया था।

हालाँकि, हम बहुत आगे नहीं जाते हैं। वापस 24 अगस्त 2008 में लौटते हैं। इस बात को याद रखना ज़रूरी है कि सेल्वराज को संस्थान की दशा के मुताबिक़ कैसी-कैसी मुश्किलों के बीच काम करना पड़ा।

सेल्वराज के पास आख़िरकार ऐसी जानकारी थी जिसके आधार पर संजीवी को चुराई गई मूर्तियाँ अपने क़ब्ज़े में लेते रंगे हाथ पकड़ा जा सकता था और सलाखों के पीछे डाला जा सकता था। हालाँकि, उस समय तक सेल्वराज को जानकारी नहीं थी कि संजीवी ने अपना जाल कितने बड़े पैमाने पर फैला रखा है। उसे यह भी मालूम नहीं था कि श्रीपुरंदन और सुतमल्ली की लूट के पीछे वही था, या उसके ज़रिए सुभाष कपूर तक पहुँचा जा सकता है। उस समय संजीवी प्राचीन कलाकृतियों का अवैध धंधा करने वाला कोई डीलर भर था। सेल्वराज जब पैरीज कॉर्नर पर पहुँचा तो वो दिन उसके करियर को बदल देने वाला दिन था।

मैंने उस दिन के बारे में सेल्वराज की टीम के एक प्रमुख सदस्य से बात की। रविवार का दिन था, और उसी दिन पैरीज कॉर्नर के आसपास की सड़कों की असली चौड़ाई का पता चल पाता था। सेल्वराज ने उससे पहले उनकी चौड़ाई पर कभी ग़ौर नहीं किया था। यहाँ तक कि फुटपाथ के टूटे-फूटे हिस्से भी उस दिन नज़र आ रहे थे। हफ़्ते के बाक़ी दिन, आपको चारों तरफ़ बस लोग ही लोग नज़र आएँगे। उसने जब एक व्यक्ति को रजनीकांत या जिन्हें प्यार से तलैवा कहा जाता है, उनका पोस्टर प्यार के साथ फाड़ते देखा तो मुस्करा दिया। *कुसेलन* फिल्म बॉक्स ऑफ़िस पर औंधे मुँह गिर चुकी थी। उसकी जगह लेदर जैकेट में गठीले बदन वाले जयराम रवि की *धाम-धूम* के पोस्टर पर छाये थे, जो आने वाले हफ़्ते में रिलीज़ हो रही थी। शाम के चार बजे के बाद का वक्त था और बर्मा बाज़ार की दुकानों में अच्छी-ख़ासी ख़रीदारी चल रही थी। वह सोच रहा था कि कहीं वे पहले ही *धाम-धूम* की पाइरेटेड कॉपी तो नहीं बना रहे थे। यह भी हैरानी की बात है कि आदमी का इतना प्रतिभावान दिमाग़ भ्रष्ट और कुटिल कैसे हो सकता है, लेकिन उसने अपने दिमाग़ से इन ख़यालों को बाहर निकाल दिया। आज वह अपने जीवन के सबसे बड़े शिकार पर था। वास्तव में, अठारह महीने की लंबी तलाश आज पूरी होने वाली थी।

शुरुआती सूचना अधूरी थी, लेकिन जब कड़ियाँ जोड़ना शुरू किया गया तो सबकुछ साफ़-साफ़ नज़र आने लगा। संजीवी अशोकन चेन्नई के मन्नाड़ी इलाक़े में रहता था, जो सेल्वराज की पेट्रोल जीप के लिए कुछ ही दूरी की ही बात थी। पुलिस के शिकार, दो अधेड़ पुरुष, तीन घंटे पहले उडयारपलायम में बस में सवार हुए थे, जिनके पास एक भारी-भरकम बोरी थी। आधे रास्ते में जब शौचालय के लिए बस रुकी, तब भी इसकी पुष्टि की गई कि दोनों पुरुष बस में ही बैठे हुए हैं। ऐसी उम्मीद थी कि सेल्वराज उनके ज़रिए संजीवी तक पहुँच जाएगा। उसे बस

उन दोनों का पीछा उस गैलरी तक करना था जहाँ चोरी की मूर्ति वे अपने बॉस के हवाले करने वाले थे। इसके बाद पुलिस टूट पड़ेगी और सबको गिरफ़्तार कर लेगी।

सेल्वराज ने अपनी पेट्रोल जीप वहीं छोड़ दी और एक सफ़ेद एम्बेसडर में सवार हो गया, जो भाड़े की टैक्सी थी। अपने वरिष्ठ अधिकारियों से सुबह हुई बातचीत उसे याद आ रही थी। उन्हें इस योजना पर अब भी भरोसा नहीं था। सेल्वराज ने उन्हें सेलफ़ोन के सारे ट्रांसक्रिप्ट दिखाए और कुछ रिकॉर्डिंग भी सुनवाई थीं। सबको समझ आ रहा था कि एक बहुत बड़ी बिक्री होने वाली है और उनके पास संजीवी को पकड़ने का सुनहरा मौक़ा है। फिर भी वे एक घंटे तक बहस करते रहे। ठेठ सरकारी सुस्ती। समय बीतता जा रहा था और उसका तनाव बढ़ रहा था। सिगरेट सुलगाने के लिए वो नीचे उतरा। उसके पास दूसरा रास्ता भी नहीं था क्योंकि इतना बड़ा मौक़ा हाथ से जाने नहीं दे सकता था और अब उसे अपना तुरुप का पत्ता चलना था। उसने एडीजी पुलिस, जी. तिलकवती को फ़ोन किया।

बातचीत बेहद संक्षिप्त थी। महिला अधिकारी ने पूछा कि क्या उसे पूरा यक़ीन है। उसने कहा, 'मैडम, फिलहाल हम तिरेपन सिम कार्ड और पंद्रह मोबाइल आईएमईआई (एक ख़ास सीरियल नंबर जो सभी मोबाइल फ़ोन में होता है) नंबरों को ट्रैक कर रहे हैं जो इस रैकेट से जुड़े हैं।' उसके बाद तो सबकुछ बहुत तेज़ी से हुआ।

उसने आठ लोगों की अपनी टीम को तीन हिस्सों में बाँट दिया। ऐसी संभावना थी कि दोनों शिकार बस स्टैंड से गैलरी तक जाने के लिए रिक्शा लेंगे। ट्रैफ़िक कम ही था और जैसे ही वे संजीवी से मिलने पहुँचेंगे, उसकी टीमें तुरंत धावा बोल देंगी। जाल बिछ चुका था।

फिर यह हुआ।

'सर, एक फ़ोन आया था और वे वल्लजा रोड पर उतर रहे हैं।' यह उस टीम का फ़ोन था जो मोबाइल फ़ोन की बातचीत टैप कर रही थी।

'क्यों?'

'उसने कहा कि वे इसकी बजाए लंच पर नायर मेस में मिलेंगे।'

कुछ तो गड़बड़ है। अब तक शाम के 4.30 बज चुके थे - आख़िर प्लान अचानक क्यों बदला?

'सर, सिल्वर क्वालिस आपकी तरफ़ बढ़ रही है।' यह संजीवी की कार थी।

सेल्वराज ने अपने ड्राइवर से क्वालिस का पीछा करने को कहा। बाक़ी की दो टीमें अलग-अलग रास्ते से नए ठिकाने की ओर निकल गईं।

हालाँकि, क्वालिस सेल्वराज को चकमा देकर निकलने में कामयाब रही। उसे लग गया कि बॉस को गिरफ़्तार करने का मौक़ा उसके हाथ से निकल चुका है। उसे

अब फ़ैसला करना था। एक पल की हिचकिचाहट के बाद, उसने ड्राइवर से कहा कि वो जीप नायर मेस की तरफ़ मोड़ दे। उसे मद्रास यूनिवर्सिटी की इमारत का लाल रंग का सामने का हिस्सा नज़र आया, उसका अपना चेहरा भी इसी रंग का था। वह पहले भी कई बार इस रैकेट का भंडाफोड़ करने के क़रीब आ चुका था, लेकिन आज उसे काम पूरा हो जाने का यक़ीन था। एक बार फिर किसी ने आख़िरी समय पर बिछाए गए जाल की जानकारी लीक कर दी थी। कौन हो सकता था? केवल मुट्ठी भर बेहद वरिष्ठ अधिकारियों को ही इस ऑपरेशन की जानकारी थी।

नायर मेस में, भारी भरकम बोरी किसी सूजे हुए अँगूठे की तरह एकदम अलग ही दिख रही थी। रतिनम और शिवकुमार, दोनों को आसानी से पहचाना जा सकता था। उसकी इच्छा थी कि वह इंतज़ार करे और देखे कि क्वालिस पहुँचती है या नहीं, लेकिन उसका मन कह रहा था कि एक बार फिर वह विफल होने वाला है। उसका गुस्सा अपने सामने वालों पर फूटा। सारी ऐहतियात को दरकिनार कर, वह उतरा और उसने कार का दरवाज़ा धड़ाम से बंद कर दिया।

बाक़ी की दो गाड़ियाँ सायरन बजाती पहुँच गईं।

दोनों हक्केबक्के रह गए, जैसे हेडलाइट की रोशनी में हिरण अवाक रह जाता हैं। इससे पहले कि दोनों दरवाज़ा बंद करते, धर लिए गए थे। बेवकूफ़ों को उस बोरी के वज़न का अंदाज़ा नहीं था। कुछ ही मिनट के भीतर दोनों को हथकड़ी पहना दी गई।

बोरी एम्बेसडर की डिग्गी में रख दी गई जिससे धातु के टकराने की आवाज़ भी पैदा हुई। उन्होंने रस्सियाँ काटीं, बोरी खोली तो गंदी लेकिन ख़ूबसूरत चाँदी की अम्मा, यानी देवी की मूर्ति सामने आ गई।

यह ऑपरेशन सफल नहीं हो सका, फिर भी उनके हाथ कुछ तो लगा ही था। अनिवार्य रूप से जारी की जाने वाली प्रेस रिलीज़ में, डीएसपी सेल्वराज ने उस बड़ी मछली के बारे में कुछ नहीं बताया जो उसके हाथ से निकल गई थी।

सेल्वराज को अगले मौक़े तक इंतज़ार करना पड़ा जो कुछ महीने बाद ही आ गया।

तब तक चंगुल में फँसे उसके दोनों आदमियों ने अपने बॉस को लेकर सबकुछ उगल दिया था। उन्होंने इस बात की पुष्टि कर दी थी कि संजीवी अशोकन मूर्ति चोरों और तस्करों का गिरोह चला रहा था। इसकी जानकारी तो सेल्वराज को पहले से ही थी, लेकिन उन्होंने लूट की दो ख़ास घटनाओं के बारे में बताया जिसे उन्होंने सुतमल्ली और श्रीपुरंदन के मंदिरों में अंजाम दिया था, और सेल्वराज को यह अच्छी तरह मालूम हो चुका था कि संजीवी दक्षिण भारत में मूर्तियों की तस्करी का सबसे बड़ा नेटवर्क चला रहा था जिसके तार कई राज्यों में फैले थे। सेल्वराज को

समझ आ गया कि इस आदमी को पकड़ने की कोशिश फिर से करनी पड़ेगी। वह जानता था कि वह कहाँ रहता है, यहाँ तक कि उसकी बेटी किस स्कूल में पढ़ती है। उन्होंने चेन्नई, मामल्लपुरम और पुदुच्चेरी में उसके दफ़्तरों तथा कोडइकनाल में उसके 'रिज़ॉर्ट' का पता लगा लिया था। उसके पास पूरे राज्य में, और कोच्चि में रह रहे संजीवी के रिश्तेदारों की लिस्ट थी। उसे एक ही बात परेशान कर रही थी कि हाथ में आकर भी वह कैसे बच निकलता है। यहाँ तक कि पूरी सावधानी से प्लान किए गए ऑपरेशन भी आख़िरी समय में आई गड़बड़ी से फ़ेल हो रहे थे। इत्तेफ़ाक इतने ज़्यादा थे कि उन्हें इत्तेफ़ाक नहीं माना जा सकता था। कोई तो खेल बिगाड़ रहा था, विभाग में कोई तो जासूस था। लेकिन कौन?

मार्च 2009 में, संयोगवश पकड़ में आए संदेश से जानकारी मिली कि संजीवी हमेशा के लिए ग़ायब हो जाने की योजना बना रहा है, बस उसे स्कूल की परीक्षा ख़त्म हो जाने का इंतज़ार था जो कुछ ही दिनों की बात थी। शायद उसे अपने दोनों गुर्गों, रतिनम और शिव कुमार के इकबालिया बयानों की भनक लग चुकी थी जिन्होंने उसके काले कारनामों का कच्चा चिट्ठा खोल दिया था। पुलिस को उसे अब रंगे हाथ पकड़ने की ज़रूरत नहीं थी। उसके पास संजीवी के ख़िलाफ़ गवाह मौजूद थे। उसके पास ज़्यादा से ज़्यादा कुछ दिनों का समय था, नहीं तो वह हमेशा के लिए हाथ से निकल सकता था। वो बिहार, मध्य प्रदेश, ओडिशा या फिर देश छोड़कर भी भाग सकता था। उसकी मदद पंद्रह मोबाइल फ़ोन, तिरेपन सिम कार्ड और अदृश्य लोग (और कई घर) कर रहे थे, लेकिन संजीवी की क़िस्मत अब और उसे धोखा देने वाली थी।

वारंट जारी होने में अड़तालीस घंटे लग गए। सेल्वराज जानता था कि संजीवी के घर जाना समय की बर्बादी है। उसकी टीम का स्वागत घर पर पड़े ताले ने किया। सिल्वर क्वालिस अब भी वहीं खड़ी थी। उसका दिमाग़ हर दिशा में दौड़ रहा था। आख़िरकार, एक टैक्सी कॉल सेंटर ने उम्मीद जगा दी। घरेलू हवाईअड्डे के लिए एक बुकिंग आई थी। तमाम उड़ानों की छानबीन की गई और आधे घंटे बाद, उसे जवाब मिल गया था - संजीवी कोच्चि जा रहा था।

इस बार सेल्वराज ने सिर्फ़ और सिर्फ़ अपनी क़रीबी टीम पर भरोसा किया। वे लोग सड़क के रास्ते निकले और कोच्चि पहुँचने के लिए उन्होंने पूरी रात सफ़र किया। प्रोटोकॉल के मुताबिक़ उसे कोच्चि की पुलिस को सूचना देनी थी, वैसे भी, तमिलनाडु आइडल विंग दूसरे राज्य में ज़्यादा कुछ कर नहीं सकती थी। सुबह के 5 बज रहे थे। वारंट केरल के अधिकारियों को सौंपा जाना था लेकिन उससे पहले उसके पास कई घंटे का वक्त बचा था। सेल्वराज को उम्मीद थी कि यह अभियान उससे काफ़ी पहले ख़त्म हो जाएगा।

आज फिर उसके फ़ोन की घंटी बजी। इस बार वह डरा हुआ था कि ना जाने किसका होगा, लेकिन आशंका के विपरीत उसे अब तक की सबसे अच्छी ख़बर मिली। उसे पता मिल गया था। उसने मुख़बिर तैयार करने में महीनों की जो मेहनत की थी वो आख़िरकार रंग ला चुकी थी!

उन लोगों ने अपनी गाड़ी कुछ ब्लॉक पहले ही खड़ी कर दी और बहुमंज़िला होटल तक पैदल ही बढ़ने लगे। सेल्वराज को पक्का पता करना था कि अंदर संजीवी है या नहीं, लेकिन उसके पास अभी एक इक्का बाक़ी था। वह फ़ुटपाथ पर खड़े नारियल पानी वाले के पास रुक गया। धारदार चाकू से नारियल पर कुछ वार और ताजगी भरे पानी ने उसकी चिंता दूर कर दी। वेंडर को उसने पैसे दिए, और उसे अपने सवाल का ऐसा जवाब मिला जिसे वो सुनना चाहता था, 'हाँ सर! अभी-अभी सुबह की सैर से लौटा है। वह अंदर ही है।'

उसे तुरंत आगे बढ़कर कार्रवाई करनी थी। उसने उस एक व्यक्ति को फ़ोन घुमाया जिस पर भरोसा कर सकता था - एडीजी पुलिस, तिलकवती। बहुत छोटा-सा जवाब तुरंत ही मिल गया। उसे स्थानीय पुलिस को सूचना देने से पहले कार्रवाई की इज़ाज़त मिल गई थी।

उसकी टीम तेज़ी से फैल गई। तैयार किए जा रहे नाश्ते से मसाले की गंध लॉबी में भरी थी जो चमेली की गंध से होड़ लगा रही थी। इतना साहस कि उसने अपने नाम से कमरा बुक करा रखा था! रजिस्टर पर दर्ज था - आगमन : सोमवार 20 मार्च 2009, निवासी : चेन्नई। निवास की अवधि : 2 दिन। उद्देश्य : दर्शनीय स्थलों की यात्रा। आवंटित : 11वीं मंज़िल।

सेल्वराज ने इशारा किया कि फ़ोन का चोगा नीचे रख दिया जाए और वहाँ अपना एक आदमी छोड़ दिया ताकि रिसेप्शन से संजीवी को सतर्क करने के लिए कोई भी फ़ोन नहीं किया जाए। दो लोग होटल के अंदर और बाहर जाने के रास्ते पर तैनात थे। उसके साथ अब केवल तीन और लोग थे। तेज़ 'टिंग' की आवाज़ के साथ लिफ़्ट ग्यारहवें फ़्लोर पर रुकी। सारे लोग दरवाजे के बाहर तेज़ी से तैनात हो गए, एक-एक दोनों तरफ़, और फिर उसने घंटी बजाई।

उसे अपनी क़िस्मत पर यक़ीन नहीं हुआ। ख़ुद संजीवी ने दरवाज़ा खोला था!

अगले कुछ मिनट क्या हुआ कुछ याद नहीं। आरोप-प्रत्यारोप उछाले गए। सेल्वराज को उम्मीद नहीं थी कि इतनी सुबह इतने सारे लोग उसके कमरे में मौजूद होंगे। छापामारी करने वाली टीम से दोगुने लोग वहाँ मौजूद थे। धड़ाधड़ फ़ोन कॉल किए जाने लगे, और उसने जो कुछ एकतरफ़ा बातचीत में सुना, उसके मुताबिक़ सारे फ़ोन महत्त्वपूर्ण लोगों को किए गए थे। उसे लग गया कि इन सारी बातों से कुछ नहीं होगा। और समय मिला तो यह आदमी किसी इतने बड़े शख़्स को बीच में ले आएगा

जो उसे मुश्किल में डालने वाला आदेश दे देगा। गिरफ़्तारी तत्काल कर ली गई।

केरल पुलिस का एक पूरा दस्ता इकट्ठा हो गया और सेल्वराज, उसकी टीम, और उसके शिकंजे में आया बड़ा शिकार सुरक्षा के बीच तमिलनाडु भेज दिया गया। सब लोग जब नाश्ते के लिए कोयंबटूर में रुके, तब उसे इतनी बड़ी कामयाबी पर सोचने की फ़ुर्सत मिली। उन्होंने असंभव को संभव कर दिखाया था। उन्होंने सरगना को धर दबोचा था!

उनकी क़िस्मत आगे भी साथ देती रही। उन्हें महज भारतीय दंड संहिता (आईपीसी) की धारा 380 (चोरी) और 457 (घर में घुसपैठ और रात के समय घर में घुसने) के बजाए गुंडा एक्ट के तहत संजीवी के ख़िलाफ़ मुक़दमा दर्ज करने की स्वीकृति मिल गई, जिससे अपराध ग़ैर-जमानती हो गया। अब वे उससे पूछताछ भी कर सकते थे, और वह ग़ायब नहीं हो सकता था।

हालाँकि, उन्हें एक ऐसी ख़बर मिली जिसने उन्हें बड़ा झटका दिया। होटल के कमरे से उन्होंने जिस कंप्यूटर को ज़ब्त किया था, उसमें कुछ भी मिला। उसकी हार्ड डिस्क को साफ़ कर दिया गया था। सेल्वराज हैरान रह गया। जिस वक्त होटल के कमरे का दरवाज़ा खुला था, उसके बाद से ही उसने कंप्यूटरों पर गिद्ध दृष्टि जमा रखी थी। उसने सारी हार्ड डिस्कें दिल्ली स्थित राष्ट्रीय सूचना विज्ञान केंद्र (एनआईसी) भेजने का फ़ैसला किया ताकि उनसे कुछ तो हासिल हो जाए। हालाँकि, दो हफ़्ते बाद, एनआईसी से जो जवाब आया, उसने निराश कर दिया। हार्ड डिस्कें एकदम ख़ाली थीं। उनसे किसी भी तरह का डेटा निकलना असंभव था। क्या संजीवी को फिर से सतर्क कर दिया गया था?

गिरफ़्तारी के बाद, चुराई गईं कई मूर्तियाँ संजीवी के पास से बरामद की गईं। वैसे इस बात की जानकारी थी कि संजीवी अंतरराष्ट्रीय मूर्ति तस्करी के गोरखधंधे में शामिल था, और बाहरी देशों से चुराई गईं मूर्तियाँ वापस लाने की बातें भी हो रही थीं, लेकिन पुलिस या गिरफ़्तार किए गए लोगों के बयानों में सुभाष कपूर का कोई ज़िक्र नहीं था।

हम अब सुभाष कपूर के इस इकबालिया बयान के हिस्से को सामने रख रहे हैं जिन्हें अब तक प्रकाशित नहीं किया गया था और जो संजीवी के साथ सुभाष कपूर के रिश्ते को उसके ही शब्दों में उजागर कर देंगे :

मेरा नाम सुभाष चंद्र कपूर है, उम्र 63/2012, पुत्र – पुरुषोत्तम राम कपूर और मेरी माँ हैं शशि कपूर... सबडिविज़नल एग्ज़ीक्यूटिव मजिस्ट्रेट ने मुझे बताया है कि मैं भारतीय क़ानून के मुताबिक़ कोई इकबालिया बयान देने के लिए बाध्य नहीं हूँ और मैं ऐसा करता हूँ, तो मुक़दमे की कार्यवाही के दौरान उसका इस्तेमाल मेरे विरुद्ध किया जाएगा। मैं इसे समझता हूँ, फिर भी मैं बताना चाहता हूँ कि असल में क्या हुआ था...

मैं भारत, पाकिस्तान, हांगकांग, थाईलैंड, बैंकॉक, अफ़गानिस्तान, श्रीलंका, कंबोडिया जाता रहता हूँ। साल 2005 के मई और जून महीने में मैं भारत के तमिलनाडु गया था, और फिर सितंबर और दिसंबर 2006 में भी मैंने वहाँ का दौरा किया था। मैं चेन्नई के ताज कॉनमेरा होटल में रुका। लेकिन मैंने 'भारतीय' के रूप में अपनी ग़लत राष्ट्रीयता और 93, भूलाभाई देसाई मार्ग, मुंबई – 69 का झूठा पता लिखवाया जबकि अपने अमेरिकी पासपोर्ट और अमेरिकी पते को छिपा लिया। मैं जब भी चेन्नई गया, तब 'आरसेलिया गैलरी' के श्री संजीवी अशोकन, पितचाइमणि, मरिक्कामी और पक्किया कुमार से कारोबार के सिलसिले में मेरा संपर्क हुआ, जो मेरे कमशीन एजेंट और डीलर थे जिन्हें मैंने सदियों पुरानी चोलकालीन काँसे की मूर्तियों के बदले मोटी रक़म देने का वादा किया और हम तमिलनाडु तथा केरल के कुछ मंदिर भी गए। संजीवी अशोकन ने ढेर सारी तसवीरें मेरे आर्ट ऑफ़ द पास्ट को पोस्ट से और कुछ तसवीरें ईमेल से पहले ही भेजी थीं। मेरे और संजीवी अशोकन के बीच अक्सर फ़ोन पर बातचीत होती थी। संजीवी अशोकन का सेल फ़ोन नंबर : 9382183***

फ़ोन नंबर 044-28510*** और 044-28550*** है।

(5)

पन्ना के लिंग से मिला सुराग़

सेल्वराज की हताशा उसे अंदर ही अंदर खाए जा रही थी। अपराधी को दबोच लेने के बाद भी, उसे यक़ीन नहीं था कि वह उसे कठोर दंड दिला सकेगा। तमिलनाडु का जो क़ानून लागू होता था, वह दमदार नहीं था। संजीवी के ख़िलाफ़ अंतिम चार्जशीट दायर करने से वह हिचक रहा था। लेकिन क्यों? इसका कारण था आईपीसी की धारा 380 में वर्ष 1993 में किया गया संशोधन।

संशोधन से पहले की मूल धारा कहती थी :

किसी इमारत, टेंट या जहाज में जो कोई भी चोरी करता है, जिस इमारत, टेंट या जहाज का उपयोग मनुष्य के रहने के लिए किया जाता है, या किसी संपत्ति की रक्षा के लिए किया जाता है, उसे कारावास की सज़ा दी जाएगी जो सात वर्षों तक की हो सकती है, और इसके साथ ही उसे जुर्माना भी भरना पड़ सकता है।

1993 में तमिलनाडु विधानसभा ने इसमें एक उप-धारा जोड़ दी जो कहती है :

कोई भी किसी भी मूर्ति या प्रतिमा की चोरी किसी ऐसी इमारत से करता है जिसका उपयोग पूजा-पाठ के स्थल के रूप में किया जाता है, तो उसे एक ऐसी अवधि के लिए कठोर कारावास की सज़ा दी जाएगी जो दो वर्षों से कम नहीं होगी बल्कि उसे तीन वर्ष के लिए विस्तार दिया जा सकता है और उसके साथ ही जुर्माना भी लगाया जा सकता है जो दो हज़ार रुपये से कम नहीं होगा :

बशर्ते वह न्यायालय, कारावास की ऐसी सज़ा सुनाए जो दो वर्षों से कम हो और जिसके लिए फ़ैसले में पर्याप्त और विशेष कारणों की चर्चा की जाए।

यह संशोधन आज भी लागू है। इसका मतलब है कि धारा 380 के तहत जो कोई किसी मकान से चोरी करता है, उसे सात साल जेल की सज़ा दी जा सकती है, लेकिन पूजा स्थल से चोरी पर अधिकतम तीन वर्षों के कारावास के साथ, उस पर 2000 रुपये का जुर्माना लगाया जा सकता है!

धारा 457 इससे कहीं अधिक कठोर है जो इस प्रकार है :

जो कोई घात लगाकर रात के समय किसी मकान में अनाधिकार प्रवेश करता है, या रात के समय किसी भी ऐसे अपराध को करने के लिए मकान में घुसता है जिसके लिए कारावास की सज़ा दी जा सकती है, तो उसे एक ऐसी अवधि के लिए कारावास की सज़ा दी जा सकती है जिसका विस्तार पाँच वर्षों तक हो सकता है, और उसके साथ ही उस पर जुर्माना भी लगाया जाएगा, तथा, उस अपराध के पीछे चोरी की मंशा है, तो कारावास की अवधि चौदह वर्ष तक बढ़ाई जा सकती है।

जून 2015 में, आर्थिक अपराध शाखा के तत्कालीन प्रभारी और तमिलनाडु पुलिस के एडीजी, प्रदीप वी. फ़िलिप, जिनके विभाग के तहत ही आइडल विंग भी आता था, ने दो टूक कहा था कि मूर्तियों की चोरियाँ रोकने के लिए अगर कुछ करने की ज़रूरत है तो हमें अपने सिस्टम की एक बड़ी ख़ामी को दूर करना होगा। उनसे जब पूछा गया कि हमारी प्राचीन धरोहरों पर सबसे बड़ा ख़तरा क्या है, तब उन्होंने कहा था :

'असली ख़तरा मूर्तियों की चोरी और सेंधमारी के बढ़ते अपराध से है। महत्त्वहीन और कमज़ोर क़ानूनों से है... उदाहरण के लिए, 7 साल तक मुक़दमा चलता है लेकिन आईपीसी की धारा 380 (चोरी) और 457 (रात के समय घर में अनाधिकार प्रवेश और रात में सेंधमारी) के तहत 6 महीने की ही सज़ा सुनाई जाती है। रात के समय अपराध की मंशा से घात लगाकर प्रवेश करने और मंदिर का ताला तोड़ने पर धारा 457 के तहत अधिकतम 14 साल की सज़ा दी जा सकती है। फिर भी 1947 के बाद से, मूर्ति चोरी के एक भी अपराध में 14 साल की सज़ा नहीं दी गई क्योंकि दंडित करने वाले क़ानून में यह सज़ा सुनाने वाले मजिस्ट्रेट की मर्ज़ी पर छोड़ दिया गया है कि वह चाहे तो आईपीसी की धारा 457 के तहत किए जाने वाले उसी अपराध के लिए कम अवधि की सज़ा सुनाए, यहाँ तक कि 6 महीने की भी सज़ा सुना सकता है।'[1]

ऐसे में सेल्वराज के इन सारे प्रयासों का नतीजा एक मामूली सज़ा तक सीमित रह जाएगा। सेल्वराज सबसे मजबूत केस बनाए, तब भी संजीवी जेल से कुछ दिनों में बाहर आ जाएगा।

हालाँकि, भगवान और क़िस्मत क्या कर जाए, यह भी कम बड़ा रहस्य नहीं होता। जब वे सारी उम्मीदें खो चुके थे, तब सेल्वराज की टीम को अक्टूबर 2009 में एक सुराग़ मिला - शायद बेशक़ीमती वस्तु ले जाई जा रही थी, जिसका संजीवी अशोकन के मामले से संबंध नहीं था। इस अभियान से आइडल विंग को इतनी महत्त्वपूर्ण जानकारी मिलने वाली थी जो संजीवी अशोकन पर शिकंजा और कस देगी, और सुभाष कपूर को पकड़ने की दिशा में भी वे एक क़दम और आगे बढ़ जाएँगे। धीरे-धीरे ही सही लेकिन निश्चित रूप से, सुभाष से संजीवी के संबंधों और सुतमल्ली तथा श्रीपुरंदन की लूट से तार आपस में जुड़ने वाले थे।

यह पता लगाने की सेल्वराज की बेचैनी भी बढ़ती जा रही थी कि आइडल विंग का वह भेदिया कौन था। इसके लिए उसने अपने डिप्टी, कादर बाचा को इस अभियान का प्रमुख बनाकर भेजा। वह जानता था कि वह बहुत बड़ा जोख़िम उठा रहा है लेकिन वह पक्के तौर पर जानना भी चाहता था। कादर बाचा के पास जब ऑपरेशन की महत्त्वपूर्ण जानकारी थी, तब क्या अभियान सुनियोजित ढंग से हो सकता था? या आइडल विंग को एक बार फिर दुश्मन के अद्भुत ढंग से बच निकलने की स्थिति का सामना करना होगा? यह कई दशकों में सबसे बड़ा भंडाफोड़ होने वाला था, फिर भी सेल्वराज ने घर में ही बैठने का फ़ैसला किया। वह बस देखना चाहता था कि छापेमारी सफल होती है या नहीं।

यह 26 अक्टूबर 2009 की बात है। शाम के समय भी गर्मी बर्दाश्त के बाहर हो रही थी। सैकड़ों दौड़ती बसों से उड़ती धूल टर्मिनल पर उमड़ते तमाम लोगों के पसीने से मिलकर हालात को और भी असहनीय बना रही थी। तूफ़ान के पानी को निकालने वाले नाले बिछाने के लिए सड़कों को काटा गया था, जिनका मलबा खुले नालों में फेंक दिया गया था, जिससे वे नाले जाम हो चुके थे। किसी की चौकन्नी नज़रें वहाँ की एक-एक चीज़ को खँगाल रही थीं। शिकार का नामोनिशान नहीं था। गोरे रंग और काले-सफ़ेद खिचड़ी बालों के साथ गोल और भरे-भरे चेहरे पर मूँछों वाला कादर बाचा[2] बेचैन था और शायद इसी बेचैनी को कम करने के लिए उसने एक सिगरेट सुलगाई। क्या उसके बॉस को उस पर शक है, यह बात ज़रूर उसके मन में रही होगी?

जल्दी ही अंधेरा घिरने वाला था और चेन्नई मुफ़्फ़सिल के कोयंबेडू बस टर्मिनल पर उमड़ती भीड़ पर नज़र रखना और भी मुश्किल हो जाएगा। क़िस्मत से, उस सोमवार की शाम आम दिनों के मुक़ाबले भीड़ कम थी। इस तलाश में उसके साथ टीम के चार सदस्य थे, जिनके पास एक विश्वसनीय सूत्र से मिली जानकारी थी। प्रवेश और निकास के रास्तों पर एक-एक व्यक्ति था। एक व्यक्ति बे नंबर 44 में खड़ी बस की छत पर था। चौथा उसके साथ था। अपने नीले जैम जैम बेल्ट के नीचे बाचा ने अपनी सर्विस रिवॉल्वर छिपाकर रखी थी। अगर इसे निकालना पड़ा तो उसके पास ठोस वजह होनी चाहिए, लेकिन उसे उम्मीद थी कि इसके इस्तेमाल की ज़रूरत नहीं पड़ेगी। पुलिस उप महानिरीक्षक (डीआईजी) ने उसे अच्छी तरह बता दिया था - इसका इस्तेमाल आख़िरी उपाय के तौर पर ही करना। इस भीड़ में किसी तरह के भ्रम से भगदड़ हो सकती थी।

उसने सप्ताहांत पर इस पूरे ऑपरेशन की प्लानिंग की थी। उस शख़्स की वलंगईमन (तमिलनाडु के थिरुवरूर का एक पंचायत नगर) स्टेशन से भेजी गई तसवीर धुंधली थी। आज वह दो संदिग्धों की तलाश में था - दोनों ही तीस से कम उम्र के हिंदू युवक थे।

उसका मोबाइल वाइब्रेट करने लगा और फ़ोन उठाने से पहले उसने अपने आसपास के चेहरों को पढ़ने की कोशिश की। कंट्रोल रूम से उसकी सपोर्ट टीम का फ़ोन था। मोबाइल फ़ोन ट्रैकर चालू हो चुका था और कोयंबेडू टॉवर ने उसे अपनी जद में ले लिया था। टारगेट 1 बस स्टैंड पर था। उसने सोचा, अच्छा किया जो अपना हथियार साथ लेकर आया। यह कोई छोटा-मोटा चोर नहीं था, उसे एक पुलिस जीप जलाने के लिए पहले गिरफ़्तार किया गया था। वे इन लोगों के तेरह सिम कार्डों को ट्रैक कर रहे थे। यह भी एक रहस्य था कि पहचान पत्र और एड्रेस प्रूफ़ देने की बाध्यता के बाद भी लोग इतने सारे सिम कार्ड कैसे हासिल कर लेते हैं।

एक बार फिर कंट्रोल रूम का फ़ोन आया। उस टॉवर ने दूसरे फ़ोन को ट्रैक किया था। टारगेट 2 भी आ चुका था, जो हाल ही में त्रिची जेल से बाहर आया था। कार्रवाई करने का समय आ चुका था। उसने टीम के बाक़ी तीन सदस्यों को क़रीब आने का निर्देश दिया।

उसने भीड़ पर नज़र दौड़ाई और अपने शिकारों को पहचानने की कोशिश की। फिर उसे टारगेट 1 दिख गया। वह काफ़ी विचित्र लग रहा था, कुछ था जो काफ़ी असंगत-सा था। वह समझने की कोशिश कर रहा था कि उस पर उसे शक क्यों हुआ। शायद इतने बरसों की ट्रेनिंग का नतीजा हो। दूरी के चलते उसे उसका चेहरा साफ़ नहीं दिख रहा था। वह युवक एक गैस सिलेंडर को खींच रहा था। ऐसा लगा, जैसे वह सिलेंडर ख़ाली हो। उसके पास कोई और सामान या बैग नहीं था।

फिर उसने दूसरे आदमी को देखा, जो कुछ फुट की दूरी पर था। उन दोनों की नज़रें आपस में नहीं मिल रही थीं, लेकिन दूसरा आदमी उस सिलेंडर को बार-बार देख रहा था। बाचा के शिकार मिल गए थे। उसने अपनी टीम को इशारा किया और आगे बढ़ गया। चंद सेकेंड के भीतर उसने दोनों आदमियों को घेर लिया था। जो होना था, अभी होना था।

वह सिलेंडर खींच रहे आदमी की तरफ़ तेज़ी से बढ़ा। उसके क़रीब आने से पहले उसने कुछ देर पहले सुलगाई सिगरेट को गिरा दिया। अगले पाँच क़दम बाद वह उसके पास होगा। दोनों की नज़रें मिलीं और वह जान चुका था कि उसका शिकार सामने है। उसने नाम पुकारा - रमेश! वह युवक सन्न रह गया। उसके साथी को अंदाज़ा हो गया कि कुछ गड़बड़ है और वह निकास की तरफ़ अंधाधुंध भागा। उसे शिकंजे में लेने वाले हाथ भी नज़र नहीं आए। उसके पेट पर घुटने की ऐसी मार पड़ी कि उसकी आँखों के आगे अंधेरा छा गया और सेंतिल ज़मीन पर गिरा पड़ा था। रमेश ने पलटवार की कोई कोशिश नहीं की। वह समझ चुका था कि खेल ख़त्म हो गया है।

वह सिलेंडर अनोखा था। उसके ढक्कन पर स्क्रू लगा था। अंदर एक छोटा-सा बैग था। पुलिस की जीप के भीतर की रोशनी ज़्यादा तेज नहीं थी, इसलिए वह जीप से बाहर निकलकर उसकी हेडलाइट की मदद से बैग के अंदर की चीज़ों को देखने लगा। बैग ज़्यादा भारी नहीं था और उसने सावधानी से अंदर हाथ डाला और अख़बार में लिपटा पार्सल बाहर निकाला। उसका वज़न एक किलोग्राम से भी कम लग रहा था।

उसे बोनट पर रखकर वह अख़बार को फाड़ने जा रहा था, तभी उसने ग़ौर किया कि उसकी भाषा मलयालम थी। उसने पैकेज को सूँघा तो उसे पेंट की महक आई।

अख़बार को हटाने पर, उसके सामने एक काली-सी वस्तु थी। उसने आसपास नज़र दौड़ाई तो पेट्रोल पंप दिखा जो ज़्यादा दूर नहीं था। वह वहाँ तक पहुँचा और वहाँ उसने अपनी आईडी दिखाई। पेट्रोल से भरी प्लास्टिक की बोतल उसके सामने थी।

उसने वस्तु को पेट्रोल से साफ़ किया और ज़मीन पर गिरती कालिख के साथ पेंट धुलते ही चेहरे पर मुस्कान तैरने लगी। उसने तुरंत डीएसपी सेल्वराज को फ़ोन घुमाया।

'हमें मरकत लिंगम - पन्ना लिंग मिल गया है!!'

वह जब तक गिंडी स्थित अपने दफ़्तर पहुँचता, तब तक ख़बर फैल चुकी थी और उसका फ़ोन लगातार बज रहा था। वैसे भी यह पहली कामयाबी थी। तमिलनाडु

में पन्ना लिंग की चोरी के पाँच और भी मामले थे जिनकी गुत्थी नहीं सुलझी थी। इसके अलावा पड़ोसी राज्य केरल का भी कलाड़ी शंकर मठ से ऐसे ही पन्ना लिंग की चोरी को लेकर दबाव था। बाचा को अगले दिन इस घटना की पूरी जानकारी देने और प्रेस कॉन्फ्रेंस की तैयारी करनी थी। सुर्ख़ियाँ क्या होंगी, यह उसे अभी से मालूम था। 'मंदिर चोरी का मामला सुलझा : 53 करोड़ का पन्ना लिंग बरामद।' यह तिरुवरूर जिले के तिरुतुरईपूंडी के मरुंतीस्वरर मंदिर से चुराई गई थी।

दूसरी मूर्तियाँ कहाँ हैं, इसकी उसे कोई जानकारी नहीं थी। ऐसी मान्यता थी कि जो भी इन सात बेशक़ीमती लिंगों की पूजा एक साथ करेगा और उनका अभिषेक करेगा, तो उसे अमरत्त्व से लेकर अंबानियों जैसी दौलत का वरदान मिल सकता है। उसे जब याद आया कि उसने उनमें से एक का पेट्रोल अभिषेक किया है, तो मुस्कराने लगा!

अपनी रिपोर्ट तैयार करते समय भी उसका सिर घूम रहा था। उसने रिपोर्ट पूरी करते ही, उसे अपने बॉस, डीएसपी सेल्वराज, और आइडल विंग को भेज दिया।

सेल्वराज खुश था, लेकिन उसके मन में एक उलझन भी थी। ऑपरेशन सफल हो गया था। कादर बाचा के पास अभियान से जुड़ी संवेदनशील जानकारी थी, लेकिन कुछ भी लीक नहीं हुआ था। तो फिर, विभाग के भीतर की वह सड़ी मछली कौन थी?

वह पन्ना लिंग प्राइम टाइम में हर न्यूज चैनल पर दिखाया जा रहा था। केरल पुलिस ने ख़बर देखी और अगली सुबह उसके अधिकारी चेन्नई पहुँच गए। उन पर कलाड़ी मंदिर से चोरी हुए अपने पन्ना लिंग का पता लगाने का भारी दबाव था।

उस साल कुछ समय पहले, 27 मार्च को, एर्नाकुलम जिले के कलाड़ी से आदि शंकर जन्मभूमि मंदिर से आधा फुट का शिवलिंग ग़ायब हो गया था, जो हरे पत्थर से बना था जिसे पन्ना माना जाता है। इस चोरी के फ़ौरन बाद, 2009 में राज्य पुलिस ने टेंपल थेफ़्ट इनवेस्टिगेशन स्पेशल टीम (टीटीआईएसटी) का गठन किया जो कई मामलों को सुलझाने में सफल रही थी।

ग़ायब हुआ लिंग 1910 में श्रृंगेरी मठ से लाया गया था और ऐसा माना जाता था कि वह 500 वर्षों से भी अधिक पुराना था। हालाँकि, जाँच करने वालों को अब तक उसका कोई पुख़्ता दस्तावेज़ नहीं मिला था। उस पन्ना लिंग के साथ, आदि शंकर की माता, शारदंबा की समाधि से मंदिर में इस्तेमाल किए जाने वाले चाँदी के बर्तनों और दान पेटी को भी चुराया गया था।

अब तक कलाड़ी लिंग की गुत्थी पुलिस नहीं सुलझा सकी है, और इस बीच अक्टूबर 2016 में, तमिलनाडु के तिरुक्कुवलई के त्यागराज स्वामी मंदिर से एक और पन्ना लिंग की चोरी हो चुकी है।

हालाँकि, केरल पुलिस से आइडल विंग को जो जानकारी मिली, वह इस प्रकार है। उसके हाथ एक डोज़ियर लगा था जो गणेश की उस छोटी मूर्ति के साथ था जिसे केरल पुलिस ने उसी साल की शुरुआत में उस ट्रक ड्राइवर से ज़ब्त किया था जो श्रीपुरंदन और सुतमल्ली के दो मंदिरों में हुई चोरी में शामिल था।

यह केरल के हाइवे पर बनी नियमित पुलिस चौकियों में से एक थी। कभी ना ख़त्म होने वाली ट्रकों की कतार, चींटियों की लाइन की तरह धीरे-धीरे सरक रही थी। हल्की फुहारों के बीच सड़क चौड़ीकरण के काम के चलते मलबे से इकट्ठे कीचड़ को उनके चक्के मथ रहे थे, जिनके कारण उनकी रफ़्तार और भी सुस्त थी। राहत दिलाने वाली एक ही बात थी, पझमपुरी, यानी पके केले के पकौड़े-और गाढ़ी चाय, जो आसपास की फूस की छत वाली दुकानों में मिल रही थी और जो केरल की विशेषता है। उन ट्रकों पर सवार 'खलासियों' को इस परंपरा की पूरी जानकारी थी, और जैसे ही ड्राइवर रुकने के लिए रफ़्तार कम करते, वैसे ही खलासी काग़ज़ात और परमिट के साथ कूद पड़ते थे। कभी-कभार, जब वे सही मायने में ऊब जाते, तब ट्रैफ़िक वाले उठते और गाड़ी की जाँच कर लिया करते थे। नहीं तो, यह सब रूटीन मामला था।

एक ख़ास ट्रक धीमा होता दिखा, लेकिन वह रुका नहीं। कहीं उसके गियरबॉक्स में कोई दिक़्क़त तो नहीं थी? दाल में काला महसूस करते ही, कॉन्स्टेबल उठा और और अपनी लाठी लहराने लगा। एक सेकेंड के लिए उसकी नज़र ड्राइवर से मिली। ड्राइवर घबरा गया। अगले ही पल, अफरा-तफरी मच गई। ट्रक एक शोर के साथ रुका, दरवाज़ा खुला और ड्राइवर छोटी-सी पहाड़ी की झाड़ियों की तरफ़ भाग खड़ा हुआ। पीछा करने के लिए भागते कॉन्स्टेबल ने मलयालम में शोर मचाया। ज़्यादा दूर तक पीछा नहीं करना पड़ा। कीचड़ भरी ज़मीन पर, ड्राइवर सड़क से दस फुट भी दूर नहीं जा सका था कि फिसल गया और औंधे मुँह गिर पड़ा। वह वहीं असहाय पड़ा था, और इस बीच उसे हथकड़ी लगाने के बाद पास के पुलिस स्टेशन ले जाया गया।

एक घंटे बाद, वायरलेस की आवाज़ कंट्रोल रूम में गूँजी। टीटीआईएसटी के लिए महत्त्वपूर्ण संदेश था।

ड्राइवर के पास से गणेश की काँसे की एक छोटी मूर्ति मिली। अगले एक घंटे में वह काफ़ी कुछ उगल चुका था, जिसमें यह क़बूलनामा भी शामिल था कि वह एक बड़े गैंग में शामिल है जिसने श्रीपुरंदन और सुतमल्ली के मंदिरों में लूटपाट की है। उस लूट के दौरान ही उसने गणेश की छोटी मूर्ति अपने पास रख ली थी। उसने केरल पुलिस को बताया कि जब से मूर्ति उसके पास है, तब से उसे कई समस्याओं का सामना करना पड़ा है। बार-बार उसके पहिए पंचर हो रहे हैं और स्टीयरिंग व्हील ठीक से घूमती नहीं है। उसका शायद यह मानना था कि उस चोरी से उसकी

क़िस्मत रूठ गई है। फिर उसने अपना आख़िरी बयान दर्ज कराया - मूर्तियों को संजीवी अशोकन की योजना के तहत लूटा गया था।

केरल पुलिस ने इन सारी बातों को अपनी फ़ाइल में दर्ज किया और तमिलनाडु में अपने समकक्षों को एक नोट भेजा। दुर्भाग्य से, या शायद आइडल विंग के उस भेदिए की वजह से, यह कभी सेल्वराज तक पहुँचा ही नहीं। वह फ़ाइल दफ़न कर दी गई। हालाँकि, अब उसके हाथों में यह प्रमाण था, जिसका वह अच्छी तरह इस्तेमाल कर सकता था। बहुत ही अच्छी तरह। संजीवी के आसपास शिकंजा कसता जा रहा था और कमियाँ दुरुस्त की जा रही थीं। सबूत मिल गया था, उसकी पुष्टि के प्रमाण भी थे, यहाँ तक कि भौतिक सबूत भी आते जा रहे थे।

इस जानकारी के साथ ही, हाल में हुई तमाम घटनाओं से जब संजीवी अशोकन का सामना कराया जाएगा, तो वह महसूस कर सकता था कि कुछ ही दिनों में संजीवी त्रिची जेल की पीतचटकी चिड़िया की तरह गा-गाकर अपने कच्चे चिट्ठे खोलने लगेगा। जो भी जानकारी सामने आ रही थी, सब उसके तार साफ़ तौर पर श्रीपुरंदन और सुतमल्ली की लूट से उसे जोड़ रही थी। उसके क़बूलनामे का चरम? इस रैकेट में एक विदेशी की साठगाँठ। सुभाष कपूर। हालाँकि, सुभाष कपूर अमेरिका में चैन की बंसी बजा रहा था। संजीवी को स्वदेश में पकड़ना एक बात थी, लेकिन सुभाष कपूर को क़ब्ज़े में लेना अलग ही तरह की चुनौती थी।

(6)

इंडी ने सँभाली कमान

भारत में जब मूर्ति तस्करों पर शिकंजा कस रहा था, उस समय दुनिया के दूसरे हिस्से, न्यू यॉर्क में, अमेरिकी आप्रवासी और सीमा शुल्क प्रवर्तन के होमलैंड सिक्युरिटी इनवेस्टिगेशंस (एचएसआई) विभाग में वर्ष 2009 में एक नई तैनाती हुई। यही समय था, जब अमेरिका में सुभाष कपूर को पकड़ने के लिए जाल बिछना शुरू हो गया था।

न्यू यॉर्क के गुमनाम से सिटी ब्लॉक में वह नया अधिकारी बैठा था जिसने आईसीई (आप्रवासी और सीमा शुल्क प्रवर्तन) की कमान सँभाली थी। अक्सर उसे उसकी पसंदीदा बेसबॉल कैप पहने देखा जाता था जिस पर उसके नाम का पहला अक्षर बी लिखा था। यह ना केवल भारत की बल्कि इटली, इराक, पाकिस्तान, कंबोडिया जैसे हर देश की सांस्कृतिक धरोहरों की लूट के ख़िलाफ़ पूरे दृढ़संकल्प के साथ छेड़ी गई लड़ाई थी। अगले आठ वर्षों तक, उसका 5x5 का दफ़्तर प्राचीन कलाकृतियों के बढ़ते अवैध व्यापार के ख़िलाफ़ अमेरिका की ओर से, विश्व स्तर पर किए जा रहे प्रहार का प्रमुख केंद्र बन गया था। उसकी नियुक्ति के साथ ही सिलसिलेवार रूप से अनेक घटनाओं की शुरुआत हुई जिनकी चर्चा इस पुस्तक के शेष हिस्से में की जाएगी। चलिए हम उस अधिकारी को इंडी नाम देते हैं क्योंकि उसकी सुरक्षा और ऑपरेशन की गोपनीयता बनाए रखने के लिए उसकी पहचान को जाहिर नहीं किया जा सकता है। वह लंबा और पतला-दुबला व्यक्ति है जिसे इतिहास से बेहद लगाव है। सिर के बालों को भी शेव करने वाला यह व्यक्ति कभी प्रतियोगी तैराक रह चुका था और कुशल पियानोवादक है।

उसने काम शुरू किया, और सबसे पहले उसके सामने साल 2007 का मुंबई के कंटेनर का मामला आया। यह वही खेप थी जिसे सुभाष कपूर ने लावारिस छोड़

दिया था। यह हैरतअंगेज़ नहीं था कि 2007 में ज़ब्त किया गया भारतीय प्राचीन कलाकृतियों से भरा कंटेनर अब उसकी नाक के नीचे मौजूद है। उसने उस केस को फिर से खोलने का फ़ैसला किया, और इसके साथ ही, जहाँ भारतीय अधिकारियों को और सुभाष को इसका कुछ पता नहीं था, वहीं अमेरिका में उसके बुरे दिनों की शुरुआत हो चुकी थी।

अंतरराष्ट्रीय कला अपराध की दुनिया किसी फ़ोटो खिंचवाने के मौक़े और पीआर एजेंसी की तरह चलती है। कुछ कलाकृतियों को ज़ब्त किया गया, थोड़ी-बहुत काग़ज़ी कार्रवाई की गई, दूतावास में चमक-दमक बिखेरती रोशनी के बीच कोई आयोजन हुआ जहाँ राजनयिकों ने मस्ती की, और फिर वही ढाक के तीन पात। कोई गिरफ़्तारी नहीं, कोई सज़ा नहीं, कोई भारी जुर्माना नहीं। कला का बाज़ार और इससे जुड़े डीलर इन सांकेतिक ज़ब्तियों को इस कारोबार के बदले चुकाई जाने वाली एक क़ीमत भर मानते हैं। वैसे भी, इस तरह की ख़बरें शायद ही कभी उन देशों के अख़बारों के पन्नों में छपती हैं। तो फिर डर किस बात का? ना बदनामी, ना जेल जाने की नौबत, ना बड़ा जुर्माना।

यह बात एक मामले से साबित हो जाती है जो पाल युग के वराह यानी विष्णु के वराह अवतार की मूर्ति से जुड़ा था, जिन्होंने असुर हिरण्य से धरती की रक्षा की थी। नौवीं सदी की वह मूर्ति भगवान विष्णु के सभी दस अवतारों की नक्क़ाशी की ख़ूबसूरती से सजी थी। उसे वर्ष 2000 में, मध्य प्रदेश के मंदसौर स्थित वराह मंदिर से चुराया गया था। भले ही बाद में इसे न्यू यॉर्क में नमखा दोरजी के उस फ़्लैट से बरामद किया गया था जो बोध चित्त नाम की गैलरी का मालिक था, लेकिन किसी को भी गिरफ़्तार नहीं किया गया था। एक बार आईसीई उसके पीछे पड़ी तो दोरजी ने अपने आप ही उस मूर्ति को एजेंसी के हवाले कर दिया।[1] पर्याप्त सबूतों के अभाव में यह पता नहीं चल सका कि लूट के पीछे कौन था। अच्छी ख़बर यह थी कि उस मूर्ति को आख़िरकार मंदसौर के उसी मंदिर में लौटा दिया गया जहाँ की वह थी।

एक पुख्ता केस के लिए जैसे सबूत चाहिए थे, वे अब भी नहीं थे – ऐसा सबूत चाहिए था जिससे साबित हो सके कि अमेरिकी डीलर जानबूझकर लूट का नया-नया माल संबंधित देशों से उन देशों के साथ ही अंतरराष्ट्रीय क़ानूनों की धज्जियाँ उड़ाकर मँगा रहे थे, और फिर संग्रहालयों और संग्रहकर्ताओं को उन प्राचीन मूर्तियों को बेचने के लिए उनके स्रोत देश को लेकर फ़र्ज़ी पहचान बनाया करते थे।

इंडी ने 2007 की शिपमेंट मँगाने वाले मूल आयातक के बारे में पता किया तो पता चला उसका नाम निंबस है। थोड़ी और तफ़्तीश के बाद उसकी दिलचस्पी इस आयातक में कुछ ज़्यादा ही बढ़ गई। 2007 की घटना के बाद निंबस के लिए आने वाली शिपमेंट की रफ़्तार कम नहीं हुई थी, बल्कि बढ़ गई थी। भारत, हांगकांग, और

यूके से पार्सल, कूरियर आ रहे थे, और फिर थाईलैंड, दुबई और नेपाल से भी।

एक बड़ी कामयाबी उस वक़्त मिली जब सुभाष कपूर से कभी-कभार सामान ख़रीदने वाले को कैलिफ़ोर्निया में संदेहास्पद माल मिला। पूछताछ करने पर, उसने कस्टम के नियम तोड़ने का जुर्म क़बूल कर लिया, लेकिन उसे सज़ा नहीं मिली थी। वह ऐसी छोटी मछली था, जिससे बड़ी मछली तक पहुँचा जा सकता था। उसे इसके लिए राज़ी किया गया और वह जल्द ही मुख़बिर 1 बन गया, जो सुभाष कपूर के ख़िलाफ़ एचएसआई का पहला सहयोग करने वाला अनाम गवाह था। मुख़बिर 1 अगले कुछ वर्षों तक जब भी कपूर से मिलता तो एक संदेश भेज दिया करता था।

अगली बड़ी कामयाबी तब मिली जब निंबस के लिए लंदन से एक शिपमेंट आया। इसे कला के संरक्षण में सबसे प्रतिष्ठित नामों में से एक, नील पेरी-स्मिथ ने भेजा था। माल हांगकांग से चला था। सामान के साथ जो दस्तावेज़ थे, वे भयंकर रूप से ग़लत थे और स्पष्ट रूप से प्रथम दृष्ट्या ही ज़ब्ती का मामला था। माल में भारत की बुद्ध की एक काँसे की प्रतिमा थी जो शेर के सिंहासन पर बैठे थे और दो अन्य मूर्तियाँ दसवीं सदी के काँसे की थीं।

हालाँकि, कोई ज़ब्ती नहीं हुई थी। इंडी ने यह पता लगाने के लिए ख़ामोशी बनाए रखी कि ऐसी गतिविधियाँ कहाँ तक फैली हैं, और यह सब वैसे ही चलने दिया ताकि वह चुपचाप कपूर के काम करने के तौर-तरीक़ों को जान सके और यह पता लगा सके कि वह कैसे इन सामान की बिक्री किया करता है।

2010 की शुरुआत में, इंडी को जब पता चला कि सुभाष कपूर का गोरखधंधा किस हद तक फैला है तो उसके पैरों तले ज़मीन खिसक गई। कई टन माल महासागरों को पार कर आने वाले कंटेनरों, मालवाहक विमानों और कूरियर पार्सलों से, अंतरराष्ट्रीय क़ानूनों और कस्टम के नियमों की धज्जियाँ उड़ाते हुए आ रहा था। हालाँकि, बाहरी दुनिया के लिए कपूर कला का क़द्रदान था, उसकी वस्तुएँ उधार लेकर बेहतरीन होटलों की लॉबियों में रखी जाती थीं, उसके तोहफ़े प्रतिष्ठित संग्रहालयों की शान बढ़ाते थे, और कला तथा कलाकृतियों के संग्रह पर कॉकटेल और पेस्ट्री के साथ रईसों की पार्टियों को संबोधित करने के लिए उसे बुलाया जाता था।

इस मुखौटे के पीछे फ़र्ज़ी काग़ज़ात तैयार करने वाली भयंकर फ़ैक्ट्री चलती थी, जहाँ ढेर सारे कर्मचारी पूरी दुनिया के संग्रहालयों को पोर्टफ़ोलियो भेजने में जुटे रहते थे और मशहूर विद्वानों की एक टीम कैटलॉग के लेख लिखकर उन्हें मौलिक बनाने का काम करती थी। सद्बी'ज़ और क्रिस्टी'ज जैसे कला की नीलामी करने वाले सबसे बड़े संस्थानों में उसका बही-खाता चला करता था, और इन सबसे कहीं अधिक, वह अपनी सारी कलाकृतियों मिका आकलन आर्ट लॉस रजिस्टर (एएलआर) से करवा लिया करता था, जो एक सर्टिफ़िकेट देकर उसकी सारी कलाकृतियों को

चोरी के धब्बे से मुक्त कर उन्हें प्रामाणिकता देता था। एएलआर एक निजी डेटाबेस है जिसमें खोई और चुराई गई कलाकृतियों की जानकारी रहती है। यदि किसी वस्तु का ज़िक्र एएलआर में नहीं है तो इसका मतलब यह नहीं कि यह बेदाग़ है। इसका मतलब बस इतना है कि यह उस रजिस्टर में नहीं है, और मैं जानता हूँ कि दोनों बातें आपको गोलमोल लग रही होंगी लेकिन जो है, वह यही है। (परिशिष्ट 2 में एएलआर के विषय में और अधिक जानकारी है।)

जैसे-जैसे कपूर का डोज़ियर मोटा होता गया, इंडी ने भारत से सबूत मँगाने शुरू कर दिए, जिसके लिए उसने क़ानूनी एजेंसियों के साथ ही अन्य सूत्रों से भी संपर्क किया। उसे यह सबूत चाहिए था कि सुभाष कपूर जानबूझकर चुराई गई कलाकृतियों का आयात करता है और इस सबूत को जुटाने के लिए इंडी को उसे मूल चोरियों से जोड़ना था। हालाँकि, उसने जब भारतीय क़ानूनी एजेंसियों से संपर्क साधा, तो उसे उसी लालफ़ीताशाही का सामना करना पड़ा जिसके चलते पिछली कई सारी जाँचें अधूरी रह गई थीं।

इन बातों की परवाह किए बिना, वह अपने स्तर पर जुटा रहा और सही समय का इंतज़ार करने लगा। साल 2011 के आसपास, उसे चार स्वतंत्र स्रोतों से मदद मिली – जेसन फ़ेच जो एक अमेरिकी पत्रकार था, मिशेला बोलैंड जो एक ऑस्ट्रेलियाई खोजी रिपोर्टर थी, डॉ. किरीट मनकोड़ी, जो मुंबई में रहने वाले भारतीय शिक्षाविद थे, और चौथा मैं था, एस. विजय कुमार, जो दिन में भारतीय शिपिंग अधिकारी का काम करता है और रात को सिंगापुर का ब्लॉगर बन जाता है।

हम में से हर एक कलाकृतियों के अंतरराष्ट्रीय स्तर पर अवैध व्यापार के ख़िलाफ़ करारी चोट करने के लिए, ब्लॉग लिखकर और अख़बारों में लिखकर सार्वजनिक रूप से सक्रिय था। हम आपस में साथी थे जो एक दूसरे के लेखों को पढ़ा करते थे और स्वाभाविक रूप से एक दूसरे के क़रीब थे।

जेसन पुरस्कार प्राप्त लेखक और खोजी रिपोर्टर है और उसने कलाकृतियों के अवैध व्यापार पर एक दशक तक शोध किया था, जिसमें उसका ध्यान ख़ास तौर पर इतालवी कलाकृतियों और कला की तस्करी में शामिल कुछ बड़े संग्रहकर्ताओं पर था।

साल 2006 में, जेसन फ़ेच और राल्फ़ फ़्रैम्मोलीनो को खोजी पत्रकारिता में पुलित्ज़र पुरस्कार के लिए शॉर्टलिस्ट किया गया था। उन्होंने लूटी गई कलाकृतियों के काले बाज़ार में जे. पॉल गेटी म्यूज़ियम तथा अन्य अमेरिकी संग्रहालयों की भूमिका को बेनकाब किया था। *चेसिंग एफ़्रोडाइट* नाम की उनकी किताब की ज़बरदस्त बिक्री हुई थी और उसे ढेरों पुरस्कार मिले थे। वह इस मुद्दे को अपने ब्लॉग chasingaphrodite.com पर लगातार उठाते रहे।

जेसन के ज़रिए मेरी जान-पहचान मिशेला से हुई, जो फ़िलहाल एबीसी की स्पेशलिस्ट रिपोर्टिंग टीम की राष्ट्रीय कला, संस्कृति और मनोरंजन विषयों की रिपोर्टर है। पूर्व में *ऑस्ट्रेलियन* की नेशनल आर्ट रिपोर्टर, और मनोरंजन जगत की बाइबल मानी जाने वाली वेरायटी के लिए ऑस्ट्रेलियाई संवाददाता रह चुकी मिशेला ने एनजीए में लूटी गई कलाकृतियों को लेकर जो जाँच-पड़ताल की, उसके बाद ऑस्ट्रेलियाई संस्थानों में संग्रह करने के तरीक़ों में एक ज़बरदस्त बदलाव आया।

डॉ. मनकोड़ी भी हमारे साथ थे। विलक्षण प्रतिभा वाले शिक्षाविद, डॉ. मनकोड़ी दयालु और मिलनसार हैं, जबकि अधिकांश संभ्रांत जानकारों के विषय में ऐसा नहीं कहा जा सकता, और फिर जब बात पुरातत्त्व की हो तो जितनी ऊर्जा उनमें है, उतनी उनसे आधी उम्र के लोगों में भी नहीं होगी। वह भारतीय मंदिरों और उनकी वास्तुकला पर कई किताबें लिख चुके हैं। वह जब पढ़ाने या किताबें लिखने में व्यस्त नहीं रहते, तब अपनी वेबसाइट, plunderedpast.com को अपना पूरा समय देते हैं। उसमें वह वो काम कर रहे होते हैं जो कलाकृतियों के रखवालों को करना चाहिए। वह पुरातत्त्व स्थलों से होने वाली चोरी के मामलों को वेबसाइट पर डालते हैं और विभिन्न अधिकरणों को नोटिस तथा पत्र भेजते हैं।

जैसा कि पहले बताया था, मैं पेशे से शिपिंग अधिकारी हूँ, लेकिन साल 2007-08 में मैंने भारतीय मंदिर-कला और मूर्ति बनाने की कला को लेकर अपनी वेबसाइट poetryinstone.in पर ब्लॉग लिखना शुरू किया जो जुनून की हद तक जारी है। यह एक प्रकार से पवित्र कला को समझने के लिए शुरुआत करने वालों की गाइड के समान है। मूल रूप से, लोगों के बीच मैं वास्तुकला और मूर्ति कला को समझने के लिए आम आदमी के तरीक़े को लेकर आया था। मेरे ब्लॉग तकनीकी और विद्वत्तापूर्ण लच्छेदार भाषा से मुक्त और तसवीरों से युक्त होते थे। मेरे पाठकों को ऐसी जानकारी अच्छी लगती थी और वे हर दिन मुझसे नए पोस्ट लिखने के लिए कहते थे।

एक बार मैंने अर्धनारीश्वर यानी शिव के उस प्रसिद्ध पुरुष और नारी के मिले-जुले अवतार की मूर्ति का विश्लेषण किया था, जिन्होंने अपनी पत्नी पार्वती के लिए अपना आधा हिस्सा छोड़ दिया था। किसी वास्तुविद के लिए इस अवधारणा को साकार रूप देना मूर्तिकला का सबसे कठिन काम था, जिसमें उसे गठीले पुरुष शरीर के साथ नाजुक बलखाती नारी के शरीर को तिहरे घुमाव के रूप में पेश करना था - जिसे भारतीय कला में त्रिभंग के नाम से जाना जाता है। इसमें घुटने, कमर और गर्दन के घुमाव विपरीत दिशा में जाकर शरीर को अंग्रेज़ी के एस अक्षर जैसा आकार देते हैं। मैंने भारतीय कला के इस रूप के अनगिनत नमूनों का अध्ययन किया, जिसमें एलिफ़ैंटा से लेकर सैकड़ों प्राचीन चोल मंदिर तक शामिल हैं। मूर्तिकारों

ने इस असंतुलन को दूर करने के लिए एक अनोखा तरीक़ा अपनाया, जिसमें पुरुष के रूप को दाहिनी ओर जबकि स्त्री रूप को बाई ओर रखा और उसके साथ ही पुरुष वाले हिस्से को थोड़ी अधिक लंबाई देकर दाहिनी ओर झुका दिया। जो माहिर मूर्तिकार थे, वे निचले हिस्से में दाहिने पैर को मोड़कर संतुलन बना देते थे, लेकिन ऊपर का धड़ तब भी विचित्र तरीक़े से दाहिनी ओर झुका रहता था। अपना कमाल दिखाते हुए, वे शिव के वाहन नंदी बैल को इस तसवीर में ले आए, जिस पर शिव ने अपनी बाँह रख दी और सबकुछ संतुलित दिखने लगा। मैंने जितने भी नमूने देखे, उनमें से 99 प्रतिशत में यही पाया। कुछ एक नमूनों में, पुरुष को बाई ओर और स्त्री को दाई ओर दिखाया गया था। ऐसे मामलों में, बैल का स्थान भी बदल दिया गया था। इस पोस्ट की काफ़ी तारीफ़ हुई।

अध्ययन के क्रम में, संयोग से मुझे अपनी पसंदीदा मूर्ति मिली। यह वृद्धाचलम स्थित वृद्धगीश्वरर मंदिर की चोल युग की अर्धनारीश्वर आले (स्थान) की पत्थर की मूर्ति थी। वैसे वह शहर मेरे पैतृक गाँव के नज़दीक था, फिर भी दस साल से मैं वहाँ नहीं गया था। मैंने जिन तसवीरों का इस्तेमाल किया, वे हटिंगटन ऑनलाइन आर्काइव से ली गई थीं, और उनके साथ संक्षेप में संदर्भ की चर्चा थी। यह मूर्ति मेरी पसंदीदा इस कारण बनी क्योंकि मूर्ति के दोनों हाथों के निचले हिस्से टूट चुके थे, फिर भी उसकी सुंदरता और सौम्यता बनी हुई थी। यह तसवीर मेरे ब्लॉग पर आ गई। मुझे पता भी नहीं था कि यह पोस्ट एक दिन भारत से पवित्र वस्तुओं की तस्करी के ख़िलाफ़ गेमचेंजर बन जाएगी। इस पर आगे और बात होगी। फ़िलहाल इतना कहना काफ़ी होगा कि साल 2011 आते-आते कलाकृतियों की चोरी और तस्करी के ख़िलाफ़ हमारी 'टीम' एकजुट होने वाली थी।

⑦

आहत प्रेमिका का बदला

मैंने जब अपना ब्लॉग poetryinstone.in शुरू किया था, उससे लगभग एक साल पहले ब्रुकलिन म्यूजियम में एशियन आर्ट की संरक्षक, जोन कमिंस ने 14 अगस्त 2007 को एक ब्लॉग पोस्ट किया जिसका शीर्षक था 'संग्रह के लिए महत्त्वपूर्ण कलाकृति की ख़रीदारी।'

लगभग आठ वर्षों तक एक संग्रहालय की अध्यक्ष रहीं कमिंस ने अपने काम के विषय में अर्थपूर्ण रूप से लिखा कि संग्रहालय के लिए नई-नई कलाकृतियों के अभिग्रहण में उन्हें 'ज़बरदस्त मस्ती और तनाव के मिले-जुले रूप' का सामना करना पड़ता है। उनके अनुसार, कलाकृतियों के अभिग्रहण में सफलता का पैमाना इससे तय नहीं होता कि म्यूजियम के डायरेक्टर या आलोचकों को या पारखी लोगों को वह वस्तु पसंद आती है या नहीं। कमिंस ने कहा, 'किसी भी अभिग्रहण से पहले सबसे अहम सवाल होता है... "क्या आज से बीस या सौ साल बाद मेरे उत्तराधिकारियों को यह वस्तु पसंद आएगी?"' उन्होंने कहा कि शुक्र है कि अभिग्रहण में संरक्षक की सहायता के लिए कई लोग, समितियाँ और प्रोटोकॉल होते हैं 'ताकि यह सुनिश्चित हो कि हर नई कलाकृति के अभिग्रहण के पीछे संस्थान की भूमिका हो।' कमिंस ने अभिग्रहण की प्रक्रिया को एक ख़ास मूर्ति के अभिग्रहण के उदाहरण से समझाया था, जिसे संग्रहालय ने हाल ही में लिया था : काँसे की चोल युग की दो फुट लंबी भगवान शिव की मूर्ति जो सन् 970 ईसवी की थी। उत्साह के साथ कमिंस ने बताया, 'यह मूर्ति हद से ज़्यादा दुर्लभ है, और इतनी पुरानी तथा अच्छी है कि बाज़ार में ऐसी मूर्ति अब नहीं मिल सकती है। सच कहूँ तो हमें ऐसी ही कलाकृतियों की तलाश रहती है।'[1]

काश! म्यूजियम के संरक्षक 'हद से ज़्यादा दुर्लभ' कलाकृति को लेकर अपनी अमिट भूख की तबाही लाने वाली क़ीमत को पूरी तरह समझ पाते।

इसके बाद एक के बाद एक सिलसिलेवार ब्लॉग पोस्ट से संग्रहालयों की ओर से कलाकृतियों के अभिग्रहण के अंदर की जानकारी सामने आई। कमिंस के अनुसार, संरक्षकों और अभिग्रहण समितियों के सामने एक बड़ी समस्या उनकी मौलिकता की पुष्टि करने की होती है। ख़ास तौर पर जब से एशियाई कलाकृतियों की आसमान छूती क़ीमतों (जिन्हें बढ़ाने संग्रहालयों की भूमिका भी कम नहीं है) ने अंदरख़ाने चल रहे उस गोरखधंधे को बढ़ावा दिया है जो फ़र्ज़ी कलाकृतियाँ बनाने में जुटा है। दूसरी बड़ी समस्या उनके मूल देश को लेकर है, यानी 'वह वस्तु पहले कहाँ थी,' जैसा कि कमिंस बताती हैं। बेहद ईमानदारी से स्वीकार करती हुई, कमिंस कहती हैं, 'अधिकांश अमेरिकी संग्रहालयों ने किसी जमाने में मनमौजी ढंग से अभिग्रहण किया, और उन्होंने ऐसी साम्राज्यवादी धारणा पाल ली थी कि पश्चिमी देशों के संग्रहकर्ता विकासशील देशों की कलाकृतियों को "बचा" रहे हैं।'

उनकी ईमानदारी बस यहीं तक सीमित रही। कमिंस के अनुसार, यह सब कुछ अतीत में होता था। 'आजकल, म्यूजियम जानते हैं कि उन्हें अच्छे संग्रहकर्ता का उदाहरण पेश करना है, और अगर बाज़ार में कुछ भी ग़लत है, तो आपको उसका अभिग्रहण करने की ज़रूरत नहीं है, भले ही किसी नई वस्तु के अभिग्रहण का शोर करने में मज़ा आए।'

काश! यह बात सच होती।

कमिंस कहती हैं कि संग्रहालयों के लिए आदर्श कलाकृति है जो अपने मूल देश से बीसवीं सदी के मध्य में आई हो और जो किसी के घर या किसी गैलरी में उस समय से ही रखी हो। क्यों? क्योंकि 1970 के दशक के आसपास अनेक देशों ने क़ानून बनाकर, 100 वर्षों से अधिक पुरानी कलाकृतियों के निर्यात पर पाबंदी लगा दी थी। संग्रहालय वैसी ही कलाकृतियों का अभिग्रहण करते थे जो इस लक्ष्मण रेखा के इस पार थीं। 'अच्छा तो यह होता है कि किसी को उस कलाकृति के हालिया इतिहास पर कोई लिखित दस्तावेज़ मिल जाए – जैसे बिक्री की मूल रसीद, या फिर किसी पुरानी प्रदर्शनी का कैटलॉग जिसमें उसकी कोई तसवीर हो। दुर्भाग्य से इस तरह के दस्तावेज़ों के बदले म्यूजियम को किसी कलाकृति की भारी क़ीमत चुकानी पड़ती है लेकिन सही सबूतों से उस वस्तु की सच्चाई को लेकर थोड़ा भरोसा रहता है, क्योंकि लोग जितना फ़र्ज़ीवाड़ा आज कर रहे हैं, उतना 20वीं सदी की शुरुआत में (तब भी करते थे पर आज की जितनी सफ़ाई से नहीं) नहीं करते थे।'[2]

चोलकालीन शिव की उस मूर्ति की ओर वापस लौटते हुए जिसे म्यूजियम ने अभिग्रहीत किया था, कमिंस कहती हैं : 'ब्रुकलिन की शिव की मूर्ति के सबूत

बताते थे कि वह 1960 के दशक के मध्य की थी, जब एशियाई कलाकृतियों के एक जाने-माने संग्रहकर्ता ने न्यू यॉर्क के एक मशहूर डीलर से उसे ख़रीदा था। कुछ समय तक काँसे की वह मूर्ति उनके संग्रह का हिस्सा थी, और फिर उन्होंने उसे एक महिला मित्र और सहयोगी को दे दिया था, जिसने उसे 30 साल से अधिक समय तक अपने घर में रखा और उसके बाद एक मशहूर डीलर ने उन्हें इस बात के लिए राज़ी किया कि वह उसे ब्रुकलिन म्यूज़ियम को बेच दें।'[3]

इस प्रकार संग्रह से जुड़ी नैतिकता और ज़रूरी प्रयास पर एक प्रकार की निर्देश पुस्तिका की यह श्रृंखला जारी रही, लेकिन इसने सिस्टम की अपारदर्शिता को भी दिखाया। संग्रहालयों के अभिग्रहण को लेकर कठोर नीति की प्रशंसा करने के साथ ही, गोपनीयता के नाम पर महत्त्वपूर्ण जानकारी छिपा ली गई। इस पुस्तक में हम बार-बार इसकी पुनरावृत्ति देखेंगे। यह ऐसी बीमारी है जो कला के बाज़ार को लग चुकी है। जाँच से बचने का सबसे आसान तरीक़ा है, किसी भी सूचना को छिपा लो। लोगों को बस इतना बताया जाता है : हमने अपनी तरफ़ से पूरी जाँच की है, चिंता मत कीजिए, लेकिन हम आपको इससे ज़्यादा नहीं बता सकते। ना कोई नाम बताया जाएगा, ना कोई जानकारी दी जाएगी। आपको सिर्फ़ हम पर भरोसा करना होगा।

हालाँकि, इस सामान्य से पोस्ट पर उसके नीचे एक बेहद सामान्य-सी टिप्पणी की गई थी। इस टिप्पणी को करने वाले व्यक्ति के कारण ही अंत में कपूर के अवैध साम्राज्य का पतन हुआ। इसे किसी ग्रेस परमस्त्री ने अप्रैल 2009 में पोस्ट किया था।

'क्या शिव की इस मूर्ति का अतीत में न्यू यॉर्क के मिस्टर सुभाष कपूर से होकर गुज़रने, और यूके से यहाँ तक आने का कोई इतिहास है?'

कमिंस ने जवाब दिया : 'हमें इस शिव मूर्ति के इतिहास की जानकारी 1960 के दशक के आख़िरी वर्षों के बाद से है, और उस समय यह यूके में नहीं थी, ना ही यह सुभाष कपूर से होकर गुज़री है।' इसके बाद परमस्त्री ने इसी तर्ज पर दूसरे ब्लॉग पर एक संदेश लिखा जैसा कि कमिंस ने दो साल पहले एक लेख लिखा था।

यह ग्रेस परमस्त्री कौन थी और इस टिप्पणी का कारण क्या था?

पोस्ट की अलंकृत भाषा के बावजूद, ब्रुकलिन म्यूज़ियम ने इस सवाल का जवाब क्यों नहीं दिया? उन्हें बस इतना करना था कि इस कलाकृति से जुड़े काग़ज़ी सबूत सामने रखने थे, लेकिन उन्होंने ऐसा नहीं किया और आज भी उनकी तरफ़ से किसी सवाल का जवाब नहीं मिलता।

जहाँ तक ग्रेस परमस्त्री की बात है, तो हमें इसके लिए सिंगापुर जाना होगा।

उच्चस्तरीय ऑरचर्ड रोड से कुछ ही दूर, टैंगलिन रोड पर, सिंगापुर के ऊँचे स्तर की तुलना में काफ़ी हद तक औसत शॉपिंग मॉल है टैंगलिन शॉपिंग सेंटर, जिसके भीतर छिट-पुट 'आर्ट गैलरियाँ' हैं जो तमाम तरह की कलाकृतियाँ बेचती हैं, जिनमें आधुनिक बुद्ध की अनेक रंग की मुखाकृतियों से लेकर खमेर अस्थि-मंजूषा तक शामिल होती हैं। ऐसा लगता है, जैसे यादगार की सस्ती चीज़ों की खोज में कभी-कभार आने वाले 'विदेशी' पर्यटकों के सिवाय शायद ही उनमें ग्राहक आता होगा। हालाँकि, दुनिया भर में आर्ट गैलरियाँ ऐसी ही होती हैं, जो अपने असली स्टॉक का एक छोटा-सा हिस्सा ही दुकानों में रखती हैं, जबकि 'बेहतर' माल अक्सर अपने गोदामों में मालदार ग्राहकों के लिए रखती हैं।

टैंगलिन शॉपिंग मॉल की ऐसी ही गैलरी थी जाज़मिन एशियन आर्ट्स, जिसे ग्रेस परमस्त्री पुनुसामी चलाती थीं। पुनुसामी तमिल पिता और चीनी माता की संतान थीं, जो इसी द्वीपीय शहरी देश में पली-बढ़ी थी। वह कपूर की प्राचीन कलाकृतियाँ कनसाइनमेंट के आधार पर बेचा करती थी। कपूर से उसकी मुलाक़ात 1997 में हुई थी और जल्दी ही दोनों की प्रेमभरी मुलाक़ातें होने लगी थीं।

जैसा कि पहले बताया गया है, परिवार में अमेरिका जाकर बसने से कुछ ही समय पहले कपूर ने 1976 में भारत में नीरू से शादी की थी। कपूर और नीरू की बेटी थी, ममता कपूर, लेकिन 1986 के बीच पति-पत्नी में तलाक़ हो गया और वे उसके बाद से ही अलग रह रहे थे। ग्रेस-सुभाष के रिश्ते को लेकर ना के बराबर जानकारी है, लेकिन दोनों की जोड़ी अच्छी थी, और दोनों कई बार दक्षिण-पूर्व एशिया में 'कारोबार बढ़ाने' और डीलरों तथा सप्लाई करने वालों का नेटवर्क बनाने की यात्राओं पर जाने लगे थे।

वास्तव में, कपूर के लिए ग्रेस का साथ इतना सहज था कि उसने उसका इस्तेमाल कलाकृतियों के उद्गम देश के फ़र्ज़ी दस्तावेज बनाने के लिए करना शुरू कर दिया ताकि उनके मालिकाना हक से जुड़े झूठे काग़ज़ात बनाए जा सकें और फिर उन्हें बड़े-बड़े संग्रहालयों को बेच दिया जाए। असल में कपूर की उन प्राचीन कलाकृतियों के काग़ज़ात पर ग्रेस के ही दस्तख़त हुआ करते थे।

हालाँकि, साल 2008 में एक वक्त ऐसा आया, जब एक दशक तक साथ रहने के बाद कपूर ने इस रिश्ते को ख़त्म कर दिया। इस दौरान कपूर का संबंध अमेरिका में एक और महिला, सेलिना मोहम्मद से हो गया, लेकिन इस बारे में जानकारी नहीं है कि इसी संबंध के चलते ग्रेस से उसका रिश्ता ख़त्म हुआ था या कोई और वजह थी। हमें इतना पता है कि सेलिना भी सुभाष के काम से जुड़ी थी। हालाँकि, ग्रेस से अलगाव का मामला इतनी शांति से नहीं निपटा था। दोनों के बीच कारोबारी लेन-देन का मुद्दा 2010 में कोर्ट में सुलझा। अपनी लोमड़ी जैसी चतुर कारोबारी चाल और

डीलरों से रिश्ते की बदौलत कपूर ने केस जीत लिया था। *स्ट्रेट्स टाइम्स* ने मार्च 2010 में जो लिखा था, वह इस प्रकार है :

एक अमेरिकी आर्ट डीलर के साथ संबंध रखने वाली सिंगापुर की आर्ट डीलर ने दो साल पहले रिश्तों में आई खटास के बाद, लाखों डॉलर की प्राचीन कलाकृतियाँ अपने पास रख लीं। इन्हें वापस लेने के लिए, 61 वर्षीय सुभाष कपूर ने हाई कोर्ट का दरवाज़ा खटखटाया और उसकी जीत हुई। गुरुवार को फ़ैसला सुनाते हुए, जूडीशियल कमिशनर स्टीवन चोंग ने कहा कि वह मिस परमस्त्री पुनुसामी के वकील से सहमत हैं कि यह मामला कोर्ट में आना ही नहीं चाहिए था क्योंकि इसका संबंध दो प्रेमियों के बीच ब्रेक-अप से था। जज ने यह भी लिखा कि दोनों पक्ष उन 19 प्राचीन कलाकृतियों के स्वामित्व को लेकर पर्याप्त दस्तावेज़ी सबूत पेश नहीं कर सके जिनको लेकर विवाद था। 61 वर्षीय मिस्टर कपूर ने बैंकॉक से कलाकृतियों के तीन कारोबारियों को बयान देने के लिए बुलाया था कि उन्होंने इनमें से कुछ कलाकृतियों की बिक्री उन्हें की थी। 54 वर्षीय परमस्त्री ने पिछले महीने हुई तीन दिनों की सुनवाई के दौरान कोई भी गवाह पेश नहीं किया। टैंगलिन शॉपिंग सेंटर स्थिर जाज़मिन एशियन आर्ट्स की मालकिन, मिस पुनुसामी को मुक़दमे पर आए ख़र्च की भरपाई का भी आदेश दिया गया।[3]

जज ने इस दिलचस्प तथ्य को सामने रखा कि 'दोनों पक्ष उन 19 प्राचीन कलाकृतियों के स्वामित्व को लेकर पर्याप्त दस्तावेज़ी सबूत पेश नहीं कर सके जिनको लेकर विवाद था।'

भले ही यह रूढ़िवादी सिंगापुर में पहले पन्ने की ख़बर नहीं थी, लेकिन सुभाष कपूर के आर्ट ऑफ़ द पास्ट के साथ कारोबार करने वाले एसीएम ने निश्चित रूप से इस केस को क़रीब से देखा होगा।

ग्रेस को इस फ़ैसले से गहरा झटका लगा। मुक़दमे में हार के साथ-साथ उसे धन का भी नुक़सान हुआ, प्राचीन कलाकृतियाँ भी छिन गईं और सार्वजनिक बदनामी भी हुई। वह बदले के लिए तड़प रही थी, इस कारण ब्रुकलिन म्यूजियम की वेबसाइट पर उसकी बरबस और कटाक्ष से भरी टिप्पणी की तरफ़ इंडी और उसकी टीम का ध्यान चला गया। आने वाले समय में ग्रेस भारत की क़ानूनी एजेंसियों से संपर्क साधने वाली थी और सुभाष कपूर को पकड़वाकर अपनी बदले की आग ठंडा करने वाली थी।

हम एक बार फिर सुभाष कपूर के क़बूलनामे के एक हिस्से पर लौटते हैं जिसमें उसके शब्दों से उसकी ही कहानी को जोड़ने में मदद मिलेगी :

अमेरिका में साल 1986-1987 में मेरा और मेरी पत्नी का तलाक़ हो गया था और मेरी पत्नी अब अलग रहती है। मेरी बेटी ममता फ़िलहाल 32 साल की है और वह अपने पति के साथ न्यू यॉर्क में रहती है...

मुझे याद आता है कि संजीवी अशोकन से मैंने जो चंद्रशेखर की काँसे की मूर्ति ली थी, उसे प्राचीन कलाकृतियों के किसी संग्रहकर्ता को बेचा गया था और अभी शायद वह ब्रुकलिन म्यूज़ियम में है...

संजीवी अशोकन से मुझे चोरी की ऐसी जितनी भी मूर्तियाँ मिलीं, उनके फ़र्ज़ी दस्तावेज़ मैंने बरसों पुरानी अपनी गर्लफ्रेंड सेलिना मोहम्मद, अपने कर्मचारी आरोन फ़्रीडमैन और जेनिफ़र मूर की मदद से बनवाए...

उसके क़बूलनामे में यह बात भी थी कि सेलिना के साथ दस साल से उसके संबंध हैं और यह भी कि 'मेरे दफ़्तर और घर पर उसका आना-जाना था।'

⑧

मूर्ति के नीचे अभिलेख और एक गुमनाम सुराग़

इंडी जहाँ सबूत जुटाने के लिए कड़ी मेहनत कर रहा था, वहीं सुभाष अमेरिका में मज़े से रह रहा था। भारत में बैठे अधिकारी इस चमकीली बड़ी मछली को जाल में फँसाने की ताक में थे। उन्हें ऐसे अकाट्य प्रमाणों की तलाश थी जो श्रीपुरंदन और सुतमल्ली की लूट में संजीवी और उसके गैंग के बयानों की पुष्टि कर सकें। फिर हमें उसे जाल में फँसाने का ऐसा ही मौक़ा मिल गया। साल 2010 में मुझे एक गुमनाम सुराग़ मिला! यह किसी अनजान विद्वान का भेजा चमत्कारी ईमेल था। इस सुराग़ से ही सुभाष कपूर केस में मेरी एंट्री हुई जिस पर मेरी नज़र तब तक दूर से ही थी।

उस समय भारत में सोशल मीडिया बस ज़ोर पकड़ ही रहा था। मेरा ब्लॉग *poetryinstone.in* आ चुका था और उसे चलते हुए दो साल हो चुके थे। इस ब्लॉग के ज़रिए मैं समान सोच रखने वाले कलाप्रेमियों का एक समुदाय तैयार कर रहा था, जिसमें ऐसे साथी थे, जिन्हें भारतीय कला की बेहतरीन वस्तुओं को सँजोने का शौक़ था और दिलचस्पी थी। हमने समूह बनाए और शिव सप्ताह, आसीन विष्णु सप्ताह जैसे विषयों पर सप्ताहों का आयोजन किया। हम दस्तावेज़ जुटाने की यात्राओं का आयोजन करते और निकल पड़ते थे। हमने दो हफ़्ते की छुट्टी ली और यात्रा पर निकल पड़े। इस दौरान हम लोगों ने भारत की अद्भुत वस्तुओं की तसवीरें और दस्तावेज़ जुटाए।

हमने अपनी तसवीरें खुलकर साझा कीं, जिसमें इस्तेमाल पर कोई पाबंदी नहीं थी, ना कॉपीराइट, ना वाटरमार्क। हमारा तर्क था, 'जब मूल रचनाकारों, मूर्तिकारों ने अपनी कृतियों पर अपने हस्ताक्षरों की ज़रूरत नहीं समझी, और अनाम ही रहे,

59

तो मात्र एक क्लिक से उनकी बेढंगी तसवीरें निकालने के बाद हमें क्या हक़ है कि हम उन पर अपनी पहचान दर्ज कर दें (भले ही तसवीरें महँगे कैमरे से खींची गई हों, और पूरा दिन सिर्फ़ एक माज़ा पर ऐसे सुदूर और अनजान जगह में गुज़ारा गया हो जो नक़्शे पर भी नहीं मिलता हो)?'

हमारा लक्ष्य भारतीय कलाकृतियों का सबसे बड़ा ई-आर्काइव तैयार करना था, चाहे वह कलाकृति भारत में हो या किसी नीलाम घर में या विदेश की किसी गैलरी में। सोशल मीडिया की मदद से हम ज़्यादा से ज़्यादा लोगों तक पहुँच सके। अंतरराष्ट्रीय विद्वानों, छात्रों और साहसी यात्रियों ने हमें तसवीरें सौंपीं और मूर्तियों की पहचान करने में हमारी मदद की।

हमने ज़्यादा से ज़्यादा लोगों से कहा कि वे जब भी किसी भारतीय कलाकृति को देखने जाएँ तो हमें उनकी तसवीरें भेजें। दुनिया भर से ऐसी ढेर सारी तसवीरें हमारे पास आने लगीं। हमारा एक ही आग्रह था कि तसवीर भेजने वाला उस कलाकृति के साथ अपनी एक तसवीर ज़रूर भेजे, चाहे वह किसी मंदिर, म्यूज़ियम, गैलरी या नीलामी में ही क्यों नहीं हो, और दूसरी तसवीर उस कलाकृति की हो, जिसमें कोई भी व्यक्ति नहीं दिख रहा हो। भारत में आईटी क्रांति की बदौलत दुनिया के कोने-कोने में इससे जुड़े माहिर लोग फैल गए, और हमने भारत से बाहर बिखरी भारतीय कलाकृतियों का सबसे बड़ा डेटाबेस तैयार कर लिया।

इस दौरान, हम हमने अपने ज्ञान को भारतीय कला पर लिखी किसी भी किताब को ख़रीदकर, उधार लेकर, स्कैन और उस पर चर्चा कर और सशक्त बनाया। ऐसी रचनाओं को स्कैन करने में दोस्तों और उनके परिवारों ने मदद की, जिन्होंने व्यवस्थित रूप से हर पन्ने, हर तसवीर को इकट्ठा किया जिससे हम भारतीय कला के अपने ई-आर्काइव को बना सके।

इस ग्रुप में सबकी अपनी-अपनी दिलचस्पी थी – शिल्पकला, गुफा मंदिर, चित्रकला, धातु की मूर्तियाँ वगैरह वगैरह में। मेरा झुकाव विशेष रूप से देवी-देवताओं की चोल युग की उन काँसे की मूर्तियों की तरफ़ था जिनकी शोभायात्राएँ निकाली जाती थीं। ऐसे गिने-चुने ही जानकार थे जिन पर मुझे भरोसा था जिन्होंने उन्हें देखा और उनका अध्ययन किया था और प्रामाणिक स्रोतों से बहुत कम दस्तावेज़ उपलब्ध थे। मैं काँसे की मूर्तियों का जानकार बनना चाहता था। मंदिरों से साक्ष्य जुटाने के सफ़र पर जाने का जब भी मौक़ा मिलता, तो हम देवताओं की उन मूर्तियों की तलाश करते जिनकी सवारियाँ निकलती हैं, जिससे हम उनकी मूर्तिकला और शैली को समझने के साथ ही यह भी जानने का प्रयास करते थे कि उनकी तिथि का निर्धारण कैसे किया जाता है, क्योंकि धातु और पत्थरों की मूर्तियों का वैज्ञानिक रूप से तिथि निर्धारण असंभव है क्योंकि उनमें कार्बन का अंश नहीं होता। कार्बन डेटिंग के बिना,

जानकार एकमत नहीं होते थे और एक तिथि पर सहमति नहीं बन पाती थी।

हालाँकि, दस्तावेज़ों को तैयार करने और अध्ययन के दौरान हम सबकी भावना यही थी कि हर कोई हमें संदेह की नज़र से देखता है। जानकार अचानक हमसे बातचीत बंद कर देते थे, मंदिर के अधिकारी काँसे की मूर्तियों की तसवीरें खींचने पर हमें सच में धक्के मारकर बाहर निकाल देते थे। कुछ ना कुछ तो गड़बड़ थी।

यद्यपि हमारे समूह की संख्या और जोश ही हमारी ताक़त थी। यह बात उस ईमेल से साबित हुई जो मुझे 2010 की शुरुआत में मिला। इसमें लिखा था कि सुभाष कपूर की आर्ट ऑफ़ द पास्ट नाम की एक अमेरिकी गैलरी मैनहटन में शिव नटराज और शिवगामी की उत्कीर्णित जोड़ी बेच रही है। जैसा कि मैंने पहले बताया था, चोल काँसे की उत्कीर्ण की हुई मूर्तियाँ अत्यंत दुर्लभ होती हैं और उस पर भी ऐसी जोड़ी का मिल जाना जिसका कोई दस्तावेज़ नहीं हो, नीले चाँद के दिख जाने से भी अधिक दुर्लभ था। हमें जो तसवीरें भेजी गई थीं, वो दिखा रही थीं कि वे बेहतरीन स्थिति में हैं। उनकी सुंदरता ने हमें अचंभित कर दिया था लेकिन उसके साथ ही ऐसा शक पैदा हुआ जो ख़त्म नहीं हो रहा था। उनकी रंगाई! ऐसा लग रहा था जैसे अभी-अभी उनकी पूजा की गई हो क्योंकि उन पर तेल के निशान तक लगे हुए थे। इसका मतलब था कि उन्हें हाल ही में भारत के किसी मंदिर से उठाया गया है, जिसकी इज़ाज़त नहीं थी। हमने तसवीरों पर काम किया जिससे मूर्ति के नीचे का उत्कीर्ण लेख साफ़-साफ़ दिखने लगा। इसमें तमिल लिपि में 'सुतमल्ली' लिखा था।

हमने अपने मंदिर के डेटाबेस में देखा। हमें तमिलनाडु में इस नाम का कोई मंदिर नहीं मिला। हमने गजट, भारतीय अभिलेख, दक्षिण भारतीय अभिलेख और एक के बाद एक पीडीएफ़ फ़ाइलों के खंड के खंड खंगाल लिए। फिर भी हाथ ख़ाली रहे। साल 2010 से पहले तक, सुतमल्ली हमारे जैसे धरोहरों को लेकर पागल रहने वाले लोगों के लिए भी गुमनाम-सी जगह थी। वैसे तो डकैती का खुलासा साल 2008 में ही हो गया था, लेकिन श्रीपुरंदन की चोरी को मीडिया ने भी ज़्यादा नहीं उठाया था, जबकि लूट के दोनों ही मामले शायद उस समय तक के सबसे दुस्साहसी मामले थे।

एक बार फिर हम नाकाम रहे? अगर ऐसा होता तो भयंकर निराशा होती।

तमिल में एक कहावत है, जिसका मतलब है 'बार-बार चोरी करने वाला एक ना एक दिन पकड़ा ही जाता है।' इन अपराधियों ने भले ही गहरी जाँच-पड़ताल कर ली थी, फिर भी वे नहीं जानते थे कि वे जिन मूर्तियों को लूट रहे हैं, उनका एक दस्तावेज़ मौजूद है। हालाँकि, कई विद्वानों को भी (अच्छा ही था) इस अनमोल अभिलेखागार की जानकारी नहीं थी। शांत, समुद्री किनारे पर पूर्व में फ्रेंच उपनिवेश रह चुके आज के केंद्र शासित प्रदेश पुदुच्चेरी में एक छोटे-से रीसर्च प्रोजेक्ट में सुराग़ मौजूद थे, जो पुराने बिन कार्ड और माइक्रोफ़िल्म के रूप में थे।

फ़्रेंच इंस्टीट्यूट ऑफ़ पुदुच्चेरी (आईएफ़पी) 1955 से ही तमिलनाडु में स्थित मंदिरों के दस्तावेज़ इकट्ठा करता आ रहा था और संस्थान के प्रमुख डॉ. मुरुगेशन एक अच्छे व्यक्ति थे, जो रिसर्च स्कॉलर और एक्सपर्ट थे।

आईएफ़पी अभिलेखागार की टीम बरसों पहले 23 नवंबर 1994 को श्रीपुरंदन गई थी और 24 जून 1961 को उसने सुतमल्ली का दौरा किया था जहाँ उसने काँसे की मूर्तियों की तसवीरें खींची थीं और उस वक्त सारी मूर्तियाँ मंदिर में ही मौजूद थीं। उनका आर्काइव ऑनलाइन नहीं था और उन्होंने बिन कार्ड की एक जटिल प्रणाली के साथ ही तसवीरों के निगेटिव सहेजने की व्यवस्था बना रखी थी।

वहीं हमें दोनों मंदिरों, श्रीपुरंदन और सुतमल्ली की तसवीरें अभिलेखागार में मिलीं। (एक अक्षर में हेर-फेर के कारण हमें अपने काम में काफ़ी देरी हुई क्योंकि मौलिक अभिलेख में 'सुतवल्ली' लिखा था और हम उसकी ही खोज कर रहे थे।) जल्दी ही हमें पता चल गया कि हाल ही में चोरों ने मंदिरों पर हाथ साफ़ किया है।

एक और प्रमाण भी था, जो 2010 की शुरुआत का ही था, जिससे सुतमल्ली की लूट के तार सुभाष से जुड़ रहे थे। *आर्ट्स ऑफ़ एशिया* पत्रिका के मार्च 2010 के अंक में सुभाष कपूर की न्यू यॉर्क में आयोजित एशिया वीक की तसवीर छपी थी, जिसमें वह नटराज और शिवगामी की एक मूर्ति के सामने खड़ा था। नीचे लिखा था, 'गैलरी के मालिक सुभाष कपूर को तमिलनाडु के 12 से 13वीं सदी के चोल युग के शिव नटराज और उनकी पत्नी उमा परमेश्वरी की दुर्लभ और महत्त्वपूर्ण काँसे की जोड़ी पर गर्व है।' कपूर को यह कहते हुए उद्धृत किया गया था, 'यह बड़े कमाल की बात है कि देवताओं की यह जोड़ी ना केवल अपने मूल रूप में मौजूद है, बल्कि अपनी दहकती आभा और कमलपाद के साथ पूर्ण रूप में भी है।'[1]

आईएफ़पी में सुतमल्ली नटराज की अभिलेखीय तसवीर

वे सुतमल्ली की काँसे की मूर्तियाँ थीं! पहचान हो चुकी थी। सबूत मिल चुके थे। अब वक्त आ गया था कि चोरी के पुख़्ता सबूतों के साथ सुभाष कपूर का नाम जोड़ दिया जाए।

मैंने तत्काल आइडल विंग को सूचित किया और सारे सबूत - वह ईमेल जो मुझे मिला था और मैगजीन में छपी सुभाष की वह तसवीर, उन्हें दिए। सेल्वराज तुरंत एक्शन में आ गया। यह 2010 के मध्य की बात है और तब तक हमें हमारा लक्ष्य नज़र आने लगा था।

इससे इतर एक बात यह है कि हमने जो जंग छेड़ रखी है, उसके लिए भारतीय अधिकारियों की तैयारी कितनी कम है, यह दिखाने के लिए उसी समय घटी एक छोटी-सी घटना का ज़िक्र करूँगा। आइडल विंग ने चुराई गई मूर्तियों की तसवीरों को पीडीएफ़ फ़ाइल के रूप में अपनी वेबसाइट पर डाल दिया। ये तसवीरें उसे आईएफ़पी से मिली थीं। उसने जो तसवीरें प्रकाशित कीं, उनसे साफ़ था कि उन्हें तकनीकी दक्षता के साथ ही विषय की जानकारी का घोर अभाव था, तसवीरें एकदम धुँधली थीं, उनके आकार को भी काफ़ी छोटा कर दिया गया था, और इन सबके ऊपर यह कि उन्हें नाम भी ग़लत दे दिया गया था। नृत्य करते बाल संत संबंदर को नृत्य करते कृष्ण का नाम दिया गया था (आज भी वही लेबल लगा है), और खड़े संत माणिक्कवाचकर को संबंदर का लेबल दिया गया था (आज भी वही लेबल लगा है)। जब इतने महत्त्वपूर्ण और बड़े मामले में हमारे काम का स्तर इतना बुरा होगा तो हम कैसे उम्मीद कर सकते हैं कि हमें गंभीरता से लिया जाएगा?

हम एक बार फिर सुभाष कपूर के क़बूलनामे के एक हिस्से की तरफ़ फिर से लौटते हैं :

तसवीरों को देखने के बाद, मैंने सुतमल्ली मंदिर और श्रीपुरंदन मंदिर की काँसे की सभी मूर्तियों को ख़रीदने की इच्छा जताई क्योंकि वे 11वीं से 12वीं सदी के चोल युग की थीं...

जैसा कि हमारे बीच करार हुआ था, मुझे नवंबर 2006 से पहले 4 खेपों में सभी 8 (श्रीपुरंदन की) मूर्तियाँ मिल गईं। इन्हें संजीवी अशोकन के पार्टनर पक्कियाकुमार की ऐवरस्टार इंटरनेशनल सर्विसेज से सीधे मेरे निंबस इंपोर्ट एक्सपोर्ट इंक., न्यू यॉर्क को भेजा गया था... मार्च 2008 के दौरान, संजीवी अशोकन ने फ़ोन किया और बताया

कि सुतमल्ली मंदिर से उठाई गईं काँसे की 10 प्राचीन मूर्तियाँ भेज दी गईं हैं... मैं न्यू यॉर्क तक सीधे सामान मँगवाने से बचता था क्योंकि मुझे डर था कि पुलिस और कस्टम उन्हें ज़ब्त नहीं कर ले जैसा कि फ़रवरी 2007 में हुआ था। मैंने हांगकांग में यूनियन लिंक इंट. मूवर्स (एचके) लि. की अपनी कारोबारी सहयोगी लाई शेउंग को निर्देश दिया कि इन 10 मूर्तियों को यूके स्थित नील पेरी स्मिथ को भेज दिया जाए ताकि उनकी टूट-फूट को ठीक किया जा सके। मि. नील पेरी स्मिथ ने उन्हें साफ़-सुथरा किया और मेरे पास न्यू यॉर्क भिजवा दिया...

काँसे की नटराज की एक मूर्ति में मैंने कुछ शब्द लिखे देखे जिन्हें मूर्ति के निचले हिस्से में खुदाई कर लिखा गया था। संजीवी अशोकन से मुझे पता चला कि यह तमिल भाषा में 'सुतवल्ली' लिखा है जो उस गाँव का नाम था। गाँव के इस मंदिर से संजीवी अशोकन और उसके साथियों ने चोल युग की 18 मूर्तियाँ 2008 में चुराई थीं... मैंने इनमें से भी कुछ मूर्तियाँ भी अलग-अलग संग्रहालयों और निजी संग्रहकर्ताओं को बेची हैं।

9

जर्मनी में गिरफ़्तारी

कपूर की मुश्किलें बढ़ने लगी थीं। संजीवी ने उसका नाम ले लिया था और इस बात के प्रमाण मिल चुके थे कि सुतमल्ली नटराज और शिवगामी की मूर्ति उसी के पास थी।

पुलिस ने संजीवी अशोकन, सुभाष कपूर तथा अन्य चोरों के ख़िलाफ़ आपराधिक साजिश का केस दर्ज कर लिया। कोर्ट के दस्तावेज़ों के अनुसार, 'यह स्थापित हो चुका है कि याचिकाकर्ता (सुभाष कपूर) चेन्नई तथा अन्य स्थानों पर सुतमल्ली गाँव के श्री वरदराज पेरुमल मंदिर से धातु की 18 प्राचीन मूर्तियों की चोरी के लिए एक आपराधिक साजिश में शामिल हुआ। याचिकाकर्ता के ख़िलाफ़ (जुलाई 2011 में) और चुराई गई मूर्तियों की बरामदगी के लिए ग़ैर जमानती वारंट जारी किया गया था... यह भी पाया गया कि यही गैंग अरियालु जिले के श्री पुरंदन गाँव स्थित श्री प्रगदीश्वरर मंदिर से धातु की आठ प्राचीन मूर्तियों की चोरी में भी शामिल था।'[1]

जिस आपराधिक साजिश का आरोप लगाया गया था, उसके ज़रिए ये लोग क्या-क्या करने की कोशिश कर रहे थे? चोरी, फ़र्ज़ीवाड़ा, रात को घर में घुसना, धोखाधड़ी और चुराई गई संपत्ति प्राप्त करना।

इसके बाद इंटरपोल का रेड कॉर्नर नोटिस जारी करने की प्रक्रिया यानी, किसी ऐसे व्यक्ति की गिरफ़्तारी कराना जो किसी ख़ास अधिकार क्षेत्र में है ताकि उसका प्रत्यर्पण संभव हो, शुरू हो गई।

यहीं एक बार फिर सुभाष की दुश्मन बन चुकी पूर्व-प्रेमिका, ग्रेस परमस्त्री पुनुसामी की एंट्री होती है। साल 2010 में, सुभाष कपूर की ऑस्ट्रेलिया में पुरातत्त्व का अध्ययन करने वाले अमेरिकी पीएचडी विद्वान, डेमियन हफ़र से ऑनलाइन

कहा-सुनी हो गई थी। हफ़र अपने ब्लॉग पर ऐसे लेख लिख रहे थे जो बता रहे थे कि किस प्रकार प्राचीन मूर्तियों की चोरी के कई मामलों में शक की सुई सुभाष कपूर की ओर इशारा कर रही थी। तमतमाए कपूर ने 2011 की शुरुआत में हफ़र को एक ईमेल भेजा जिसमें लिखा था :

> डियर मिस्टर डेमियन, मेरे संज्ञान में यह बात लाई गई है कि आप बिना सत्यता या प्रामाणिक तथ्यों के कुछ लोगों की ओर से फैलाए जा रहे निराधार सत्य या कहें तो पूर्ण असत्य को प्रकाशित कर रहे हैं। मेरा मानना है कि उन लोगों ने आपको गुमराह किया है और वे आपका इस्तेमाल कर रहे हैं, जो मुझे ब्लैकमेल करने का प्रयास कर रहे हैं... इस बात को मत भूलिए कि आप विकासशील देश में नहीं हैं और मेरी कंपनी और मेरा नाम ख़राब करने के लिए आप पर मानहानि का मुक़दमा दर्ज कराया जा सकता है।

हफ़र ने अपने पोस्ट हटा लिए लेकिन उसके बाद कपूर के निशाने पर कोई और नहीं बल्कि ग्रेस पुनुसामी आ गई। 22 फ़रवरी 2011 को उसने लिखा :

> सिंगापुर की यह महिला है जिसने कई लोगों से धोखाधड़ी की है और पिछले कुछ वर्षों में इसने कई बार अपना नाम बदला है जैसा कि ठग आम तौर पर करते हैं। अभी-अभी मुझे पता चला है कि उसने अपनी कंपनी का नाम फिर से बदल लिया है और किसी नई दुकान में चली गई है।
>
> मैं आपको विश्वास दिलाता हूँ कि मैंने भारत से कोई भी अवैध कलाकृति नहीं ख़रीदी है और पिछले 4 वर्षों में ऑस्ट्रेलिया समेत अनेक देश गया हूँ। यदि इंटरपोल को सूचित किया गया होता तो मुझे अब तक गिरफ़्तार कर लिया गया होता।[2]

साफ़ है कि अपनी पूर्व प्रेमिका के साथ सुभाष कपूर का झगड़ा अब भी जारी था। ग्रेस भी बदले के लिए मचल रही थी। तभी ईमेल पर छिड़ी जंग से भी अधिक ख़तरनाक क़िस्म के बदले की तैयारी होने लगी। वह आइडल विंग के अधिकारियों के संपर्क में आ गई, जो पहले से ही कपूर की तलाश में थे, और उन्हें उसने कुछ मूल्यवान जानकारी दी। इस पर यक़ीन करना ही होगा कि भारतीय अधिकारी नहीं चाहते थे कि अमेरिकी नागरिक कपूर को वे अमेरिका में गिरफ़्तार करें। ग्रेस ने ना केवल उन्हें कपूर की ताज़ा तसवीर दी बल्कि उन्हें उसके अंतरराष्ट्रीय आवागमन की भी जानकारी दी। उसने आइडल विंग को बताया कि कपूर अक्टूबर 2011 में जर्मनी में एक कला मेले में हिस्सा लेने जाएगा। उसे पकड़ने का उनके पास तब एक अच्छा मौक़ा होगा।

एक जाँच अधिकारी का कहना था, 'पुनुसामी की ओर से मुहैया कराई गई ताज़ा तसवीर और कपूर की लोकेशन की नई जानकारी के साथ, इस केस को सुलझाना और भी आसान हो गया।' 30 अक्टूबर 2011 में, बेफ़िक्र कपूर फ़्रैंकफ़र्ट इंटरनेशनल एयरपोर्ट के इमिग्रेशन काउंटर पर पहुँचा, लेकिन उसके पासपोर्ट पर ठप्पा लगाकर उसे जाने देने की बजाए, इंटरपोल ने उसे अपनी हिरासत में ले लिया। सीबीआई ने पाँच दिन पहले ही कपूर के ख़िलाफ़ इंटरपोल के ज़रिए रेड कॉर्नर नोटिस जारी करवाया था। प्राचीन मूर्तियों की चोरी के मामले में ऐसा कभी-कभार ही हुआ है, जब भारत ने इंटरपोल का नोटिस जारी किया था।

कपूर आठ महीने तक इंटरपोल की हिरासत में रहा, और फिर उसे भारत प्रत्यर्पित कर दिया गया। इस दौरान सेल्वराज रिटायर हो गया।

कपूर जब इंटरपोल की हिरासत में था तब बड़ी विचित्र घटना हुई। वह अपने हाथ से लिखा एक नोट किसी तरह अपने ऑफ़िस भिजवाने में कामयाब हो गया। यह नोट जर्मनी की लॉ फर्म, वेसिंग ऐंड पार्टनर के काग़ज़ पर लिखा गया था।

सुभाष के असिस्टेंट, आरोन फ़्रीडमैन को लिखे दिनांक 3 नवंबर 2011 वाले इस नोट के कुछ अंश नीचे दिए गए हैं :

डियर आरोन,

मैं नहीं जानता कि मैं यहाँ कब तक फँसा रहूँगा, इसलिए कुछ चीज़ों का ख़याल रखने की ज़रूरत है।

सद्बी'ज या क्रिस्टी'ज को कोई भुगतान मत करना क्योंकि वे इंतज़ार कर सकते हैं!...

सेलिना को 4 चीज़ें लौटा दो, काँसे के नर्तक जो 4 अलमारियों में रखे हैं।

लेकिन इस नोट में एक रहस्यमय लाइन भी थी :

शंटू से बात करो और मुझे बताते रहो कि वह क्या कर सकता है, उससे कहना कि शायद इस समय समझौता करने की ज़रूरत है।[3]

यह कैसा 'समझौता' था जो सुभाष अपने भरोसेमंद सहयोगी शंटू से कराना चाहता था? क्या इसका संबंध आइडल विंग के उस भेदिए से था?

WESSING & PARTNER

Nov 3rd 2011

DEAR AARON

FIRST OF ALL MY ~~HEIKO ALBRE~~ HEICKO AHLBRECHT MUST HAVE SPOKEN WITH YOU IF NOT HE CAN FILL YOU IN THE SITUATION
I DONT KNOW HOW LONG I WILL BE STUCK HERE, SO HERE ARE FEW THINGS TO TAKE CARE

1 DO NOT USE THOSE CHECKS I LEFT WITH YOU AS YOU MIGHT NEED LATER. SO HERE HOW YOU WILL DO. FIRST EITHER OPEN NEW BANK ACCOUNT OR ASK SELINA TO DO. SHE CAN MAKE YOU AUTHORIZE TO SIGN THE CHECKS BETER IF YOU OPEN, WITH FIRST CHECK FOR 75,000, DO NOT PAY SOTHEBY'S CHRISTIES AS THEY CAN WAIT

2. CALL VAZQUEZ AND BUY EURO TO SEND HEICKO THE ATTORNEY FOR RETAINER AMOUNT € 25,000

3 LOOK LIKE JEU HAS TO DO WITH RUKMANI THE BEST SHE CAN, WE HAVE NO CHOICE.

4 KEEP GOOD TRACK OF THE MONEY IN THE ACCOUNT BY KEEPING GOOD RECORS OF DEPOSITS AS WELL AS WIRES, AND KEEP ME POSTED THROUGH MY HEICKO BEST SEND HIM EMAIL AND HE CAN PRINT OUT AND SHOW ME

5 TALK TO SANTOO AND KEEP POSTED WHAT HE CAN DO, TEL HIM MAY BE IT IS A TIME TO MAKE A DEAL.

6 GIVE BACK 4 ITEMS TO SELINA BRONZE DANCERS WHICH ARE IN THE 4 CLOSETS

7 ASK ANNE TO MAIL YOU MY KEYS IN THE BAG AND LET ME KNOW WHEN YOU GET THEM
ASK HER IF SHE CAN PICKUP MY BAG FROM AIRPORT SHE DONT HAVE RECEIPT SO SHE HAVE TO IDENTYFY THE BAG IT IS BLACK TRAVELPRO OR AMERICAN TEGRISTER IJ HAVE TAG OF VIRGIN ATLANTIC WITH MY NAME IT HAVE A LOCK NO FOR THE LOCK 129, INSIDE HAVE 2 SUITS BLACK BLUE, 5-6 WHITE SHIRTS, PAIR OF BLACK SHOES, DUNHIL BELT SOME OTHER MISLANIOUS CLOTHS

Rathausufer 16-17
40213 Dusseldorf
Fon: +49(0)211 16844-0
Fax. +49(0)211 16844-444
Mail: societaet-strafrecht.de

सुभाष की ओर से आरोन फ्रीडमैन को भेजा दिनांक 3 नवंबर 2011 का नोट

(10)

चालाक दीनदयाल और नटराज की खंडित मूर्ति

रविवार, 19 जून 2005

चढ़ते सूरज के साथ ही, तिरुनेलवेली-कन्याकुमारी सीमा पर स्थित एचआर ऐंड सीईबी की ओर से चलाए जा रहे, छठी सदी के श्री नरांबुनाथ स्वामी मंदिर का पुजारी सुंदर पट्टार मंदिर की ओर बढ़ रहा था। आपस में टकराते चाबियों के गुच्छे को कमर में खोंसते हुए उसने अपनी धोती को व्यवस्थित किया। भले ही स्कूल फिर से खुल गए थे फिर भी उसे उम्मीद थी कि सप्ताह के अंत में अच्छी-खासी भीड़ इकट्ठी होगी। उसे इस बात का ज़रा भी अंदाज़ा नहीं था कि आज के बाद वह हमेशा के लिए भय के साथ जिएगा।

मंदिर पहुँचा तो उसने देखा कि मुख्य दरवाज़े का ताला टूटा पड़ा है।

बिना देर किए उसने शोर मचाना शुरू कर दिया। एक घंटे बाद पुलिस पहुँची। उसका सबसे बड़ा डर उसकी आँखों के सामने सच हो गया था - नटराज और शिवगामी सहित, उसके देवी-देवताओं की काँसे की सभी तेरह मूर्तियाँ ग़ायब थीं।

खोजी कुत्ते और फ़िंगरप्रिंट एक्सपर्ट को काम पर लगा दिया गया। कुत्ता मेन रोड पर कुछ दूर तक दौड़ा और फिर उसे वह गंध नहीं मिली। फ़िंगरप्रिंट एक्सपर्ट दो घंटे तक जुटे रहे और फिर चले गए। फिर पुलिस ने पुजारी से कड़ी पूछताछ की।

पहले तो उसे यक़ीन ही नहीं हुआ कि पुलिस वाले उस पर भी शक कर सकते हैं। वह मूर्तियों की सेवा ऐसे किया करता था, जैसे एक पुत्र अपने माता-पिता

की करता है। पिछले पंद्रह वर्षों से हर दिन उन्हें नहलाना-धुलाना, खाना खिलाना, उनका साज-श्रृंगार करना, वह वैसे ही करता आ रहा था, जैसा उसके पिता ने उसे सिखाया था। उसका परिवार कई पीढ़ियों से उस मंदिर की सेवा करता आया था। सच तो यह है कि उसे मंदिर और उसके देवी-देवताओं के अलावा बाहर की दुनिया की कोई जानकारी ही नहीं था। जल्दी ही, गाँव वाले भी उसकी तरफ़ आँखें उठाने लगे। क्या वे भी उस पर शक कर रहे थे? उसने अविश्वास से अपना सिर हिलाया। बिलकुल भी नहीं!

उसने साफ़-साफ़ सोचने और याद करने का प्रयास किया। शनिवार, 18 जून... क्या उसने कुछ विचित्र देखा था? सोचा तो लगा, हाँ, देखा था। पिछले कुछ महीने से वह मंदिर में नए-नए लोगों को देख रहा था। पहले तो उसने ग़ौर नहीं किया था, लेकिन बार-बार वही लोग आना-जाना कर रहे थे।

हाँ, वे 18 जून को भी आए थे। उसे याद आया कि वे आख़िरी पूजा तक मंदिर में ही थे। उसे बस यही लगा था कि वे आस्थावान तीर्थयात्री हैं। वह पुलिस को यह बात बताने ही वाला था कि मंदिर के कार्यकारी अधिकारी, के. वेलुसामी पहुँच गए।

उनके आने से पट्टार का आत्मविश्वास थोड़ा बढ़ा और उसने अपने शक को लिखित रूप दे दिया। तदनुसार, पझुवुर पुलिस स्टेशन में एक केस दर्ज किया गया। क्या कार्यकारी अधिकारी के पास काँसे की मूर्तियों की कोई तसवीर थी?[1]

नहीं!

अधिकारियों ने इसके बाद कुछ भी नहीं किया और आख़िर में, एक साल बाद, 2006 में, यह केस आइडल विंग को ट्रांसफ़र कर दिया गया, जिसने इसकी लिस्ट में कुछ नाम छाँटे और मदुरै तथा आसपास के इलाक़े के कुछ लोगों की पहचान संदिग्धों के तौर पर की।

जाँच अधिकारियों के अनुसार, 'सोने का एक छोटा-मोटा कारोबारी शक्ति मोहन, और उसका परिचित पॉकेटमार अरुमुगम, दोनों ही मदुरै के रहने वाले हैं। उन्होंने मंदिर से यह मानकर मूर्तियाँ चुराई थीं कि वे सोने की हैं। हालाँकि, भागने के दौरान, अरुमुगम की मोटरसाइकिल हादसे का शिकार हो गई। इसलिए, शक्ति मोहन के पुत्र, बालाजी तथा सौदी मुरुगन नाम के एक अन्य आदमी की मदद से उन्होंने मूर्तियाँ तालाब में छिपा दीं।'[2]

उन्होंने सोना निकालने के लिए मूर्तियों से तोड़-फोड़ भी की, जिसमें अनमोल और बेहद ख़ूबसूरत नटराज की मूर्ति शामिल थी, जिसका प्रसिद्ध बायाँ हाथ उन्होंने काट दिया था। जब उन्हें पता चला कि उसमें सोना नहीं है, तो उन्होंने निराश होकर बाक़ी बची मूर्तियाँ कराईकुड़ी के एक व्यापारी दिनकरन को बेच दीं। चूँकि मूर्तियों में तोड़-फोड़ हो जाने के कारण बेचते समय उनकी क़ीमत कम हो गई थी, इस कारण

झगड़ा हो गया और उस झगड़े में शक्ति मोहन की हत्या हो गई।

इस बीच यह मामला और भी दिलचस्प हो गया। आइडल विंग को पता चला कि नटराज की मूर्ति चेन्नई में प्राचीन कलाकृतियों के एक बड़े डीलर और सुभाष कपूर के सहयोगी, दीनदयाल के पास है, जिसने मूर्तियों को दिनकरन से ख़रीद लिया था। ऐसा माना जाता है कि नटराज और शैववाद के एक प्रमुख धर्मग्रंथ के रचयिता, नौवीं सदी के तमिल कवि-संत, माणिचक्कवसागर की मूर्ति समेत पाँच मूर्तियों को वल्लभ प्रकाश (जो ऑस्ट्रेलिया में हुए अर्धनारीश्वर के सौदे में भी शामिल था) नाम के एक हैंडलर के ज़रिए सुभाष कपूर के पास भेज दिया गया।[3]

नटराज की हाथ-कटी मूर्ति

इसके बाद यह मामला पाँच साल तक घिसटता रहा। इस दौरान, कपूर ने नटराज की मूर्ति को लंदन में कलाकृतियों की मरम्मत के लिए दुनिया भर में मशहूर अपने एक सहयोगी के पास भिजवा दिया, जिसने नटराज की मूर्ति के लिए एक नया हाथ तैयार किया और वह मूर्ति अंत में न्यू यॉर्क पहुँच गई। 2.5 मिलियन डॉलर के प्राइस टैग के साथ वह कपूर के आर्ट ऑफ़ द पास्ट के मार्च 2007 के कैटलॉग की शान बढ़ा रही थी!

पुनरुद्धार के बाद हाथ-कटे नटराज

8 अगस्त 2011 में, सुभाष कपूर की गिरफ़्तारी से कुछ ही महीने पहले, नटराज की हाथ-कटी मूर्ति चेन्नई में आइडल विंग की वेबसाइट पर फिर से नज़र आई जिस पर किसी की नज़र नहीं गई। उसे चेन्नई के एक अच्छे डीलर ने लौटा दिया था। वेबसाइट ने इसे एक बड़ी बरामदगी बताया था, जो आइडल विंग के लिए एक बड़ी कामयाबी थी।

चोरी की पाँच मूर्तियों को लौटाने वाला वह डीलर, कोई और नहीं बल्कि दीनदयाल था, लेकिन यह जानकारी उस समय दबा दी गई। नटराज की हाथ-कटी मूर्ति का मामला फिर से सामने आ गया था, ठीक? ग़लत।

जैसे ही मूर्तियाँ लौटा दी गईं, इस केस के सारे संदिग्धों पर (बेशक सुभाष को छोड़कर) फंदा आश्चर्यजनक रूप से ढीला पड़ गया। हालाँकि, भूलसुधार में पाँच साल क्यों लग गए? सुभाष कपूर केस में जब शिकंजा कस चुका था, तब 'कला-जगत' में चौतरफ़ा हड़कंप मच गया होगा कि ना जाने अगला नंबर किसका आएगा। अच्छा हो कि अपने हिसाब चुकता कर दो, ग़लती मान लो और पुलिस वालों से संबंध ठीक कर लोगों के बीच ख़बर फैला दो। पुलिस वालों को भी बच निकलने का रास्ता मिल जाएगा, और इस छोटी जीत के जश्न में वे अपने कुछ पाप भी छिपा लेंगे।

जैसा कि *द हिंदू* ने आइडल विंग के एक अधिकारी का बयान प्रकाशित किया था, जिसमें उसने कहा था, 'शिकंजा कसने के बाद, तस्करों ने पाँच मूर्तियों को वापस लाने का फ़ैसला किया, जिनकी क़ीमत कुल मिलाकर 200 करोड़ रुपये थी।'[4] लेकिन विचित्र बात यह है कि इस अजीब 'क्षमा दान' में क़ानून को लागू करने वाले तंत्र की भी मौन सहमति थी। कोई गिरफ़्तारी नहीं हुई। ऐसा लगा, मानो सबकुछ भुला दिया गया हो, पुलिस वालों और लुटेरों में समझौता हो गया हो। आख़िर आपराधिक न्याय प्रणाली इस प्रकार से कैसे काम कर सकती है? तेरह मूर्तियाँ चुराई गईं, पाँच लौटा दी गईं, तो सब ठीक हो गया? अगर यह असंबद्ध, बेतुका और विचित्र लग रहा है, तो प्यारे पाठक, यह ऐसा ही है भी।

यह बात सन्न कर देने वाली है कि आरोपियों ने इतनी आसानी से सौदेबाज़ी कर ली। ऐसा लग रहा था जैसे आइडल विंग में कोई है जो आरोपियों पर मेहरबान था। हाँ, बिलकुल होगा। क्या ऐसा विभाग के उस भेदिए के कारण हुआ था?

2008 की शुरुआत में, एक फ़्रेंच पर्यटक दंपति तमिलनाडु को अच्छी तरह देखने और जानने के लिए महीने भर की यात्रा पर आए थे। वे अपनी यात्रा का आख़िरी सप्ताह मंदिरों के लिए मशहूर मदुरै में गुज़ार रहे थे। अपने निकॉन कैमरा के लिए

मेमोरी कार्ड ख़रीदने के लिए वे साउथ माडा स्ट्रीट गए, जहाँ उन्होंने दुकान के भीतर शिव और पार्वती की काँसे की मूर्तियों की फ़ोटो देखी। एक आशंका के साथ उन्होंने दुकानदार सुंदरमूर्ति के साथ बातचीत शुरू की जिसने उन्हें 3 करोड़ रुपये में प्रत्येक मूर्ति दिलाने का ऑफ़र दे दिया।

सुंदरमूर्ति ने उन्हें बताया कि काँसे की मूर्तियाँ ज़मीन के भीतर से निकली हैं और इस वजह से चोरी की नहीं हैं। उसने उनकी बात संतानम से कराई, जो विरुडुनगर जिले में अलाडीपट्टी गाँव का रहने वाला था। उसने उन्हें बताया कि काँसे की मूर्तियाँ कुछ महीने पहले उसके 'किसान' दोस्त, अरोकियाराज को खेत में हल चलाते समय मिली थीं। उसे और भी मूर्तियाँ मिली हैं, और वे देखना चाहते हैं तो वह उन्हें चार और भी मूर्तियाँ दिखा सकता है। फ्रेंच दंपति यह नहीं जानते थे कि ज़मीन में गड़ी मूर्तियाँ भी क़ानूनी तौर पर भारत सरकार की संपत्ति हैं जिसका श्रेय 1878 के भारतीय निखात निधि अधिनियम को जाता है। आप उन्हें घर नहीं ले जा सकते!

दोनों सन्न रह गए, और उस समय दुकान से फ़ौरन बाहर निकल गए। रात भर सोच-विचार के बाद उन्होंने स्थानीय पुलिस स्टेशन को सूचित करने का फ़ैसला किया। स्थानीय पुलिस ने तुरंत चेन्नई में आइडल विंग को फ़ोन किया। फ़ोन सेल्वराज के जूनियर, कादर बाचा को दिया गया, जिसने पन्ना लिंग की चोरी का भंडाफोड़ किया था। बाचा और उसका एक सहयोगी तुरंत उस स्टूडियो में ग्राहक बनकर पहुँच गए, लेकिन सुंदरमूर्ति को उनकी योजना समझ आ गई और उसने अनजान बनना शुरू कर दिया। इस मोड़ पर जाँच कुछ ज़्यादा ही सख़्त हो गई और कॉन्स्टेबल एन. सुब्बुराज इसमें शामिल हो गया। बंदूकें निकाल ली गईं, और आरोपी को अज्ञात जगह पर ले जाया गया। पुलिस ने अरोकियाराज को भी पकड़ लिया और दो दिनों की पूछताछ के बाद, उन्होंने काँसे की सभी छह मूर्तियाँ ज़ब्त कर लीं।

एक बार फिर, जो केस आईने की तरह साफ़ था, उसमें भी कोई औपचारिक गिरफ़्तारी नहीं हुई और ज़ब्तियों को रिकॉर्ड पर नहीं लाया गया। तो भी उन मूर्तियों का क्या हुआ? निश्चित रूप से, बाचा और उसकी टीम काँसे की सभी छह मूर्तियों के साथ चेन्नई लौटी, लेकिन उन्हें आइडल विंग के संबंधित लोगों को सौंपने की बजाए, गुपचुप तरीक़े से सभी को, किसी और के नहीं बल्कि दीनदयाल के ही गोदाम भिजवा दिया गया। वहाँ कुछ मूर्तियों की क़ीमत को लेकर 'तोल-मोल' किया गया। मद्रास हाई कोर्ट में दायर एक याचिका के अनुसार, शिवगामी और भगवान शिव तथा देवी पार्वती की मूर्तियों के साथ उनके शिशु स्कंद (ऐसी मूर्तियाँ सोमस्कंद के नाम से जानी जाती हैं) की काँसे की मूर्ति 'चेन्नई के कुख्यात तस्कर दीनदयालन को 15 लाख रुपये में बेची गई, जिन्हें बाद में कथित तौर पर 6 करोड़ रुपये में बेचा गया।'[5]

सोमस्कंद की मूर्ति को दीनदयाल ने सुभाष कपूर को बेच दिया जिसने ऐसा अनुमान है कि उसका सौदा बैंकॉक में एक बड़े संग्रहकर्ता से किया।

सभी छह मूर्तियाँ अब तक बरामद नहीं हुई हैं।

हालाँकि, कादर बाचा का क्या हुआ? एक एफ़आईआर दर्ज की गई जिसमें उसे आरोपी के रूप में नामित किया गया - अरोकियाराज ने उसका नाम ले लिया था।[6] लेकिन, संगठन के भीतर बाचा को तब भी तरक़्क़ी दी गई और ना तो उसके ख़िलाफ़ विभागीय जाँच हुई, ना ही उसे गिरफ़्तार किया गया। जब जाँच शुरू की गई, तो उसके बारे में हाई कोर्ट में दायर याचिका से पता चलता है कि वह जाँच बाचा के ही विभाग के उसी के अधीनस्थ अधिकारी को सौंप दी गई! ऐसे न्याय हो सकता था क्या?

आख़िरकार, मद्रास हाई कोर्ट को दख़ल देना पड़ा और कहना पड़ा कि, 'दिनांक 29.06.2017 को निलंबन का आदेश जारी किया जाता है।' उस समय तक बाचा को भागे हुए कुछ महीने बीत चुके थे। फ़रवरी 2017 से ही उसका अता-पता नहीं था। आख़िरकार उसे उस साल सितंबर में गिरफ़्तार किया और अब वह मुक़दमे का इंतज़ार कर रहा है।[7] कोर्ट ने जेल में प्रथम श्रेणी की सुविधा के उसके आग्रह को ठुकरा दिया था।[8]

इस प्रकार, यह दिखता है कि बाचा की दीनदयाल तथा इस गोरखधंधे में शामिल लोगों के साथ लगातार साठगाँठ थी। इसकी पुष्टि सुभाष कपूर ने की है। *द हिंदू* ने लिखा, 'कपूर ने बताया कि कादर बाचा ही था जो नियमित रूप से मूर्तियों की तस्करी अनेक मंदिरों से करता और उन्हें बेचा करता था। स्पष्ट रूप से वह अक्सर उन्हें किसी केंद्रीय भंडार में "मूर्ति चोरों से बचाकर रखने" के बहाने ले जाया करता था... जहाँ चुराई गई असली मूर्ति को सफ़ाई से बनी फ़र्ज़ी मूर्ति से बदल दिया जाता था।'

रिपोर्ट आगे कहती है, 'अतिरिक्त सुराग़, जिनकी पुष्टि खुफ़िया सूत्रों ने भी की है, बताते हैं कि बाचा की मूर्ति तस्करों के नेटवर्क के साथ गहरी साठगाँठ थी। इसका एक संकेत इसी से मिलता था कि दूसरी एजेंसियों के दबाव के बावजूद, बाचा के नेतृत्त्व वाली पुलिस टीम शुरुआत में मुंबई की इंडो-नेपाल गैलरी में छापेमारी से कतरा रही थी। इस बात की आशंका थी कि प्राचीन मूर्तियों के दो डीलरों, वल्लभ प्रकाश और उसके बेटे आदित्य प्रकाश ने चुराई गई मूर्तियाँ इस गैलरी में छिपा रखी थी।'[9]

वल्लभ ही वह आदमी है जिसने सुभाष कपूर को अर्धनारीश्वर की वह मूर्ति दिलाई थी जिसे आख़िर में एजीएनएसडब्लू को बेचा गया था। यह दिखाता है कि

बाचा किस प्रकार अपने धूर्त साथियों से नरमी के साथ पेश आकर उनकी मदद करता था।

क्या हाथ-कटी नटराज की मूर्ति के केस में दीनदयाल के साथ जो नरमी भरा सलूक किया गया, उसे बाचा की इस साठगाँठ से समझा जा सकता है? क्या बाचा ने पन्ना लिंग की चोरी का भंडाफोड़ इस कारण ही सफ़ाई से किया था क्योंकि उसे डर था कि अगर ऑपरेशन फ़ेल हुआ तो उसका भेद खुल जाएगा? और क्या इन बातों से सुभाष कपूर के उस नोट को समझा जा सकता है जिसमें उसने 'समझौते' की बात लिखी थी? साल 2011 में जर्मनी में हिरासत के दौरान जब उसने वह नोट बाहर भिजवाया, तब हमें पता नहीं था कि उस नोट का मतलब क्या है। अब ऐसा लगता है कि हमारे पास इसका जवाब है।

अपने सहयोगी और गैलरी मैनेजर, आरोन फ़्रीडमैन को भेजे एक और नोट में, सुभाष ने लिखा : *'शंटू को फ़ोन करो और उससे कहो कि वह वल्लभ से कहे, "कादर बाचा चाहता है कि मैं भारत आऊँ। अगर मैं आया तो सबकुछ, हर घटना का एक-एक ब्यौरा बता दूँगा, इसलिए तुम चाहते हो कि मैं ऐसा नहीं करूँ तो मुझे मजबूर मत करो।" वल्लभ से बिलकुल यही कह दो।'*[10]

क्या सुभाष अपनी जान बचाने की आख़िरी कोशिश के तौर पर आइडल विंग के किसी अधिकारी को ब्लैकमेल करने का प्रयास कर रहा था? यह सिस्टम अंदर से कितना सड़ चुका था?

Second note from Subhash Kapoor to Aaron Freedman

आरोन फ़्रीडमैन को भेजी सुभाष कपूर का दूसरा नोट

यदि सुभाष कपूर किसी को ब्लैकमेल करने का प्रयास कर भी रहा था, उनका सारा भेद खोलने की धमकी दे रहा था, तो भी उसका केस इतना आगे बढ़ चुका था और सबकी नज़र में आ चुका था कि उसे रोकना संभव नहीं था। आइडल विंग के साथ, विदेश मंत्रालय भी सुभाष के प्रत्यर्पण की प्रक्रिया को आगे बढ़ा चुका था।

इन बातों की परवाह किए बिना, जर्मनी में सलाखों के पीछे रहते हुए कपूर ने अपनी बहन सुषमा रानी सरीन के ज़रिए मद्रास हाई कोर्ट में एक साहस भरा केस दायर किया, जिसे उसने पावर ऑफ़ अटॉर्नी दे रखा था। उस केस ने भारतीय अधिकारियों की ओर से ग़ैर-जमानती गिरफ़्तारी वारंट जारी करने की वैधता को चुनौती दी जिसके आधार पर उसका प्रत्यर्पण किया जाना था। उसकी दलील क्या थी? संक्षेप में दलील यह थी कि 'सह-आरोपी (संजीवी अशोकन) के इकबालिया बयान के आधार पर याचिकाकर्ता (सुभाष कपूर) के प्रत्यर्पण का प्रयास सही नहीं है।'

जज की प्रतिक्रिया : 'इस तर्क को ख़ारिज किया जाता है कि सह-आरोपी के क़बूलनामे पर भरोसा नहीं किया जा सकता। यदि सह-आरोपी का क़बूलनामा उसे फँसाता है, तो वह साक्ष्य के रूप में भी स्वीकार्य है।' कपूर की याचिका ख़ारिज कर दी गई।[11]

हालाँकि, उसने हार नहीं मानी - उसके वकील जून 2012 में सुप्रीम कोर्ट पहुँचे, लेकिन सर्वोच्च न्यायालय ने भी ग़ैर-जमानती वारंट रद्द करने से इनकार कर दिया। कोर्ट ने कपूर से कहा : 'आप उत्तर भारतीय हैं जबकि अन्य सभी आरोपी दक्षिण के हैं। पुलिस की पूछताछ में वे आख़िर आपका नाम क्यों लेंगे? न्यू यॉर्क में जो आपका कारोबार है, उसका इस केस से कोई ना कोई संबंध है। ऐसी स्थिति में, हम आपको कोई राहत नहीं दे सकते हैं।'[12]

ऐसा लगने लगा कि आख़िरकार सुभाष कपूर को भारत में न्याय प्रक्रिया का सामना करना पड़ेगा।

आख़िरकार, 14 जुलाई 2012 को, आइडल विंग के पुलिस अधिकारियों की एक टीम चेन्नई एयरपोर्ट पर उतरी, जिसके साथ कपूर भी था। पुलिस टीम की हिरासत में जेल ले जाए जाते समय, काली पैंट और नीली शर्ट में कपूर इंतज़ार कर रहे संवाददाताओं को देखकर मुस्कराया था।

हालाँकि, उसका पुराना साथी संजीवी अशोकन उसके साथ नहीं था। इससे पहले, पूरी कहानी में आए अविश्वसनीय मोड़ से, सेल्वराज की भरपूर कोशिशों, और दोषी साबित करने वाले प्रमाणों के बावजूद, ऊँची रसूख वाले संजीवी को जमानत दे दी गई। मार्च 2018 में, संजीवी को फिर से कई संदिग्ध अपराधों के मामले में गिरफ़्तार किया गया। वह अब भी मुक़दमे का सामना कर रहा है। उसके ख़िलाफ़ मामलों में अब तक फ़ैसला नहीं हुआ है।

इन दिनों कपूर अपने दिन चेन्नई जेल में दूसरे कैदियों के साथ बिता रहा है जबकि उसके मुक़दमों की सुनवाई अपनी ही रफ़्तार से चल रही है। हालाँकि, उस आदमी के लिए वो दिन अब गुज़रे जमाने की बात हो चुके हैं, जब न्यू यॉर्क के कॉकटेल सर्किट में वह जाम टकराया करता था, बेहतरीन सूट और सिल्क की टाई पहनता था। सुभाष को आजकल जेल के यार्ड में बिखरे बाल, कई दिनों से उगी दाढ़ी और नीली टी-शर्ट और भूरी निकर में देखा जा सकता है। उसे कैदियों की सफ़ेद वर्दी पहनने से छूट दे दी गई है। एक बड़ी मछली पर छोटी-सी मेहरबानी। जैसा कि 2017 में *द हिंदू* ने लिखा, '69 वर्षीय सुभाष कपूर अब मूर्ति चोरों के अंतरराष्ट्रीय गैंग के सरगना जैसा नहीं दिखता।'[13]

बाहुबली ऐसे ही धराशायी होते हैं।

(11)

अर्धनारीश्वर और नटराज

गिरफ़्तारी के बाद कई महीनों और बरसों तक, सुभाष कपूर से जुड़ी प्राचीन मूर्तियाँ दुनिया के अलग-अलग महाद्वीपों में सामने आती रहीं। कपूर के ख़िलाफ़ मुक़दमा आज भी चल रहा है, और जो गड़े मुर्दे निकले, वे दोष सिद्ध करने में काफ़ी मददगार होंगे। ख़ास तौर पर इस वजह से क्योंकि अतीत में भले ही नहीं हुआ हो, लेकिन अब हम इतनी मूर्तियाँ वापस ला चुके हैं जितनी कि हमें उम्मीद नहीं थी। हम जहाँ अपने देवी-देवताओं की मूर्तियाँ घर वापस लाने के लिए कड़ी से कड़ी मेहनत कर रहे हैं, वहीं दुनिया भर के संग्रहालय हमारे प्रयासों के सामने दीवार बनकर खड़े हैं। वे आज भी सच स्वीकार करना नहीं चाहते। कपूर के साथ अपने संबंधों को और अनैतिक रूप से अंधाधुंध की गई ख़रीदारी की बात तो बिलकुल भी स्वीकार नहीं करना चाहते जिसके कारण कपूर की तिज़ोरी भरती रही।

28 जून 2013 की सुबह। इसे प्रारब्ध कह लीजिए, क़िस्मत या नसीब, आँख खोलते ही मेरी नज़र सबसे पहले *द हिंदू* के ए. श्रीवत्सन के लिखे लेख 'सामने आई चुराए गए नटराज की नई तसवीरें' पर पड़ी।

कपूर के भारत में प्रत्यर्पण के बाद, जनवरी 2013 में भारतीय अधिकारियों ने ऑस्ट्रेलिया को लेटर रोगाटरी (जाँच से जुड़ी चिट्ठी) भेजी और 2006 में चुराई गई श्रीपुरंदन नटराज की मूर्ति तथा 2008 में नटराज की जिस मूर्ति को एनजीए ने ख़रीदा था, दोनों की तसवीरों का मिलान करने के बाद आवश्यक जानकारी माँगी। लेटर रोगाटरी बस एक विधिक शब्द है जिससे किसी विदेशी कोर्ट के ज़रिए उसके अधिकार क्षेत्र के किसी व्यक्ति या संस्था (इस मामले में एनजीए) से जानकारी देने का अनुरोध किया जाता है।

79

हालाँकि, ऑस्ट्रेलियाई लोगों ने पत्र मिलने से ही इनकार कर दिया! द *हिंदू* के अनुसार, 'एनजीए ने इस बात से इनकार किया कि पत्र उसे मिला है। द *हिंदू* ने जब अंतरराष्ट्रीय अनुरोधों के विषय को देखने वाले ऑस्ट्रेलियाई अटॉर्नी जनरल के विभाग से संपर्क किया, तो उसने ना तो स्वीकार किया, ना ही इनकार किया कि उन्हें कोई लेटर रोगाटरी प्राप्त हुआ है।'[1]

वह तो भला हो ब्लॉगर्स के एक सक्रिय समुदाय, अख़बारों और सच्चे कलाप्रेमियों का, जिससे एनजीए पर दबाव बना रहा। हालाँकि, संग्रहालय ने बार-बार ऐसी माँगें ठुकराईं, जिनमें कपूर के साथ लेन-देन का और उससे ख़रीदी गई कलाकृतियों का ब्यौरा देने की अपेक्षा की गई थी। ऑस्ट्रेलियाई सीनेट की सुनवाई के दौरान गैलरी के निदेशक ने तो यहाँ तक कहा कि वे कोई भी जानकारी नहीं देंगे क्योंकि उन्हें विश्वास है कि कपूर की कोई भी मूर्ति लूट का हिस्सा नहीं है।[2] हालाँकि, एक बात सब अच्छी तरह समझ चुके थे कि एनजीए सुभाष कपूर से प्राचीन मूर्तियों की ख़रीदारी बिना उनके दस्तावेज़ों की जाँच-पड़ताल के ही कर रहा था।

आख़िरकार जब एनजीए ने आगे आकर बयान दिया और स्वीकार किया कि उसने सुभाष कपूर से बाईस कलाकृतियाँ ख़रीदी थीं, लेकिन उनके विषय में जानकारी आधी-अधूरी थी। जहाँ तक नटराज की मूर्ति की बात है, तो संग्रहालय ने विस्तार से बताया कि कैसे उन्होंने एक साल तक पर्याप्त सोच-विचार किया, और फिर उस मूर्ति को देखने अमेरिका गए, एएलआर से विचार-विमर्श किया, जिसकी सूची में नटराज की वह मूर्ति शामिल नहीं थी, फिर तमिलनाडु पुलिस की वेबसाइट खँगाली, यहाँ तक कि चोल कला पर एक अनाम (स्वाभाविक ही है) 'एक्सपर्ट' तथा अनाम (फिर से) एएसआई अधिकारी से बात भी की। हालाँकि, द *हिंदू* चुप नहीं रहा और उसने लिखा, 'इस संवाददाता ने चेन्नई में प्राचीन मूर्तिकला के कुछ जाने-माने विशेषज्ञों से बात की, उन सभी ने कहा कि उन्हें नटराज की उस मूर्ति के विषय में कोई जानकारी नहीं है। एनजीए ने उनसे संपर्क नहीं किया था। पुलिस सूत्रों ने कहा कि एएलआर की ओर से जारी पत्र यह साबित नहीं करता कि नटराज की वह मूर्ति चोरी की नहीं थी। वह बस इतना बताता है कि ऐसी कलाकृति उनके रजिस्टर में नहीं है... एनजीए का एक और दावा कि उसने नटराज को ख़रीदने से पहले एएसआई के दस्तावेज़ों को देखा-भाला था, तो उसकी भी पुष्टि नहीं की जा सकती क्योंकि गैलरी ने उन लोगों के नाम नहीं बताए, जिनसे उसने बात की थी।'

THE ART LOSS ■ REGISTER™

www.artloss.com

LONDON · NEW YORK · COLOGNE · AMSTERDAM

April 20th 2007

Art of the Past, Inc.
1242 Madison Avenue
New York, NY 10128

ALR Ref: AOP 260-4

Dear Mr.

We have now carried out a search of the Art Loss Register's database for the following item:

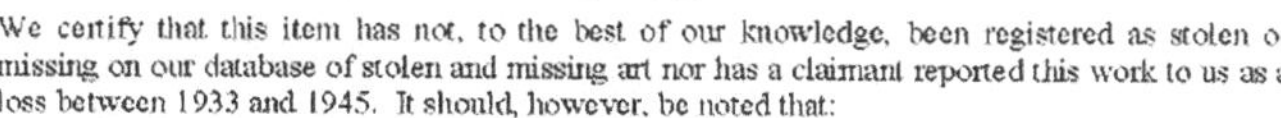

ITEM:	*Shiva Nataraja*
CIVILIZATION:	Tamil Nadu
DATE/PERIOD:	11th-12th century, chola period
COUNTRY OF ORIGIN:	South India
MEDIUM:	Bronze
DIMENSIONS:	52 inches
PROVENANCE PROVIDED:	Not provided

We certify that this item has not, to the best of our knowledge, been registered as stolen or missing on our database of stolen and missing art nor has a claimant reported this work to us as a loss between 1933 and 1945. It should, however, be noted that:

- not every loss or theft is reported to us
- the database does not contain information on illegally exported artifacts unless they have been reported to us as stolen
- the ALR does not have details of all works of art confiscated, looted or subjected to a forced seizure or forced sale between 1933 and 1945.

It is also important for you to note that this Certificate is no indication of authenticity of the item.

We do not guarantee the provenance of any item against which we have made a search. Your search with The Art Loss Register demonstrates due diligence but may not excuse you undertaking further research or providing further information where known. Should we become aware of any abuse of this Certificate we may find it necessary take action.

If we can be of service to you again, please do not hesitate to contact us.

Yours sincerely,

Katherine M. Dugdale
THE ART LOSS REGISTER

श्रीपुरंदन नटराज के लिए आर्ट लॉस रजिस्टर प्रमाण-पत्र

खैर, ये सब तो पुरानी बातें हैं। 28 जून 2013 की सुबह, द *हिंदू* ने ऐसी ख़बर छापी जिसे मेरे लगातार भिड़े रहने वाले सहयोगी, जेसन फेच और राल्फ़ फ्रेम्मोलीनो ने chasingaphrodite.com में प्रकाशित किया था : 'एनजीए के दावों को चुनौती देने वाला सबसे बड़ा प्रमाण।' एनजीए बार-बार कह रहा था कि उसके पास यह साबित करने के लिए एक दस्तावेज़ है कि कपूर ने नटराज की मूर्ति वॉशिंगटन डीसी में 2004 में एक व्यक्ति से ख़रीदी थी, लेकिन जेसन और राल्फ़ ने अपने ब्लॉग में 2006 की दो तसवीरें प्रकाशित की थीं, जो कि श्रीपुरंदन नटराज की मूर्ति का मंदिर

से चुराए जाने से कुछ समय पहले भारत में होना दिखा रही थीं। इन्हीं तसवीरों को 2006 में सुभाष कपूर को ईमेल किया गया था। यदि नटराज की मूर्ति 2006 में भारत में थी तो एनजीए का वह दस्तावेज़ सही कैसे हो सकता है? यह कैसे हो सकता है कि कपूर 2004 में डीसी के किसी व्यक्ति से उस मूर्ति को ख़रीद ले जबकि वह उस समय भारत में ही थी?

'वॉशिंगटन के उस मालिक की कहानी मनगढ़ंत थी, जैसा कि दस्तावेज़ दिखाते हैं।'[3]

'हालाँकि, एनजीए ने अपने अड़ियल रवैये से हैरान कर दिया और यह मानने से इनकार कर दिया कि उनके पास मौजूद मूर्ति श्रीपुरंदन नटराज की है। वैसे भी उन्होंने इसके बदले में 5 मिलियन डॉलर की होश उड़ा देने वाली रक़म जो चुकाई थी!'

इस ख़बर को पढ़ने के फ़ौरन बाद मैं जेसन की वेबसाइट पर गया। एनजीए ने श्रीपुरंदन नटराज की मूर्ति की जो तसवीरें जारी कीं, उन्हें लुटेरों ने खींचा था। हाँ, साफ़ तौर पर लुटेरों ने ही वे तसवीरें ली थीं, जो दिखा रही थीं कि नटराज की बेहद ख़ूबसूरत और विशाल मूर्ति भारत में सुरक्षित थी।

खैर, एनजीए ने जहाँ अड़ियल रुख़ अपना रखा था, वहीं ऑस्ट्रेलिया के एक और म्यूजियम का अंदाज़ ही अलग था। जेसन के ब्लॉग पर एक पोस्ट ने मेरा ध्यान खींचा : 'बेदाग़ होने का दावा : न्यू साउथ वेल्स की ऑस्ट्रेलियाई आर्ट गैलरी ने कपूर के दस्तावेज़ जारी किए।'

एनजीए के साथ-साथ, हम सिडनी स्थित एजीएनएसडब्लू पर भी सुभाष कपूर के साथ उसके पिछले सारे लेन-देन के खुलासे का दवाब बना रहे थे। आख़िरकार उन्होंने कुछ बातें सामने रखीं। वे 1994 से 2004 के बीच कपूर से कलाकृतियों की ख़रीदारी कर रहे थे। इतना ही नहीं, उन्होंने कपूर से ली गई एक मूर्ति के स्वामित्व का ब्यौरा भी दिया।

एजीएनएसडब्लू अपने खुलेपन को लेकर अपवाद था जिसकी वजह नए निदेशक, माइकल ब्रैंड थे। साल 2005 में, उन्हें गेटी म्यूजियम का निदेशक नियुक्त किया गया, जो उस समय चोरी की मूर्तियों की ख़रीदारी पर इटली के आरोपों से जूझ रहा था। ब्रैंड ने गेटी में पारदर्शी व्यवस्था बनाई, भविष्य में किसी भी ख़रीदारी की पूरी जाँच-पड़ताल के लिए कठोर शर्तें तय कीं और कलाकृतियों लौटाकर तथा पारस्परिक ऋण के समझौतों से शांति बहाल की। बड़ी मुश्किल से, उन्होंने गेटी को संकट से उबारा। एजीएनएसडब्लू में कुछ ही समय के भीतर, उन्होंने कपूर से की गई सारी ख़रीदारी को दस्तावेज़ी सबूतों के साथ सार्वजनिक कर दिया। हालाँकि, बहुत ज़्यादा दस्तावेज़ नहीं थे। यहाँ तक कि जेसन ने जो 'ऑप्टिकल' खोज-बीन

शब्द गढ़ा था, उसका भी इस्तेमाल करें तो वह 1990 के दशक में की गई ख़रीदारी में नदारद था।

लुटेरों द्वारा खींची गईं श्रीपुरंदन नटराज की मूर्ति की तसवीरें

परिशिष्ट 3 में कपूर के ग्राहकों और सहयोगियों की की पूरी सूची दी गई है। यह सूची आर्ट ऑफ़ द पास्ट के इंटरनेट पर मौजूद अभिलेखीय पन्नों से ली गई है। एजीएनएसडब्लू के सिवाय, किसी भी म्यूजियम, गैलरी या निजी संग्रहकर्ता ने इंटरपोल को उस गिरफ़्तार डीलर से अपनी ख़रीदारी का ब्यौरा नहीं दिया जिसके लिए दो साल पहले ही इंटरपोल ने नोटिस जारी कर दिया था। कला के बाज़ार में इस तरह की पारदर्शिता और नैतिकता है।

खैर, एजीएनएसडब्लू की ओर से उस पहली वस्तु के स्वामित्त्व के इतिहास की तरफ़ लौटते हैं। जेसन की पोस्ट में महत्त्वपूर्ण बिंदुओं का सार था :

अर्धनारीश्वर

वर्ष 2004 में, गैलरी ने चोल युग की इस मूर्ति को 300,000 (अमेरिकी) डॉलर से भी अधिक में कपूर से ख़रीदा था... अर्धनारीश्वर की यह प्रतिमा संभवतः किसी बाहरी दीवार की ताक पर रखी थी।

कपूर ने मूर्ति के साथ दो दस्तावेज़ दिए।

एक 1970 की तिथि वाली रसीद थी, जो दिल्ली के 'कॉपर ऐंड ब्रास पैलेस' के उत्तम सिंह ऐंड संस (जैसा कि उस दुकान ने अपने बारे में रसीद पर लिखा था) की थी जिसने वह मूर्ति एक निजी संग्रहकर्ता (अब्दुल्ला महगूब) को बेची थी।

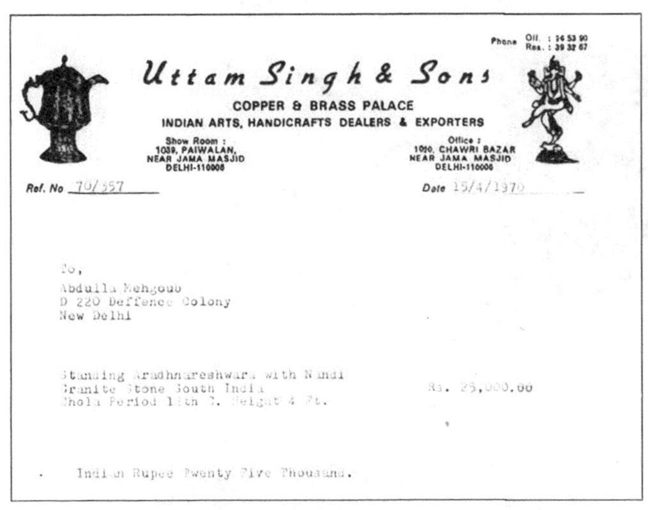

उत्तम सिंह ऐंड संस की रसीद

Art Of The Past

1242 Madison Avenue New York, NY 10128, Phone (212) 860-7070, Fax (212) 876-5473

LETTER OF PROVENANCE
March 25th 2003

I, Raj Mehgoob, hereby certify that the Granite sculpture of Aradhanareshwara leaning over the nandi from South India, Tamil Nadu, Chola, 10th Century, Dimensions: 46 ½ x 19 x 12 inches was purchased by my husband, Abdulla Mehgoub who was diplomat in Delhi from Sudan during his posting there from 1968 to 1971

Raj Mehgoub
63-58 grand Central Parkway

राज महगूब का वृद्धाचलम अर्धनारीश्वर की मूर्ति के संबंध में साक्ष्य का पत्र

दूसरा दस्तावेज़ 2003 का 'साक्ष्य का पत्र' प्रतीत होता है जो कपूर के मैडिसन एवेन्यू स्थित गैलरी, आर्ट ऑफ़ द पास्ट के लेटरहेड पर लिखा गया था। इस पर 'राज महगूब' के दस्तख़त थे, जिसने किसी राजनयिक की पत्नी होने का दावा किया जो दिल्ली में 1968 से 1971 के बीच रह रहा था।[4]

वृद्धाचलम अर्धनारीश्वर की मूर्ति

पृष्ठभूमि का फ्रांसीसी संस्थान/फ्रेंच स्कूल ऑफ़ एक्स्ट्रीम-ओरिएंट

हालाँकि, मेरा पूरा ध्यान अर्धनारीश्वर की एक तसवीर पर था। मुझे लगा जैसे मेरे पसीने छूट रहे हैं।

यह वृद्धाचलम अर्धनारीश्वर की मेरी पसंदीदा मूर्ति थी! वही जिसका ज़िक्र मैंने अपने ब्लॉग पोस्ट में कई साल पहले बिना यह जाने किया था कि लुटेरे पहले ही उस आले से उखाड़कर इसे उड़ा चुके हैं। यह जिस मंदिर (वृद्धाचलम का वृद्धागीश्वरर मंदिर) का है, वह मेरे गाँव से कुछ ही दूरी पर है। मैंने फ़ौरन अपने नोट्स खँगाले और प्रकाशित सामग्रियाँ देखीं। इसमें कोई शक नहीं था कि एजीएनएसडब्लू की वह मूर्ति निश्चित रूप से वृद्धाचलम अर्धनारीश्वर की थी। दोनों मुख्य हाथ उसी जगह से और एक ही तरीक़े से टूटे हुए थे।

मैंने *द हिंदू* के श्रीवत्सन और *ऑस्ट्रेलियन* की मिशेला बोलैंड को ईमेल भेजा।

मैंने उनसे कहा कि मैंने अभी-अभी उस अर्धनारीश्वर की प्रतिमा के मूल स्थान और इतिहास का पता लगाया है जिसका ज़िक्र एजीएनएसडब्लू ने किया था। मैंने 1974 में प्रकाशित डगलस बैरेट की किताब *अर्ली चोला आर्किटेक्चर ऐंड स्कल्पचर* से एक तसवीर अटैच की – जब वह कोष्ठ या आले में रखी मूर्ति वृद्धाचलम मंदिर में स्थापित थी।

उसके बाद सारी चीज़ें बहुत तेज़ी से होती चली गईं। मैंने फ़ेसबुक पर लिखा : 'क्या कोई वृद्धाचलम का है? तत्काल मदद की ज़रूरत है – जो तुरंत मंदिर जा सकता है, वह बताए।'

एक घंटे के भीतर मेरे सबसे अच्छे दोस्तों में से एक और poetryinstone टीम के सदस्य, सतीश ने अपने दोस्त को मंदिर भेजने का इंतज़ाम कर दिया। लेकिन हमने पाया कि अर्धनारीश्वर की एक मूर्ति अब भी मंदिर के आले में मौजूद थी। जल्दी ही हमने यह पता लगा लिया कि मंदिर के आले पर रखी अर्धनारीश्वर की मूर्ति असली नहीं, बल्कि नक़ली थी! यह बात हमें कैसे पता चली? इसका सुराग़ उसके निचले दाहिने हाथ में छिपा था। मूर्तिकला बताती है कि वह हाथ बैल के सिर पर सपाट रूप से रखा था, लेकिन नक़ली मूर्ति बनाने वाला मूर्तिकार ज़रूर नौसिखिया रहा होगा जिसे इस विधा की जानकारी नहीं थी। उसने निचले दाहिने हाथ को अभय हस्त (सुरक्षा देने की मुद्रा) बना दिया। मेरा दिल बैठ गया और मैं गुस्से से काँपने लगा। कैसा आदमी है, जो किसी मंदिर के साथ ऐसी घिनौनी हरकत करता है?

मैंने मिशेला को ईमेल लिखा और बताया कि ऑस्ट्रेलिया में जो मूर्ति है, वह किस कारण से असली है। उसके साथ ही मैंने कलाकृतियों के संदर्भ (एक पुस्तक 1974 में प्रकाशित और दूसरी 1983 में) दिए जो साबित कर रहे थे कि असली मूर्ति 1973-74 तक मंदिर में ही थी। यह बात इतनी ज़रूरी क्यों है? क्योंकि जैसा पहले बताया गया है, 1972 वह आख़िरी साल था जिसके बाद कोई देश किसी

ऐसी कलाकृति प्राप्त करता है जो 100 वर्षों से ज़्यादा पुरानी हो और उसे भारत के बाहर ले जाया गया हो तो उसे बिना मुआवज़े के उस पर से अपना क़ब्ज़ा छोड़ना होगा। अगर हम यह दिखाते हैं कि वह मूर्ति 1972 के आसपास तक भारत में ही थी, तो ऑस्ट्रेलिया को उसे लौटाना होगा, बिना कोई सवाल किए, और बिना कोई मुआवज़ा लिए।

इस बीच, श्रीवत्सन दिल्ली की उस दुकान, उत्तम सिंह ऐंड संस में पहुँचे जहाँ से मूर्ति कथित तौर पर ख़रीदी गई थी, और फिर उनका यह कहना था :

मैंने उत्तम सिंह के एक बेटे से बात की, जो दिल्ली स्थित हस्तकला की दुकान का मालिक है।

उत्तम सिंह अब इस दुनिया में नहीं हैं, और उनके बेटे को याद नहीं कि 1970 के दशक में कोई भी नटराज या पत्थर की मूर्ति बेची गई हो। मैंने जब उसे उस रसीद और पूछताछ के संदर्भ के बारे में बताया, तो उसने इस बात से इनकार किया कि उसके पिता या दुकान ने चोरी की कोई भी चीज़ बेची होगी।

उनके बेटे ने ज़ोर देकर कहा कि उत्तम सिंह अंग्रेज़ी में नहीं बल्कि उर्दू में दस्तख़त करते थे। जेसन, क्या तुम इसकी पुष्टि करोगे कि रसीद पर उर्दू में दस्तख़त किए गए थे या अंग्रेज़ी में?

असल में रसीद अंग्रेज़ी में टाइप की गई थी लेकिन उस पर किसी के भी दस्तख़त नहीं थे।

सप्ताह के अंत में निकलने वाले *ऑस्ट्रेलियन* ने हमारे निष्कर्षों को पूरे पन्ने की ख़बर बनाकर प्रकाशित किया, जिससे एजीएनएसडब्लू पर दबाव और ज़्यादा बढ़ गया। उसने कटाक्ष करते हुए लिखा :

सिडनी के डोमेन नाम की जगह के उस पार स्थित एनएसडब्लू की आर्ट गैलरी से उसके सहयोगी संस्थान, एनएसडब्लू की स्टेट लाइब्रेरी तक पैदल जाने में सात मिनट लगते हैं।

अगर गैलरी के कर्ताधर्ता पत्थर पर नक़्क़ाशी वाली अर्धनारीश्वर की 1000 साल पुरानी मूर्ति की डील 300,000 (अमेरिकी) डॉलर में पक्की करने से पहले, 2004 में यहाँ तक टहलते चले आते... तो शायद उन्हें यह संदेह हो जाता कि मूर्ति चुराई गई थी।

लाइब्रेरी के रेफ़रेंस सेक्शन में 1974 में लिखी गई डगलस ई. बेरेट की पुस्तक *अर्ली चोला आर्कीटेक्चर ऐंड स्कल्पचर*, 866-1014 ईसवी की

एक कॉपी मौजूद है। लाइब्रेरी की कॉपी उन 21 प्रतियों में से एक है, जिसे उस सम्मानित पुरातत्त्ववेत्ता की ऐतिहासिक किताब माना जाता है जो दुनिया भर के सार्वजनिक संस्थानों में मिल सकती है।

उस पुस्तक में भारतीय मंदिरों से चोल युगीन मूर्तियों की ली गई कुछ तसवीरों में तसवीर नंबर 54, भारत के दक्षिणी राज्य, तमिलनाडु के वृद्धाचलम की है जिसमें पत्थर के अर्धनारीश्वर को नंदी के साथ दिखाया गया है, जो हूबहू एजीएनएसडब्लू के अर्धनारीश्वर जैसी है।

इस फ़ोटो के आधार पर, यूनिवर्सिटी ऑफ़ सिडनी में कला की चोरी विषय के विद्वान डेमियन हफ़र कहते हैं कि उन्हें पूरा विश्वास है कि सिडनी गैलरी की मूर्तियों में से वह मूर्ति किसी भारतीय मंदिर की दीवार से उड़ाई गई है। बेरेट की पुस्तक के प्रकाशन की तिथि पर ग़ौर करें, तो यह चोरी संभवतः 1974 या 1974 के बाद हुई होगी, जिसका मतलब है कि परिभाषा के अनुसार इसे भारत से अवैध रूप से लाया गया था...

हफ़र कहते हैं कि गैलरी के कर्ताधर्ताओं ने ख़रीदारी से पहले पर्याप्त छानबीन नहीं की।

वह कहते हैं, 'किसी भी म्यूजियम या गैलरी को वही नहीं मान लेना चाहिए, जो डीलर कहे, बल्कि उसे पर्याप्त छानबीन करनी चाहिए, जिसका मतलब है उनके पास जितने भी संसाधन हैं, उन सबकी मदद से सारी प्रकाशित सूचना का आकलन करें।'[5]

आगे जाकर हम यह देखेंगे कि आईएफ़पी ने भी 1974 में उस मूर्ति की तसवीर खींची थी, जो इस बात का एक और प्रमाण है कि वह मूर्ति 1972 के उस अंतिम वर्ष के पहले तक भारत में थी।

इस विषय पर आगे की पड़ताल करने वाली द *हिंदू* की ख़बर भी इतनी ही महत्त्वपूर्ण थी क्योंकि इसने नाकारा भारतीय अधिकारियों की जमकर खिंचाई की थी।

वृद्धागीश्वरर मंदिर के संचालकों को तो पता ही नहीं था कि मूर्ति चोरी हो चुकी है और वे यही कहते रहे कि अर्धनारीश्वर की मूर्ति अब भी वहाँ है। उनका इशारा उस मूर्ति की तरफ़ था जिसकी पूजा की जा रही थी, लेकिन यह मूर्ति उससे कहीं से भी मिलती-जुलती नहीं थी जिसकी तसवीर बेरेट और आईएफ़पी ने खींची थी। संचालकों का दावा था कि उस मूर्ति की चोरी या उसे बदले जाने का कोई दस्तावेज़ मौजूद नहीं है।[6]

दो महीने बाद भारत की पुलिस ने आख़िरकार इस बात की पुष्टि कर दी कि जो मूर्ति एजीएनएसडब्लू में है, वह सच में मंदिर से चुराई गई थी। साल 2002 में,

मंदिर के संचालकों ने खुद ही उस अर्धनारीश्वर की मूर्ति को (सात अन्य मूर्तियों के साथ!) हटा दिया क्योंकि वह 'काफ़ी हद तक टूट' चुकी थी। संचालकों ने उसकी जगह एक औसत क़िस्म की नक़ली मूर्ति रख दी! शुक्र है कि चोल विरासत की एक अनमोल मूर्ति मंदिर परिसर के भीतर रख दी गई। हालाँकि, इन सबका क्या मतलब है, ज़रा सोचिए : एक चोरी जो साल 2002 (वही साल जब असली की जगह नक़ली को रखा गया था) और 2004 (जब एजीएनएसडब्लू को असली मूर्ति मिली) के बीच हुई, उसका पता 2013 में तब चला, जब सिंगापुर के एक शिपिंग अधिकारी यानी मैंने शोर मचाया कि कुछ गड़बड़ है!

एचआर ऐंड सीईबी के कमिश्नर ने जुलाई 2013 में वृद्धागीश्वरर मंदिर से अर्धनारीश्वर की मूर्ति के चोरी होने की शिकायत दर्ज कराई।

दुर्भाग्य से, पूरी तरह से इसके पीछे पड़े रहने के बावजूद, मैं और मेरे सहयोगियों ने उस मंदिर को लेकर अपना काम पूरी तरह से नहीं किया था और दो साल बाद हमें अपनी ग़लती का अहसास हुआ। जैसा कि पहले बताया था, कपूर ने 2004 में अर्धनारीश्वर की मूर्ति को एजीएनएसडब्लू के हाथों 300,000 डॉलर में और एक श्रावणीमूर्ति को एनजीए को 1 जून 2005 को 328,244 ऑस्ट्रेलियाई डॉलर में बेचा था। ये मूर्तियाँ भी उसी मंदिर की थीं।

आईसीई के अधिकारी 'यह पता लगाने में कामयाब रहे कि अर्धनारीश्वर की तस्करी में प्रकाश परिवार शामिल था, जो मुंबई में इंडो–नेपाल आर्ट सेंटर नाम की गैलरी का मालिक है और उसका संचालन करता है। साल 2002 में, प्रकाश पिता-पुत्र (वल्लभ और आदित्य) ने कपूर की आर्ट ऑफ़ द पास्ट को चुराई गई अर्धनारी की मूर्ति का ऑफ़र दिया जिसे कपूर ने ख़रीद लिया और दोनों ने मिलकर इसे (हांगकांग) के रास्ते, चोरी छिपे अमेरिका भिजवा दिया। साल 2004 में कपूर ने फ़र्ज़ी दस्तावेज़ों के साथ मूर्ति न्यू साउथ वेल्स की आर्ट गैलरी को बेच दी... ऐसा लगता है कि ज़मीनी स्तर पर दीनदयाल ही मंदिरों से होने वाली चोरियों के पीछे था, जबकि प्रकाश परिवार "बिचौलिया" या ऐसी भूमिका में था, जो कि थोक के भाव चुराई गई मूर्तियाँ बेचता था और फिर उनकी तस्करी भारत से बाहर करवाया करता था।'[7] इस पुस्तक में वल्लभ प्रकाश का नाम पहले भी कुछ जगहों पर लिया जा चुका है : ना केवल अर्धनारीश्वर की मूर्ति के संदर्भ में, बल्कि नटराज की हाथ-कटी मूर्ति के केस में भी, जिसमें आरोन को लिखी सुभाष की चिट्ठी में भारतीय अधिकारियों के साथ कोई 'सौदा' करने की बात थी, और उसकी ही गैलरी के बारे में *द हिंदू* ने लिखा था कि कादर बाचा एक बार उस पर छापेमारी से कतरा रहा था।

यह भी दिलचस्प है कि दिसंबर 2013 में एक दूसरे मामले में कुछ जानकारी हासिल करने के लिए मैं आईईएफ़पी गया था, तब सादी वर्दी में मौजूद एक पुलिस

वाले ने अड़ंगा डाल दिया। उसने बताया कि वह चेन्नई में आइडल विंग में काम करता है और उसे पुलिस उपमहानिरीक्षक (डीआईजी), पोन मणिक्कवेल ने चुराई गई वृद्धाचलम अर्धनारीश्वर मूर्ति के सामने और पीछे से ली गई तसवीरें उपलब्ध कराने के लिखित अनुरोध के साथ भेजा है। डॉ. मुरुगेशन, जो निदेशक थे, उन्होंने उसे प्यार से समझाया कि इस तरह की मूर्तियाँ आले में रखी मूर्तियाँ हैं जिनके चलते उनकी केवल सामने की तसवीरें हैं।

मैं किसी और डेस्क पर था और बिन कार्ड देख रहा था। डॉ. मुरुगेशन ने उसे माँगी गई तसवीर दे दी। उस पुलिस वाले ने जब तसवीर देखी, तो उसने पूछा, 'यह आधे पुरुष और आधी स्त्री की मूर्ति किसकी है?' यह सुनकर बेचारे शोधकर्ता हक्के-बक्के रह गए, लेकिन इसके बाद जो बात कही गई उसे सुनकर अचंभित हो जाने की बारी मेरी थी।

'सर, सिंगापुर में बैठे किसी बेरोज़गार मूर्ख ने *द हिंदू* को कोई जानकारी दी है जिसके चलते मुझे केस फ़ाइल के लिए इस तसवीर को लेने चेन्नई से पुदुच्चेरी आना पड़ा।'

शुक्र है कि डॉ. मुरुगेशन ने अपनी मुस्कान छिपा ली और यह सलाह दी कि भविष्य में आइडल विंग को बस इतना करना है कि एक आधिकारिक ईमेल लिख कर अनुरोध कर दे और आईएफ़पी तसवीरें ईमेल अटैचमेंट के रूप में भेज देगा।

पुलिसवाला जब चला गया, तब यह बेरोज़गार बेवकूफ़ कुछ और मामलों का पर्दाफ़ाश करने में जुट गया।

अर्धनारीश्वर का केस सुभाष कपूर की जाँच में एक बड़ा मोड़ लेकर आया क्योंकि ऐसा पहली बार हुआ था जब हम यूएन कन्वेंशन का इस्तेमाल कर सके थे : एक, हम साबित कर सके कि चोरी 2002 में हुई थी, दो, उत्तम सिंह की रसीद को सबूत बनाया जाना फ़र्ज़ी था, और, तीन, सूडानी राजनयिक अब्दुल्ला महगूब और राज महगूब का उदाहरण देकर जो दस्तावेज़ी सबूत तैयार किया गया, वह फ़र्ज़ी था। ऑस्ट्रेलियाई लोगों को हमारे भगवान को लौटाना होगा।

तमिलनाडु के मंदिर से लेकर ऑस्ट्रेलिया में एजीएनएसडब्लू तक, महज दो साल से भी कम समय में मंदिर में पूजे जाने वाले देवता म्यूजियम के शो-पीस बनकर रह गए थे। कपूर ने तस्करी जैसे अवैध काम में उस मूर्ति को कुछ समय तक ओझल रखे बिना दुनिया के सामने लाकर बहुत बड़ी ग़लती कर दी थी। यहाँ ओझल रखने का मतलब है किसी चुराई गई वस्तु को तब तक लोगों की नज़रों से दूर रखना, जब तक कि उसकी खोज से जुड़ी यादें धुँधली नहीं पड़ जाएँ। इसका मतलब, इस दौरान चोरों से लेकर आख़िरी ख़रीदार तक बिचौलियों को जोड़ते जाना भी है। इस ग़लती के कारण ऑस्ट्रेलियाई अधिकारी अपनी ख़रीदारियों के सारे दस्तावेज़ सामने

लाने पर मजबूर हुए, जिसमें केवल कपूर से ही नहीं, बल्कि पिछले चालीस वर्षों के दौरान ख़रीदी गई हर प्राचीन कलाकृति शामिल थी, जिसके कारण ख़रीदारी के ऐसे कई संदिग्ध मामलों का खुलासा हुआ।

आईएफ़पी के काम की प्रशंसा ना केवल अकादमिक योगदान के लिए बल्कि क़ानून को लागू कराने के उद्देश्य से विरासत में हमें मिले हमारे ख़ज़ाने के दस्तावेज़ बनाने के लिए भी की जानी चाहिए। आईएफ़पी के साथ मैंने अकस्मात ही काम करना शुरू किया था, जब मुझे उनसे उनके अभिलेखागार के उपयोग के लिए लगभग गिड़गिड़ाना पड़ा था। बाद में, यह संबंध फल-फूलकर एक बड़ी अच्छी साझेदारी में बदल गया।

दुनिया के तमाम 'प्रमुख' कला संस्थानों की तरह ही, एनजीए भी सुभाष कपूर और आर्ट ऑफ़ द पास्ट से की गई किसी भी ख़रीदारी के विषय में महत्त्वपूर्ण जानकारी देने से इनकार कर रहा था। उस समय एनजीए की कमान उसके निदेशक, रॉन राडफ़ोर्ड के हाथों में थी।

2004 में राडफ़ोर्ड ने एनजीए के सर्वोच्च पद पर ब्रायन कैनेडी की जगह ली और कपूर के साथ समस्या खड़ी करने वाली ज़्यादातर सौदेबाज़ी उसके बाद ही हुई, भले ही एनजीए 2004 के पहले भी कपूर से ख़रीदारी करता आ रहा था।

एक रिपोर्ट के अनुसार, इस कांड के चरम पर, अमेरिका के ओहियो स्थित टोलिडो म्यूज़ियम ऑफ़ आर्ट के निदेशक का पद सँभालने वाले कैनेडी का कहना था कि उन्हें इसकी जानकारी नहीं है कि एनजीए उनके कार्यकाल के दौरान कपूर से ख़रीदारी कर रहा था। कपूर किस तरह काम करता था, इस पर एक बड़ा खुलासा करते हुए कैनेडी ने यहाँ तक बताया कि एक बार उन्होंने एक कपटपूर्ण ख़रीदारी से केवल इस कारण क़दम पीछे खींच लिए क्योंकि कपूर ने उस कलाकृति को अपनी गैलरी, आर्ट ऑफ़ द पास्ट में देखने के लिए नहीं रखा था। कैनेडी का दावा है, 'वह मुझे एक कलाकृति को दिखाने के लिए किसी अपार्टमेंट में ले गया था और मुझे उसकी यह बात काफ़ी अजीब लगी।' वह आगे बताते हैं कि कपूर उन्हें इसके मूल देश के विषय में नहीं बता सका। हालाँकि, कैनेडी जब एनजीए के निदेशक थे, तब उनके तमाम विरोध के बावजूद, एनजीए कपूर से ख़रीदारी करता रहा था। सच यह है कि 2002 की शुरुआत से ही कपूर के साथ ख़रीदारी के गड़बड़झाले का पूरा सिलसिला दस्तावेज़ों में दर्ज है।[8]

इस बीच, मिशेला जेशन के साथ काम कर रही थी और दोनों श्रीपुरंदन नटराज के बारे ऐसी जानकारी जुटा रहे थे जिससे एनजीए लगातार बेनक़ाब और परेशान हो रहा था।

हालाँकि, ऐसा लग रहा था कि एनजीए को शर्मसार करना आसान नहीं है। यहाँ तक कि जब जेसन ने श्रीपुरंदन नटराज की लुटेरों द्वारा ली गई तसवीरों को प्रकाशित कर दिया, तब भी वे इस बात से इनकार करते रहे कि वह मूर्ति उनके पास है। म्यूजियम ने निम्नलिखित बयान जारी किया :

'नेशनल गैलरी ऑफ़ ऑस्ट्रेलिया का मानना है कि अब तक ऐसा कोई भी ठोस प्रमाण सामने नहीं आया है, जो यह दिखा सके कि उसके संग्रह में मौजूद नृत्य करते भगवान (शिव नटराज) की 11वीं-12वीं सदी की काँसे की मूर्ति भारत से चुराई गई थी या उसका निर्यात अवैध रूप से किया गया था। गैलरी को जानकारी है कि आर्ट ऑफ़ द पास्ट के डीलर सुभाष कपूर के ख़िलाफ़ आपराधिक कार्रवाई चल रही है।'[9]

जब एनजीए के निदेशक को आइडल विंग की वेबसाइट पर गुम हुई मूर्तियों की तसवीरें दिखाई गईं, तब उन्होंने इनकार करते हुए कहा :

उन्होंने बेहद ख़राब तसवीरें पोस्ट की हैं, जो उस मूर्ति के जैसी नहीं लगती हैं। नृत्य करते शिव की मूर्ति उम्दा शैली की और छोटी है, जो ख़राब तसवीरों में नहीं दिखता। मैं कहूँगा कि यह उस मूर्ति के जैसी नहीं है। कुछ पत्रकार इस नतीजे पर पहुँच गए, लेकिन हम, इस आर्ट म्यूजियम के लोग ऐसा नहीं मानते।[10]

मीडिया ने गैलरी पर धावा बोल दिया, लेकिन उसके लिए अपने दरवाज़े खोलने के बजाए गैलरी ने एक जाँच कमेटी बना दी जिसके अध्यक्ष राडफ़ोर्ड थे, जबकि उनके ही कार्यकाल में श्रीपुरंदन नटराज की ख़रीदारी हुई थी, और एशियाई कला के एक वरिष्ठ संग्रहाध्यक्ष को सदस्य बनाया गया। क्या हितों के टकराव का इससे बड़ा खुल्लम-खुल्ला मामला दूसरा हो सकता है?

भले ही एनजीए ने स्वयं सुभाष कपूर के ख़िलाफ़ 'धोखाधड़ी' और 'किसी प्राचीन कलाकृति की फ़र्ज़ीवाड़े से बिक्री' को लेकर मुक़दमा करने का फ़ैसला किया था, लेकिन राडफ़ोर्ड ने लिखित तौर पर कहा कि एनजीए तब तक नटराज की वह मूर्ति भारत को नहीं लौटाएगा, जब तक कि गड़बड़ी के और सबूत पेश नहीं किए जाते![11]

इसे कहते हैं पाखंड।

आईएफ़पी से मिली बिलकुल साफ़ तसवीरों को ग़ौर से देखने के बाद कोई शक नहीं रह गया था कि यह नटराज की वही मूर्ति है, जो अब एनजीए के पास है। गहराई से विश्लेषण के बाद कई समानताएँ सामने आईं, जिनमें मूर्ति के छोटे कटाव और टूट-फूट शामिल थे।

इस समय राडफ़ोर्ड ज़्यादा कुछ नहीं कर सके। ऑस्ट्रेलियाई सरकार पर ज़बरदस्त दबाव था। श्रीपुरंदन नटराज को लौटाना अवश्यंभावी दिखने लगा था। 2 मई 2014 को सुभाष कपूर दहशत में आ गया और 7 मई 2014 को, जब वह तमिलनाडु की जेल में ही था, तब उसने अपने वकील किंग्सटन जेरोल्ड के ज़रिए एक नोट भिजवाया, जिसे उसने ऑस्ट्रेलियाई के सीनेटर और अटॉर्नी जनरल, जॉर्ज ब्रैंडिस को मेल करवाया, जिसकी एक कॉपी राडफ़ोर्ड को भेजी गई। वह पत्र यहाँ शब्दशः रखा जा रहा है :

डियर मि. अटॉर्नी जनरल,

पिछले कुछ हफ़्तों में समाचार पत्रों के माध्यम से यह बात मेरी जानकारी में आई है कि आप भारत सरकार को **नृत्य करते शिव नटराज** की मूर्ति लौटाने की योजना बना रहे हैं। यह अब आपकी संपत्ति है और यदि आप ऐसा चाहते हैं तो आपके पास ऐसा करने के सारे अधिकार हैं, लेकिन आप यदि यह कहते हुए इसे भारत सरकार को दे रहे हैं कि यह चुराई गई है तो आपको याद दिला दूँ कि यह नटराज शिव की मूर्ति चोरी की नहीं है।

भारत सरकार ने इसे आज तक कोर्ट में साबित नहीं किया है कि यह शिव नटराज की मूर्ति चोरी की है।

मुझे विश्वास है कि वे यह कभी साबित नहीं कर सकेंगे कि यह चुराई गई है और इस कारण ही जर्मनी की सरकार को तेज़ी से सुनवाई का वादा करने के बाद भी, भारत सरकार ने सुनवाई शुरू नहीं की है, ना ही मुझे आज तक चार्जशीट तक दी गई है जबकि लगभग 2 साल बीत चुके हैं।

भारत सरकार के पास ऐसा कोई प्रमाण नहीं है कि नृत्य करते शिव की मूर्ति चुराई गई है और इस कारण ही उन्होंने कोर्ट में कार्यवाही नहीं की है बल्कि मीडिया में ही इसे उछालते रहे हैं।

एक तरफ़ तो उन्होंने मुझे इस हद तक रोक रखा है कि मैं अकेले में अपने वकील से भी नहीं मिल सकता, ना ही अपने परिवार या न्यू यॉर्क में अपने वकील से संपर्क कर सकता हूँ। दूसरी तरफ़ केवल मीडिया में मुझे दोषी साबित करने के लिए वे कहानियाँ गढ़ रहे हैं।

पुलिस यह अच्छी तरह जानती है कि नृत्य करती नटराज की मूर्ति चोरी की नहीं है और इस केस को बंद करने के लिए उन्होंने **छह करोड़ रुपये (लगभग एक मिलियन अमेरिकी डॉलर)** की माँग रखी है।

मैंने एक सिद्धांत के तौर पर उन्हें पैसे देने से इनकार कर दिया है। **मैं किसी घूस या फिरौती के आगे घुटने टेकना नहीं चाहता।**

मुझे विश्वास है कि कोर्ट में मैं अपने आपको निर्दोष साबित कर दूँगा और साबित कर दूँगा कि नृत्य करते शिव की यह मूर्ति चोरी की नहीं है। मैं आपसे कहूँगा कि आप धैर्य रखें और भारत सरकार को तब तक इस नृत्य करते शिव की मूर्ति लौटाने की जल्दी नहीं करें, जब तक कि मुक़दमे में फ़ैसला नहीं आ जाता।

साभार

सुभाष कपूर

अब ऑस्ट्रेलियाई तथा भारतीय सरकारों पर दबाव बढ़ाना बेहद ज़रूरी हो गया था। मैंने श्रीपुरंदन नटराज की मूर्ति और जिसे एनजीए ने ख़रीदा था, उनकी तसवीरों के बीच समानताओं का एक वीडियो बनाया, तथा उसे यूट्यूब पर 'रिटर्न ऑफ़ द डांसर' के नाम से जारी कर दिया। इसका शीर्षक भविष्यवाणी भरा साबित हुआ!

अभियान ने रफ़्तार पकड़ी और सोशल मीडिया के साथ ही, उससे कहीं अधिक महत्त्वपूर्ण ऑस्ट्रेलियाई मुख्य धारा की मीडिया ने भी इसे उठाया। यह एबीसी का कार्यक्रम फ़ोर कॉरनर्स ही था जिसने आख़िर में पलड़ा झुका दिया। एबीसी को दिए अपने इंटरव्यू में, सीनेटर ब्रांडिस ने, जो अटॉर्नी जनरल और कला के मंत्री भी थे, उनका कहना था :

...एनजीए की जाँच-परख के जो पैमाने हैं, वे अत्यधिक उच्च स्तर के हैं, सच कहूँ तो दुनिया में सबसे अच्छे हैं, लेकिन मेरे विचार से, उनका पालन इस विशेष मामले में सही तरीक़े से नहीं हुआ। उस कलाकृति के अभिग्रहण का निर्णय... ऐसे समय पर हुआ, जब उस वस्तु के साक्ष्यों को लेकर पर्याप्त आशंका थी, और परिषद को उस वस्तु के अभिग्रहण की अनुशंसा करने का निर्णय उस समय असावधानी भरा था।[12]

अगर एनजीए की प्रतिष्ठा तार-तार होने में कोई गुंजाइश बची थी तो अभी और बेइज़्ज़त होना बाक़ी था। संग्रहालय बार-बार कह रहा था कि उसने चोल कला के एक जानकार से विचार-विमर्श किया था लेकिन उसने उस महिला या पुरुष का नाम बताने से इनकार कर दिया। *फ़ोर कॉरनर्स* ने खुलासा किया कि एनजीए ने जिस

जानकार को लेकर दावा किया था, उनका नाम डॉ. रामचंद्रन नागस्वामी है। हालाँकि, नागस्वामी ने स्वयं इसका पूरी तरह से खंडन कर दिया! एनजीए के अध्यक्ष ने स्वयं *फ़ोर कॉरनर्स* को बताया कि डॉ. नागास्वामी ने उनसे कहा था कि नटराज की मूर्ति को वे ख़रीदना चाहते हैं, वह 'बेहतरीन क़िस्म की है। उन्हें उसके दस्तावेज़ी प्रमाण पर कोई शक नहीं है।'[13]

हालाँकि, डॉ. नागस्वामी कहते हैं कि ऐसा कुछ कभी हुआ ही नहीं। उन्होंने कभी ऐसी सलाह नहीं दी। क्या नागस्वामी ने कोई ईमेल या कोई लिखित रिपोर्ट भेजी थी, जिससे साबित हो कि उन्होंने एनजीए के अभिग्रहण का समर्थन किया था? नहीं सर, ऐसा कुछ भी नहीं है। क्यों? क्योंकि एनजीए को यह सलाह टेलीफ़ोन पर हुई बातचीत में दी गई थी! ऐसी बातचीत जो नागस्वामी को ही याद नहीं है।

डॉ. नागस्वामी वस्तुओं के प्रमाणों की जाँच को लेकर सख़्त नियमों का समर्थन करते हैं।

'हमने हमेशा ही तीन से अधिक जानकारों की समितियों को अधिकृत किया है कि आगे की किसी भी कार्रवाई से पहले वे सभी पहलुओं की जाँच कर लें और उसे अपने हस्ताक्षरों से सत्यापित कर दें,' उन्होंने एबीसी को बताया।

निश्चित रूप से एनजीए पाक साफ़ नहीं है और मुझे विश्वास है कि अगर आपको इन सारी बातों को लेकर किसी के बयान पर शक होगा तो वह बयान एनजीए का ही होगा।

बात यहीं ख़त्म नहीं हुई, एबीसी के उस कार्यक्रम ने यह भी खुलासा किया कि नटराज की मूर्ति की ख़रीदारी करते समय म्यूज़ियम ने अपने ही वकील की सलाह भी नहीं मानी - उसने कहा था कि काग़ज़ात 'सतही' हैं, एनजीए की जाँच-परख़ 'नाकाफ़ी' है, और जो जानकारी दी जा रही है, वह 'ना के बराबर' थी।[14] आख़िर म्यूज़ियम को और कितनी चेतावनी की ज़रूरत थी कि वह पीछे हट जाता और अलार्म बजा देता? वकील ने आख़िर में कह दिया कि 'मालिकाना हक़ की पुष्टि होने से पहले गहरी छानबीन की जानी चाहिए' और यहाँ तक सुझाया कि म्यूज़ियम पिछले मालिक, यानी राज महगूब से बात करे। जी हाँ, वही महिला जिसका नाम अर्धनारीश्वर की मूर्ति की पिछली मालकिन के रूप में दर्ज था। दरअसल, कपूर से म्यूज़ियम ने साल 2002 से 2011 के बीच जो बाईस नग ख़रीदे थे, कपूर की ओर से दिए गए काग़ज़ात के अनुसार, उनमें से पाँच की मालकिन, राज महगूब ही थी। तीन की मालकिन कपूर की गर्लफ्रेंड सेलिना मोहम्मद थी और एक उसकी पूर्व गर्लफ्रेंड ग्रेस पुनुसामी के नाम थी। निश्चित रूप से म्यूज़ियम को राज के बारे में थोड़ी-बहुत जाँच-पड़ताल करनी चाहिए थी। यदि उन्होंने ऐसा किया होता तो उन्हें पता चल जाता कि कपूर की कहानी सरासर झूठी है। सारी वस्तुओं में से कम से कम कपूर

Art Of The Past _______________________________

1242 Madison Avenue New York, NY 10128. Phone (212) 860-7070, Fax (212) 876-5373

LETTER OF PROVENANCE
January 15th 2003

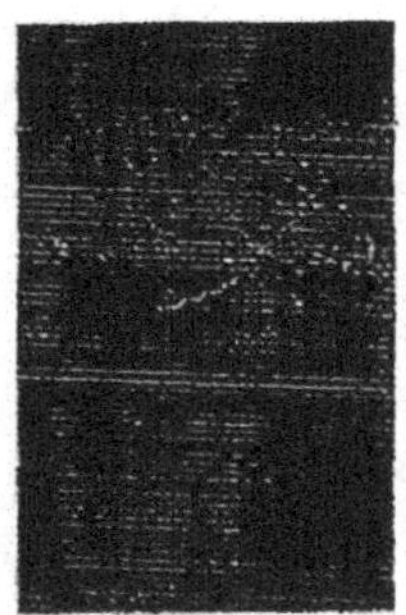

I, Raj Mehgoob, hereby certify that the Dancing Shiva Chola period south India height 5 inches was purchased by my husband, Abdulla Mehgoub who was diplomat in Delhi from Sudan during his posting there from 1968 to 1971. This sculpture has been out of India since 1971.

Raj Mehgoub
428 Millbank Road
Upper Darby, PA 19082

E-mail Artofpast@aol.com · www.Artofpast.com

श्रीपुरंदन नटराज के प्रामाणिक होने के साक्ष्य के रूप में
राज महगूब का पत्र

ने जिन आठ वस्तुओं की बिक्री की थी, उनकी क़ीमत 30 मिलियन डॉलर बैठती थी, और उन्हें महगूब का संग्रह बताया गया था। आपको इस बात का अनुमान लगा

लेने के लिए माफ़ किया जा सकता है कि राज महगूब कलाकृतियों की, शनेल इत्र लगाने वाली कोई बेहद रईस संग्रहकर्ता होगी। हालाँकि, आपको मैं यह बता दूँ कि वह साल 2005 तक, जब उसने ये वस्तुएँ बेचीं, तब वह फ़िलाडेल्फ़िया के मामूली 83,000 डॉलर के घर में रहती थी तो आप क्या कहेंगे। उसके बाद वह न्यू यॉर्क के क्वीन्स में दूसरे औसत दर्जे के घर में रहने चली गई, कोई मैनहटन में नहीं जहाँ किसी ऐसे संग्रहकर्ता से रहने की उम्मीद की जा सकती है जिसके पास 30 मिलियन डॉलर से भी अधिक क़ीमत का संग्रह हो।

हालाँकि, एनजीए ने कभी महगूब से संपर्क करने की कोशिश नहीं की। श्रीपुरंदन नटराज की मूर्ति की दुख भरी कहानी और एनजीए का व्यवहार संग्रहालयों के बदतर रवैये को दर्शाने वाले हैं।

4 सितंबर 2014 को, आधी रात के क़रीब, हमें पक्की जानकारी मिली – नटराज और अर्धनारीश्वर की मूर्तियाँ घर आ रही हैं। इस तलाश में बेशक़ीमती भूमिका निभाने वाली मिशेला ने फ़ोन करके यह बताया था। ऑस्ट्रेलिया के प्रधानमंत्री टोनी एबॉट नई दिल्ली में इसे अपने भारतीय समकक्ष प्रधानमंत्री नरेंद्र मोदी को सौंपने वाले थे। मिशेला ने बताया : '*ऑस्ट्रेलियन* को यह जानकारी मिली है कि प्रधानमंत्री ने अटॉर्नी जनरल और कला मंत्री जॉर्ज ब्रैंडिस के साथ पिछले महीने एक डिनर पर इस कहानी को ख़त्म करने और अपने दो दिनों के दौरे में श्री मोदी को मूर्तियों का उपहार देने का फ़ैसला किया है।'[15]

ऐसा कहा जाता है कि प्रधानमंत्री एबॉट अपने ही विमान में उन मूर्तियों को ले जाना चाहते थे लेकिन वे काफ़ी भारी-भरकम थीं और इस कारण उनको पहले ही दिल्ली भेजना पड़ा। नटराज की मूर्ति जब नई दिल्ली की ज़मीन पर उतरी, तो यह आठ साल बाद उसकी घर वापसी थी। अर्धनारीश्वर की मूर्ति एक दशक से भी अधिक समय तक विदेश में रही थी।

ऐसा पहली बार हुआ था, जब 1970 के यूएन कन्वेंशन का इस्तेमाल भारत और ऑस्ट्रेलिया के बीच हुआ था।

यह कपूर के पूरे मामले की ऐतिहासिक घटना थी, जिस पर निश्चित रूप से हमें गर्व है। ऐसे मामलों में प्रत्यक्ष प्रमाण की महत्त्वपूर्ण भूमिका होती है और अब हमारे पास कुछ ठोस सबूत मौजूद थे। हम फ़ौरन बाक़ी के प्रमाण जुटाने में भिड़ गए।

आइडल विंग के एक वरिष्ठ अधिकारी, प्रदीप वी. फ़िलिप ने कथित तौर पर कहा था, 'ऑस्ट्रेलिया से जल्द वापसी का महत्त्व यह है कि इससे हमें जल्द कार्यवाही

और दंडित कराने का अवसर मिलेगा, जो दुनिया भर के कला तस्करों के लिए भी एक सबक़ होगा।'16

ऐसी घोषणा की गई कि राज्य पुरातत्त्व विभाग के पूर्व निदेशक, डॉ. नागस्वामी और उनके सहयोगी दोनों मूर्तियों की जाँच करेंगे और उनके मौलिक होने को लेकर आवश्यक दस्तावेज़ जारी करेंगे। फ़िलिप के अनुसार, यह जाँच वापसी की प्रक्रिया का हिस्सा थी। इसे ही ऑस्ट्रेलिया को निर्विवाद प्रमाण के रूप में ऑस्ट्रेलिया भेजा गया था।

प्रकाश सिंह/एएफ़पी/गेटी इमेजिस

श्रीपुरंदन नटराज और वृद्धाचलम अर्धनारीश्वर की मूर्तियों के साथ
नरेंद्र मोदी और टोनी एबॉट

नटराज की मूर्ति को श्रीपुरंदन मंदिर ले जाया गया और उसी ख़ाली आले में रखा गया जहाँ से उसे उखाड़कर हटाया गया था। पूरा गाँव उमड़ पड़ा था और मंदिर को उस उत्सव के लिए सजाया-धजाया गया था। आठ साल पहले श्रीपुरंदन का वह गाँव अंधेरे में डूब गया था, जब उसकी देवमूर्तियों का अपहरण कर लिया गया था। अब, उनके नटराज घर आ गए थे, और लोगों के जीवन में वह रोशनी लौट आई थी।

(12)

सिंगापुर में उमा

ऑस्ट्रेलिया से हम अब सिंगापुर का रुख़ कर रहे हैं जहाँ आने वाले समय में श्रीपुरंदन की देवी-देवताओं की बाक़ी मूर्तियों का पता चलेगा।

हालाँकि, पहले हम थोड़ा पीछे, यानी 2007 में लौटते हैं। सिंगापुर के नेशनल टेलीविज़न की उद्घोषिका धाराप्रवाह बोल रही थी और मैं हैरान था कि वह कठिन भारतीय शब्दों का उच्चारण कैसे कर ले रही है। वह दर्शकों को 'एशिया का सौंदर्य : 200 ईसा पूर्व से आज तक' प्रदर्शनी के बारे में बता रही थी जो सिंगापुर के एसीएम में 3 मई से 23 सितंबर 2007 तक लगने वाली थी। उसने कहा, 'भारत के तमिलनाडु से लाई गई ग्यारहवीं सदी की काँसे की उमा परमेश्वरी की प्रतिमा का अनावरण इस प्रदर्शनी की ख़ास बात होगी।' उस म्यूजियम ने कुछ ही समय पहले सुभाष कपूर से श्रीपुरंदन की उमा की मूर्ति ख़रीदी थी, और 2007 में हमें पता नहीं था कि श्रीपुरंदन मंदिर में लूट मचाई गई थी। जैसा कि पहले बताया गया है, इन चोरियों का पता 2008 में चला था। मंदिर कला के विषय पर मैं उदीयमान ब्लॉगर था, सिंगापुर में नया-नया था, और उमा की मूर्ति देखने और उसके बारे में लिखने का मौक़ा हाथ से जाने नहीं दे सकता था। मैं और मेरी पत्नी ने उस दिन घूमने का मन बनाया और हम अपने बेटे को भी साथ ले गए।

श्रीपुरंदन उमा

शनिवार की गर्म दोपहर में हम मास रैपिड ट्रांजिट ट्रेन से रैफ़ल्स प्लेस स्टेशन पर उतरे। फुलर्टन होटल के सामने से हम गुज़र रहे थे और एसीएम हमें नदी के उस पार दिख रहा था। जल्द ही प्रदर्शनी की घोषणा करने वाले विशालकाय लाल कटआउट हमारा स्वागत करते दिखे। उन्हीं में से एक पोस्टर में मैंने पहली बार उमा की मूर्ति देखी। चोल युग की श्रीपुरंदन उमा की मूर्ति!

यह उस जमाने की बात है, जब मोबाइल फ़ोन में फ्रंट कैमरा नहीं होते थे और सेल्फ़ी का भी इतना क्रेज नहीं था, इसलिए हमने उन शानदार पोस्टरों की सामान्य तौर पर कुछ तसवीरें ले लीं। उस प्रदर्शनी और कॉन्फ्रेंस का लोगो एक साधारण से जहाज का तसवीर थी, जो मेरे की काम से जुड़ी थी। प्रदर्शनी में चोल राजाओं, सेम्बियनों के सामुद्रिक शौर्य की बातें पढ़कर मेरा सीना गर्व से चौड़ा हो गया। सीढ़ियाँ चढ़कर हम आलीशान एसीएम के पहले फ़्लोर तक पहुँचे और प्रदर्शनी के अंदर चले गए। मैंने नज़र घुमाई, और वह सामने थी।

इससे पहले भी मैंने काँसे की कुछ मूर्तियाँ देखी थीं, और कुछ तो एकदम असली थीं, वहीं म्यूजियम के गलियारे में उमा के आदमकद कटआउट लाइन से लगे थे, लेकिन मुझे उम्मीद नहीं थी कि वह मेरे सामने ही दिख जाएगी। विशेष अवसरों पर लगने वाली प्रदर्शनियों में उन दिनों काँच के केस (बाद में लगा दिए गए) नहीं होते थे। मैंने जैसे ही कैमरा निकाला, महिला गार्ड ने मुझे सावधान किया और कहा कि मुख्य रूप से प्रदर्शित वस्तु की फ़ोटोग्राफ़ी की इज़ाज़त नहीं है। मेरी समझ में नहीं आया कि ऐसा क्यों है, फिर भी मैंने उससे सवाल नहीं किया। मेरी नज़र मूर्ति पर पड़ी और आकर्षित होकर धीरे-धीरे मैं उसके पास पहुँचा।

मैंने विजयनगर जैसे अपने इलाक़े में जितनी भी काँसे की मूर्तियाँ देखी थीं, यह उनसे कहीं छोटी थी, लेकिन दसवीं सदी की काँसे की पारंपरिक मूर्तियों की तुलना में अधिक कलात्मक थी, जिसकी प्रशंसा के पुल कला के पारखी कालंबुर शिवराममूर्ति ने बाँधे थे। उसके गहनों की बारीक़ी अद्भुत थी - कंडिगई (गले का हार), केयूरम (बाजूबंद) - वह सबकुछ जिसके बारे में मैंने इतिहास की किताबों में पढ़ा था, आज मेरी आँखों के सामने था। हालाँकि, उसमें कुछ था, जो एकदम अनोखा था। पतली कमर और त्रिभंग, या बलखाती त्रिकोणात्मक कमर तथा वह हरे रंग की परत, हाँ परत कुछ अलग ही थी जिस पर रोशनी पड़ रही थी।

भारत के संग्रहालयों में काँसे पर पड़ी हरी परत के मैंने कई उदाहरण देखे और पढ़े थे। जिन काँसे की मूर्तियों की पूजा होती है, उन पर यह कभी नहीं दिखी। उनकी काफ़ी देखभाल होती है - भजन के साथ उन्हें जगाया जाता है, प्यार से नहलाया जाता है, प्रतीक रूप में भोजन कराया जाता है और लोरियाँ सुनाकर सुलाया तक जाता है। उन पर कभी हरी परत या काँसे में लगने वाली जंग नहीं दिखती,

जो विद्वानों के अनुसार मूर्ति के लिए अच्छी होती है। यह आगे और ऑक्सीकरण को रोक देती है जबकि लोहे में लगी जंग ऐसी नहीं होती और वह धातु को किसी कैन्सर की तरह निगल जाती है। केवल कुछ मामलों में ही हरी परत ने काँसे को ख़राब किया था। अख़बारों में ज़मीन में गड़ी मूर्तियों के बाहर निकलने के बाद की तसवीरें छपती हैं, जिनका काँसा भी गहरे हरे रंग का हो जाता है, लेकिन यह एकदम ही अलग थी। गड़ी मूर्तियों पर ढेर सारी पपड़ियाँ पड़ जाती हैं और उनका रंग भी एक समान नहीं होता, जबकि इस मूर्ति में ऐसा नहीं था। मैंने मन में इस बात को नोट किया और तय किया कि आर्काइव में रखे 'फ़ाइंड्स-होर्ड्स' (खोज-ख़ज़ाने) नाम की फ़ाइल पढ़ूँगा। सुरक्षा गार्ड नर्वस हो रहा था और मेरी धर्मपत्नी भी। 'दस मिनट से तुम उसे घूरे जा रहे हो। चलो, अब चलें भी!' उसने कहा।

'दस मिनट? वाह, मुझे तो पता ही नहीं चला।'

लेकिन मैं उसे अभी और देखना चाहता था। उसका कोसुवम-जहाँ साड़ी को उसकी कमर में खोंसा गया था, शानदार था। मैंने उस मूर्तिकार की कला को सराहा जिसने एक ख़ास तरीक़े से उसे साड़ी पहनाई थी। उसके घुँघराले बाल, कंधे पर बिखरा फूलों का गुच्छा, यज्ञोपवीत की गाँठ, जो उसकी छाती के ठीक ऊपर थी और फिर उसकी मोहक मुस्कान।

तीस मिनट बाद मेरी पत्नी मुझे बाहर निकलने के दरवाज़े की ओर मुझे लगभग घसीटती हुई ले गई।

उस रात घर लौटकर मैंने उमा की मूर्ति के बारे में ब्लॉग लिखा जिसने मुझे अपनी अलौकिक सुंदरता से अपने वश में करते हुए किसी बुत की तरह निःशब्द कर दिया था।

इस मूर्ति की ख़ूबसूरती अद्भुत थी... सच्ची ख़ुशी का एक विचित्र आवरण (मेरे ऊपर छा गया था) ...1,000 साल से पहले की किसी प्रतिभाशाली कलाकार की हस्तकला को देखकर लग रहा था, वह आज भी अपना कर्तव्य निभा रहा है... आध्यात्म के साथ कला का मिश्रण करते हुए, जिसे शिल्पकौशल में महारत कहते हैं। वह प्रतिमा अधिकतम 2 फुट ऊँची रही होगी, लेकिन उसकी नक्क़ाशी अद्भुत थी, उसके चेहरे की सौम्यता और शांति तथा मुस्कान में दिख रहा प्रेम, उसकी खड़ी नाक, करीने से बनाई गई भौंहें, मदहोश कर देने वाली आँखें, कंधे पर गिरते उसके घुँघराले बालों के सुंदर गुच्छे, उसके गले की शोभा बढ़ाते गहने, उसकी मुद्रा की सुघड़ता – पतली कमर पर पड़ते बल का उभार, उसके निचले गहनों पर सुंदर और महीन कारीगरी, उसके हाथ और अँगुलियाँ, उस बुत को

सजीव बना रही थीं, वह जी उठी थी और मैं धातु का बन गया था। ऐसी ही शक्ति चोलयुगीन काँसे में होती है, जो आपको वश में कर लेती है।[1]

2013 की शुरुआत तक मैं हर कुछ महीने पर उमा की उस मूर्ति को देखने आता रहा। एक विचित्र आकर्षण था। मैं दोस्तों, रिश्तेदारों, शुभेच्छुओं को सिंगापुर के सेंटोसा और मुस्तफ़ा जैसी घिसी-पिटी जगहों से लगभग खींचकर एसीएम तक लाया करता था।

इस समय तक उमा की मूर्ति को ग्राउंड फ़्लोर पर भारतीय वस्तुओं के हिस्से में काँच के एक केस में सुरक्षित रख दिया गया था और उसका प्रतिबिंब रहित शॉट लेना कठिन था। कुछ समय बाद, मैं अपने एक दोस्त को उसके एसएलआर के साथ ज़बरदस्ती म्यूजियम तक ले गया जिसने उसकी एक बेहतरीन फ़ोटो खींची। उस फ़ोटो का इस्तेमाल करते हुए, मैंने साइगॉन के एक सिद्धहस्त कलाकार से उमा का चित्र बनवाया, जो आज भी मेरे कमरे में टँगा है।

साल 2013 के लगभग, अर्धनारीश्वर की मूर्ति की समानता को लेकर छिड़ी चर्चा से कई मायने में मदद मिली। इसने सोशल मीडिया पर हमें शोहरत दिलाई। हमने अपने समुदाय के सदस्यों से आग्रह किया कि वे इमेज डेटाबेस तैयार करने में हमारी मदद करने के अलावा, नीलाम घरों के कैटलॉग और कला पर आधारित पत्रिकाएँ भेजें। अर्धनारीश्वर पर लिखे लेख के प्रकाशित होने के कुछ ही हफ़्तों के भीतर हमारे पास आर्ट ऑफ़ द पास्ट के सभी कैटलॉग आ चुके थे, जिन्हें किताबों की पुरानी दुकानों और पुस्तकालयों से इकट्ठा किया गया था।

फिर, एक अमेरिकी महिला ने मुझे एक कूरियर भेजा। उस महिला की पहचान छिपाने के लिए हम उसे मिस के नाम दे रहे हैं। मिस के भारत में कई जगहों पर जाती हैं, सुदूर स्थलों का भ्रमण करती हैं और हमारी धरोहरों को दस्तावेज़ों में क़ैद करती हैं। हमारे संघर्ष में मिस के का बहुत बड़ा योगदान है और इंडिक ट्रैवल सर्किट के दो लोगों में से एक वह हैं जिनके प्रति मेरे मन में सच्चा आदर और सम्मान है, और दूसरा स्विस नागरिक है। मिस के अक्सर ट्रोल्स के निशाने पर रहती हैं जो उन्हें ईसाई धर्मप्रचारक समझने की भूल करते हैं!

काम से घर लौटते-लौटते रात हो चुकी थी और मुझे घर पहुँचते ही एक मोटा-सा लिफ़ाफ़ा मिला। उसके भीतर चमकदार पन्नों वाली पत्रिका के विज्ञापनों की ढेर सारी कतरनें थीं। मिस के नियमित रूप से मुझे आर्ट ऑफ़ द पास्ट के विज्ञापन भेजा करती थीं जो *आर्ट्स ऑफ़ एशिया* तथा *मार्ग पत्रिकाओं* में छपते थे। दोनों पत्रिकाओं के ऑनलाइन संस्करण नहीं थे और वे सब्सक्राइब करने वालों तक ही पहुँचती थीं। वेब सर्च में भी वे कहीं मिलती नहीं थीं।

मैं सोचने लगा कि इस सामग्री के साथ आगे कैसे बढ़ा जाए, मैंने अपना कैमरा निकाला और अपने आर्काइव में डिजिटल रूप से उन्हें सहेजने के लिए उनकी तसवीरें लेने लगा, जो मेरा पहला क़दम था।

जब मैंने दसवाँ पन्ना देखा, तो सन्न रह गया। कपूर चोलयुगीन काँसे की मूर्तियों के विज्ञापन दे रहा था, जिनमें से एक नटराज की मूर्ति भी थी जिसकी हमें भी जानकारी नहीं थी। उसके साथ ही हर संभव राज्य की मूर्तियाँ थीं - ओडिशा, मध्य प्रदेश, गुजरात, कर्नाटक, कश्मीर, गोवा, आंध्र प्रदेश। हालाँकि, मेरे सन्न रह जाने का कारण यह नहीं था। उन कतरनों में आर्ट ऑफ़ द पास्ट का एक विज्ञापन और था जिसमें एसीएम में मौजूद उमा की मूर्ति को दिखाया गया था![2]

मैं जो देख रहा था, उस पर यक़ीन नहीं कर पा रहा था।

अगले चौदह घंटे तक मैं अपना आर्काइव खँगालता रहा। मुझे इस बात का अफ़सोस हो रहा था कि एसीएम की उमा की मूर्ति, जो श्रीपुरंदन मंदिर की थी, वह पहले मेरी नज़र से चूक कैसे गई। कुछ देर बाद समझ आया कि ऐसा क्यों हुआ। आईएफ़पी ने सुतमल्ली और श्रीपुरंदन के मंदिरों की जो तसवीरें खींची थी, उनमें उमा की मूर्ति की तसवीर नहीं थी। हालाँकि, आईएफ़पी के सहयोगी संगठन, इकोले फ्रांकाइस डे'एक्सट्रीम ओरिएंट या ईईएफ़ओ ने उसकी तसवीर खींच ली थी। बाद में उसने अपनी तसवीरों को आईएफ़पी के साथ मिला दिया था। आइडल विंग ने जो तसवीर जारी की थी, उसे इतनी बुरी तरह छोटा कर दिया था कि वह एसीएम द्वारा 2007 में ख़रीदी गई उमा की मूर्ति जैसी लगती ही नहीं थी।

जुलाई 2013 में, मैं कला के बाज़ार को उतनी अच्छी तरह नहीं समझता था, और मुझे सिस्टम पर भी भरोसा बचा हुआ था, और उसके भीतर रहकर ही समाधान की तलाश कर रहा था। मैंने सीधे अधिकारियों को जानकारी देने का फ़ैसला किया। सिंगापुर के अधिकारियों तक पहुँचना थोड़ा मुश्किल था, और मैंने इसके लिए अपने एक अच्छे दोस्त की मदद ली। वृद्धाचलम केस में प्रेस में जो ख़बरें छपीं, उनसे मेरी पहचान बता पाना आसान हो गया था।

मैंने अपने दोस्त को लिखा :

मैं एशियन सिविलाइजेशंस म्यूजियम में कई बार गया और वहाँ रखी उमा की मूर्ति की ख़ूबसूरती को देखा लेकिन जब यह पता चला कि उसे आर्ट ऑफ़ द पास्ट से ख़रीदा गया है तो मुझे गहरा धक्का लगा। म्यूजियम की प्लेट पर लिखा है कि यह 2007 में ख़रीदी गई है। जल्दी ही हम इसके विस्तृत प्रमाणों की माँग करने वाले हैं। मैं उस पत्रिका के विज्ञापन को संलग्न कर रहा हूँ।

मुझे जब पता चला कि काँसे की यह मूर्ति उनसे ख़रीदी गई है, तो मैंने आइडल विंग की वेबसाइट की इमेज गैलरी में जाकर इसकी जाँच और श्रीपुरंदन शिवन मंदिर से चोरी की गई उमा की मूर्ति की तसवीर को देखा, जिसे नीचे (तीसरी तसवीर) दिखाया गया है

http://www.tneow.gov.in/IDOL/status_info.html

...अपनी मूर्तिकला में यह उमा एकदम अनोखी है – और मैंने अपने पूरे डेटाबेस को खँगाल लिया, फिर भी ऐसी एक भी मूर्ति नहीं देखी जो दूर-दूर तक इसके समान हो।

मैं चाहता हूँ कि तुम मुझे बताओ कि एसीएम तथा अन्य संबंधित निकायों को किस प्रकार सूचित किया जाए क्योंकि यह स्पष्ट है कि ग़लती म्यूजियम की नहीं है क्योंकि आइडल विंग ने जब तसवीरें डाली होंगी, तब तक उसकी ख़रीदारी हो चुकी थी और उससे पहले काँसे की इस मूर्ति की कोई तसवीर सार्वजनिक रूप उपलब्ध नहीं थी, ना ही प्रकाशित की गई थी।

हालाँकि, यह स्पष्ट है कि आइडल विंग ने इस केस को खोल रखा है जिसने साफ़ तौर पर काँसे की इस मूर्ति को चोरी का बताया है। इसे आर्ट ऑफ़ द पास्ट के चोरों ने चुराया था, जिसे एसीएम ने आर्ट ऑफ़ द पास्ट से ही ख़रीदा है।

मेरा दोस्त मेरी बातों से सहमत हुआ और उसने मेरा ईमेल और उसके साथ की तसवीरें एसीएम के उच्च अधिकारियों को भेज दीं। दुर्भाग्य से, लेकिन इसमें आश्चर्य भी नहीं था कि जवाब उसी अंदाज़ में आया, जिस अंदाज़ में पहले भी कई संग्रहालयों ने जवाब दिया था।

इस मेल को फ़ॉरवर्ड करने के लिए धन्यवाद। यह विषय एसीएम की जानकारी में है और जब आधिकारिक माध्यमों से उनसे संपर्क किया जाएगा, तब वे जवाब देंगे।

एसीएम में प्रमाणों की जाँच-पड़ताल की प्रक्रिया काफ़ी सख़्त है फिर भी कई बार जानकारी हासिल करना मुश्किल हो जाता है।

एसीएम के लिए हमने जितनी भी बड़ी कलाकृतियाँ ख़रीदी हैं, उनके पर्याप्त दस्तावेज़ मौजूद हैं और हमने आर्ट लॉस रजिस्टर से भी जाँच कर ली है।

बहुत-बहुत धन्यवाद।

इस तरह इस जानकारी के बावजूद कि उनके पास चोरी की एक कलाकृति है, एसीएम ने भारत के साथ इंतज़ार करने और कार्रवाई होने के कसौटी पर कई बार परखे गए विकल्प को अपनाया। शायद इस उम्मीद में कि जैसे कई लोग छूट गए, उसी तरह सुभाष कपूर के ख़िलाफ़ मामला भी रफ़ा-दफ़ा हो जाएगा। हालाँकि, उन्हें इंडी की ज़िद का अंदाज़ा नहीं था।

(13)

ऑपरेशन हिडन आइडल

इंडी हाथ से निकले मौक़े को लेकर पछता रहा था। साल 2009 से ही वह कपूर के बारे में एक डोजियर तैयार करने में जुटा था, जब उसने मुंबई से आए उस कंटेनर के रहस्य को सुलझाना शुरू किया था जिसे लावारिस छोड़ दिया गया था। उसके साथ ही गुप्त रूप से रिकॉर्ड की गई बातचीत से उसे अहम जानकारी मिली थी। फिर यह भी याद होगा कि कैसे सुभाष कपूर से कभी-कभार ख़रीदारी करने वाले ने क़बूल किया था कि उसने कस्टम के नियमों को तोड़ा लेकिन उसे सज़ा नहीं देकर मुख़बिर 1 बनाया गया? वह मुख़बिर कई साल तक कपूर और आर्ट ऑफ़ द पास्ट के उसके साथियों के संपर्क में रहा और उनसे प्राचीन कलाकृतियों की 'ताज़ा' खेप के बारे में, या चुराई गई चीज़ों के बारे में बातें करता और सारी बातचीत को रिकॉर्ड कर लिया करता था। ऐसी रिकॉर्डिंग से ही अमेरिकी अधिकारियों को पता चल गया था कि मुख़बिर 1 को साल 2011 में नटराज की दो मूर्तियों की बिक्री का ऑफ़र दिया गया था : एक 3.5 मिलियन डॉलर में और दूसरा 5 मिलियन डॉलर में। कपूर ने कहा कि उसे उम्मीद थी कि नटराज की मूर्तियों की क़ीमत हर साल 10 से 15 प्रतिशत तक बढ़ जाएगी। इनमें से एक, 5 मिलियन डॉलर वाली मूर्ति, सुतमल्ली नटराज मानी जा रही थी। इसके साथ ही, हासिल किए गए ईमेल की मदद से फ़ेडरल एजेंट यह भी जानते थे कि कपूर देवी पार्वती की दो प्रतिमाओं को 2.5 मिलियन डॉलर और 3.5 मिलियन डॉलर में बेचना चाहता है। 3.5 मिलियन डॉलर की पार्वती कोई और नहीं सुतमल्ली शिवगामी की मूर्ति ही मानी जा रही थी। ऐसा माना जा रहा था कि 2011 में आरोन फ्रीडमैन को जो नोट सुभाष कपूर ने लिखा था, उनमें इन्हीं देवी-देवताओं की इन्हीं चार मूर्तियों की बात थी, जब उसने कहा था : 'सेलिना को 4 कलाकृतियाँ वापस कर दो, काँसे की नृत्यांगनाएँ 4 अलमारियों में हैं।' इन चारों देवी-देवताओं

की कुल 'क़ीमत' 14.5 मिलियन डॉलर मानी जा रही थी।

हालाँकि, इंडी, कपूर को अपने जाल में फँसाने ही वाला था कि भारत ने अचानक और अप्रत्याशित कार्रवाई करते हुए साल 2011 में उसे जर्मनी में गिरफ़्तार कर लिया। कोई सामान्य अधिकारी केस को वहीं छोड़कर आगे बढ़ गया होता।

हालाँकि, इंडी कोई सामान्य अधिकारी नहीं था। वह जानता था कि दिखावे की कुछ ज़ब्तियों और बिना ठोस क़ानूनी मामले के, एक-दो बड़े लोगों की गिरफ़्तारियों से यह समस्या नहीं सुलझेगी। वह इस बीमारी की गहराई और विस्तार को जानता था, और शायद उस समय किसी अन्य से कहीं अच्छी तरह जानता था। वह इस सिस्टम को तोड़ना और पूरी तरह समाप्त करना चाहता था, अंतरराष्ट्रीय तस्करी के गिरोह के हर शख़्स को बेनक़ाब करना चाहता था, जो इस तरह की कभी-कभार होने वाली गिरफ़्तारियों और ज़ब्तियों को इस धंधे की क़ीमत समझता था। वह अब अमेरिका और भारत में कपूर के गुर्गों को दबोचना चाहता था, वह सप्लाई चेन को तोड़ना चाहता था, और जो लोग इन कलाकृतियों की माँग करते थे, उनकी भी ख़बर लेना चाहता था। वह सुनिश्चित करना चाहता था कि अमेरिका के साथ-साथ भारत में भी कपूर के ख़िलाफ़ मुक़दमा चले। अगर बुरे हालात में, भारत में उसके ख़िलाफ़ मामला कहीं दम तोड़ दे, और अच्छे हालात में, भारत में उसे सज़ा मिल जाए, तब भी वह चाहता था कि भारत ने देवी-देवताओं की जो मूर्तियाँ गँवाई थीं, वो उसे वापस मिल जाएँ।

इसी मक़सद से, इंडी ने 5 जनवरी 2012 को, आर्ट ऑफ़ द पास्ट तथा कपूर के एक और गोदाम की तलाश के लिए जारी सर्च वारंट के साथ ऑपरेशन हिडन आइडल शुरू किया। जैसी उम्मीद थी, शुरुआती नतीजे उत्साहवर्धक नहीं थे। कोई भी प्राचीन कलाकृति ज़ब्त नहीं हुई, लेकिन मूर्तियों की तसवीरों वाली कुछ सीडी और शिपिंग के दस्तावेज़ बरामद किए गए। उस समय किसी को भी अहसास नहीं था कि यह ज़ब्ती कितनी अहम होने वाली है।

इंडी के पास सूचनाओं का महासागर मौजूद था, लेकिन जानकारी कच्ची थी। ज़ब्ती में कपूर का हाथ से लिखा नोट शामिल था जो उसने इंटरपोल की हिरासत में रहते हुए गुपचुप तरीक़े से फ़्रीडमैन को भिजवाया था और कला भंडारों के कई पतों के साथ बड़े नीलाम घरों के साथ हुए लेन-देन की सूचियाँ भी मिलीं।

26 जुलाई 2012 को, इंडी ने मैनहटन के उस गोदाम पर छापेमारी की जिसका इस्तेमाल कपूर करता था और लगभग 20 मिलियन डॉलर की चोरी की मूर्तियाँ बरामद कीं। उनमें चोल युग की मूर्तियाँ शामिल थीं जिन्हें तमिलनाडु आइडल विंग ने गुम बताया था, और माना जा रहा था कि मंदिर में सेंधमारी कर उन्हें चुराया गया है।

एचएसआई ने एनबीसी के स्थानीय सहयोगियों को बुलाया ताकि कई ट्रकों में लूटा गया माल ले जाने की तसवीरें प्रसारित की जा सकें, जिनमें एक 1600 पाउंड

की चोलयुगीन शाक्यमुनि बुद्ध की प्रतिमा भी थी, जिसके लिए एक पूरे ट्रक की ज़रूरत पड़ गई थी।

अक्टूबर 2012 में न्यू यॉर्क के पियरे में एक और छापेमारी हुई। पुलिस अधिकारियों ने तीसरी सदी की मानी जाने वाली बोधिसत्त्व की मूर्ति और सफ़ेद बलुआ पत्थर की दसवीं सदी की गणेश की मूर्ति ढूँढ़ निकाली। कपूर ने इन मूर्तियों को उस होटल को उधार दिया था।

5 दिसंबर 2012 को उस साल की आख़िरी छापेमारी में नेवार्क के बंदरगाह से चोल युग की और भी पाँच मूर्तियाँ पकड़ी गईं, जिनमें कपूर से जुड़ी पार्वती की एक और मूर्ति शामिल थी, जिसे इंटरपोल ने भी अपनी सूची में चुराया गया बताया था।

उसके बाद सारी ज़ब्तियों से जुड़ी पूरी सूचना और आधिकारिक रूप से पहली बार आधिकारिक तसवीरों को अमेरिकी आव्रजन और सीमा शुल्क प्रवर्तन वेबसाइट पर जारी किया गया। कुल मिलाकर छह ठिकानों पर छापेमारी की गई थी। कुल 2622 चीज़ें बरामद की गईं, जिनकी क़ीमत कपूर के बही-खाते (अधिकांशतः 2006–09 की क़ीमतें) में 107,682,000 डॉलर दर्ज की गई थी, जो किसी के भी होश उड़ा देती! जैसा कि पहले बताया गया है, यह तो उसके ज्ञात भंडारों में पड़ा स्टॉक या सामान था। कपूर इस धंधे में पैंतीस साल से था। आपका गणित यह होता है कि लूट की क़ीमत किसी के जीवनकाल में क्या होगी। दंग रह गई कला की दुनिया के सामने जेसन ने इस आँकड़े को इसी संदर्भ में रखा। 2012 में उसने लिखा, 'एफ़बीआई के आर्ट स्क्वॉड ने कुल 150 मिलियन डॉलर की कलाकृतियों को पकड़ा जिसकी यह क़ीमत 2004 में उनके सामने आने से बाद की है।' कपूर के मामले में, महज कुछ महीनों के भीतर 100 मिलियन डॉलर मूल्य की कलाकृतियों की बरामदगी की जा चुकी थी।

ऑपरेशन हिडन आइडल प्रगति पर

आईसीई की वेबसाइट पर ज़ब्त की गई चोलकालीन काँसे की पाँच मूर्तियों के सामने खड़े एचएसआई स्पेशल एजेंट इंचार्ज जेम्स हेज की तसवीर थी। उसका कहना था :

अनुमान के मुताबिक़ 100 मिलियन अमेरिकी डॉलर से भी अधिक क़ीमत की सांस्कृतिक कलाकृतियों की कथित तस्करी करने वाला सुभाष कपूर आज दुनिया में महँगी चीज़ों के सबसे कुख्यात तस्करों में से एक बन गया है। हम कला-जगत के लोगों से अपील करते हैं कि वे सुभाष कपूर की ओर से बेचे गए या दान में दी गई कलाकृतियों की पहचान में हमारी मदद करें ताकि हम उनकी वैधता सुनिश्चित कर सकें। हम क़ानून को लागू करने वाले अपने सहयोगियों और भारत सरकार के साथ मिलकर मिस्टर कपूर को क़ानून के हवाले करने और संदिग्ध कलाकृतियों को उनके सही मालिकों को लौटाने का काम करते रहेंगे। एचएसआई इस बात को अच्छी तरह समझती है कि जब बात देश की धरोहरों की होती है तो उनकी क़ीमत मायने नहीं रखती है।

मैं बस एक बात और जोड़ना चाहूँगा जिसे हेज ने कहा था। कला अपराध कोई 'हल्की' घटना नहीं है। यह ऐसा कुछ नहीं, जिसे अख़बारों के 'फ़ीचर्स' या 'कला' पेज पर धकेल दिया जाए। यह ड्रग्स, हथियारों और सोने की तस्करी के ही दर्जे का है। कला अपराध भी अपराध है। कलाकृतियों की तस्करी भी तस्करी है। यह मत भूलिए कि अमेरिकी एजेंसियों के मुताबिक़, सुभाष कपूर 'दुनिया में महँगी वस्तुओं के सबसे कुख्यात तस्करों में से एक' था।

जेसन फ़ेच ने भी अपनी वेबसाइट chasingaphrodite.com पर इस ख़बर को एक विशेष इंटरव्यू के साथ प्रकाशित किया था। उस इंटरव्यू में, हेज ने उन संग्रहकर्ताओं और संग्रहालयों से आगे आने और जाँचकर्ताओं को जानकारी देने की अपील की थी, जिन्होंने कपूर से मूर्तियाँ ख़रीदी थीं। उसने कहा था :

हम चाहते हैं कि ऐसे संग्रहकर्ता हमसे संपर्क करें। हमारी जाँच चल रही है और हम उन वस्तुओं की वैधता की पुष्टि करना चाहते हैं। हमें ऐसी लॉ फ़र्म्स के कई फ़ोन कॉल आ चुके हैं जो उन लोगों का प्रतिनिधित्व करते हैं जिन्होंने कपूर से कलाकृतियाँ अभिग्रहीत की थीं और उन्हें चिंता सता रही थी कि कहीं उनके पास भी चोरी की वस्तुएँ तो नहीं हैं।[2]

हालाँकि, कोई भी बड़ा म्यूज़ियम या संग्रहकर्ता इस जानकारी के साथ आगे नहीं आया। उन्होंने बिना जाँच-पड़ताल और बिना प्रमाण देखे ही ख़रीदी गई कलाकृतियों पर कई मिलियन ख़र्च कर दिए थे और इस उम्मीद में चुपचाप बैठे थे कि दंडित

किए जाने के मामले में भारत का रिकॉर्ड काफ़ी ख़राब रहा है, और मामलों को आगे बढ़ाने के साथ ही उसे भुला देने की आदत रही है।

इस बीच, अपने वादे के मुताबिक़ इंडी भी कपूर के साथियों के पीछे पड़ चुका था। आर्ट ऑफ़ द पास्ट के मैनेजर और कपूर के सहयोगी आरोन फ्रीडमैन के ख़िलाफ़ 4 दिसंबर 2013 को न्यू यॉर्क कोर्ट में एक चार्जशीट फ़ाइल की गई। अन्य बातों के अलावा, चार्जशीट में लिखा था : 'उसने अनेक देशों से, जिसमें केवल भारत, अफ़ग़ानिस्तान, पाकिस्तान और कंबोडिया ही शामिल नहीं थे बल्कि और भी कई देश थे, चुराई गईं प्राचीन कलाकृतियों को अमेरिका में मँगवाने और बाहर भिजवाने की व्यवस्था की, जिसमें बिचौलियों के ज़रिए ये प्राचीन कलाकृतियाँ मँगवाई गईं ताकि उन कलाकृतियों के फ़र्ज़ी दस्तावेज़ तैयार किए जा सकें। उसने अवैध सांस्कृतिक धरोहरों के झूठे प्रमाण तैयार कराने का बंदोबस्त भी किया, संभावित ख़रीदारों से संपर्क किया, और आख़िर में इन लूटी गईं कलाकृतियों की बिक्री और उन्हें भिजवाकर अवैध तरीक़े से धन इकट्ठा किया।' फ्रीडमैन पर चुराई गईं चीज़ों को लेकर साजिश रचने और उन्हें अपने पास रखने का अभियोग लगाया गया।

चार्जशीट ने स्पष्ट रूप से श्रीपुरंदन नटराज की मूर्ति का ज़िक्र किया जिसे एनजीए भिजवाया गया था, और उसके साथ ही, श्रीपुरंदन उमा की मूर्ति की चर्चा भी थी जिसके कारण सिंगापुर स्थित एसीएम के अधिकारी बौखला गए थे :

> जनवरी 2005 से नवंबर 2006 के बीच या इसके लगभग, उमा परमेश्वरी की मूर्ति (जिसे 'सिंगापुर के लिए 650,000 डॉलर की उमा' के नाम से जाना गया), जिसका स्वामित्व भारत की केंद्र सरकार का था, भारत के अरियालुर जिले (श्रीपुरंदन मंदिर) के शिवन मंदिर से चुराई गई। जनवरी 2006 या जनवरी 2007 के दौरान, आरोपी (यानी फ्रीडमैन) और अन्य साजिशकर्ताओं ने 650,000 डॉलर की उमा की मूर्ति को भारत से अमेरिका होते हुए सिंगापुर भिजवाया। फ़रवरी 2007 में या उसके आसपास, आरोपी और अन्य साजिशकर्ताओं ने 650,000 डॉलर की उमा की मूर्ति सिंगापुर के एशियन सिविलाइजेशन म्यूजियम को बेची और उसे भिजवाने का बंदोबस्त कर दिया।[3]

अमेरिकियों के दबाव के कारण, जनवरी 2014 में एसीएम ने स्वीकार किया कि उसने कपूर से कुल तीस कलाकृतियाँ ख़रीदी थीं। हालाँकि, एसीएम ने उन कलाकृतियों के

नाम नहीं बताए, ना ही उनके प्रमाणों के बारे में बताया और ना ही उनके बदले में चुकाई गई क़ीमत बताई।

बाद में पता चला कि एसीएम ने कपूर से कुल मिलाकर 1,328,250 डॉलर की ख़रीदारी की थी। अमरावती स्तूप के अवशेषों, नागपट्टनम की काँसे की बुद्ध प्रतिमा और चंद्रकेतुगढ़ के कई झुनझुनों की क़ीमतों को लेकर विवाद था।

बढ़ते दबाव और सबूतों से सामना होने के बाद, म्यूज़ियम के पास कोई चारा नहीं था और उसने श्रीपुरंदन उमा की मूर्ति 6 नवंबर 2015 को भारत को लौटा दी जबकि कपूर से ख़रीदी गई एसीएम में मौजूद अन्य वस्तुओं को लेकर यथास्थिति बनी रही। एनजीए की तरह ही, एसीएम ने भी सुभाष कपूर के ख़िलाफ़ उस धन को लौटाने का मुक़दमा किया जिसे उन्होंने फ़र्ज़ी प्रमाण बनाकर बेची गई वस्तुओं पर ख़र्च किया था।

इस मामले में एक दिलचस्प मोड़ उस वक्त आया जब कोर्ट में फ़्रीडमैन ने चुराई गई संपत्ति के लिए साजिश रचने और उन्हें अपने पास रखने का दोष स्वीकार कर लिया। वसार कॉलेज से ग्रेजुएट होने के बाद, साल 1995 से ही वह कपूर के साथ काम कर रहा था और फिर उसने रट्गर्स यूनिवर्सिटी से कला इतिहास की पढ़ाई की थी। उसके वकील ने प्रेस के सामने सुलह करने वाले बयान दिए, जिसमें यह बात भी शामिल थी कि फ़्रीडमैन 'अपनी गंभीर ग़लतियों को सुधारने के लिए ठोस क़दम' उठाना चाहता है।[4] अभियोजन पक्ष ने भी दोस्ती का हाथ बढ़ाया और एक रिपोर्टर से कहा, 'मुझे लगता है, मिस्टर फ़्रीडमैन को सच में अफ़सोस और पछतावा है और उन्होंने अपने भीतर सुधार लाने के ठोस क़दम उठाए हैं।' इसमें किसी को आश्चर्य नहीं हुआ कि अब फ़्रीडमैन जाँचकर्ताओं के साथ सहयोग कर रहा है। वह कपूर के ख़िलाफ़ हो चुका था।

⑭

टोलिडो गणेश

एसीएम की उमा की मूर्ति के जोड़े में मिली सफलता से उत्साहित होकर, और इस बात का अफ़सोस करते हुए कि मुझे इसके तार जोड़ने में इतने बरस लग गए, वर्ष 2013 में मैंने डेटा खँगालने का काम तेज़ कर दिया और हर उस संग्रहालय की पड़ताल की जिसने 2006 के आसपास चोलयुगीन काँसे की मूर्तियाँ ख़रीदी थी। इसी दौरान अचानक ही मुझे पता चला कि ओहियो स्थित टोलिडो म्यूजियम ऑफ़ आर्ट ने 2006 में गणेश की एक मूर्ति ख़रीदी थी, जिसका आइटम नंबर 2006. 37 था। मुझे शक हुआ कि यह श्रीपुरंदन मंदिर की है। 18 जुलाई 2013 की देर रात को मैंने जेसन और *द हिंदू* के पत्रकार श्रीवत्सन को अपनी आशंका के बारे में ईमेल भेजा। मैंने श्रीवत्सन से श्रीपुरंदन गणेश की आईएफ़पी द्वारा ली गई साफ़ तसवीर माँगी और जेसन से कहा कि वह म्यूजियम के अधिकारियों से हमारा संपर्क करवा दे।

जेसन ने ओहियो के टोलिडो म्यूजियम ऑफ़ आर्ट के डायरेक्टर, ब्रायन कैनेडी को चुराए गए गणेश की एक धुँधली तसवीर के साथ पुलिस रिपोर्ट की कॉपी संलग्न करते हुए ईमेल भेजा। उसने आग्रह किया कि गणेश की मूर्ति के मालिक के इतिहास समेत उन चालीस वस्तुओं की जानकारी भी उपलब्ध कराएँ जिन्हें सुभाष कपूर से ख़रीदा गया था, और जिनके विषय में एक साल पहले भी उसने जानकारी माँगी थी।

113

श्रीपुरंदन गणेश

पुदुच्चेरी का फ्रांसीसी संस्थान/स्किन स्कूल ऑफ एक्सट्रीम-ओरिएंट

समस्या अब भी यही थी कि हमें आईएफ़पी से मूल तसवीर और टोलिडो से साफ़ तसवीर की ज़रूरत थी ताकि हम मिलान कर सकें। शुक्र है कि हमें म्यूज़ियम के अधिकारियों पर निर्भर नहीं रहना पड़ा। एक बार फिर सोशल मीडिया हमारी सहायता के लिए आगे आया। एक अच्छा दोस्त, रवि वेणुगोपाल स्वयं टोलिडो पहुँचा, जो तकनीक का जानकार और लेखक है। तीन दिनों में वे तसवीरें मिल गईं।

इस बीच, टोलिडो म्यूज़ियम ऑफ़ आर्ट की 2007 की सालाना रिपोर्ट हमारे हाथ लग गई। इसमें सुभाष कपूर से मिले उपहारों की एक लिस्ट थी। इसमें पचास से भी अधिक वस्तुएँ थीं, जिनमें मुख्य रूप से गुप्त काल के और चंद्रकेतुगढ़ की अनेक टेराकोटा की छोटी-छोटी मूर्तियाँ थीं। इतना ही नहीं, इस दान के साथ यह भी मिला था :

यह संग्रहालय निम्नलिखित संगठनों, व्यवसायों, और व्यक्तियों की सराहना करता है और उन्हें शुक्रिया अदा करता है जिन्होंने कला के संग्रह, परियोजनाओं के लिए पूँजी उपलब्ध कराने और विशेष कार्यक्रमों के लिए 2008 में उपहार दिए :

100,000 डॉलर सुभाष कपूर : कलाकृतियों का उपहार

बढ़ता हुआ दान

टोलिडो म्यूज़ियम ऑफ़ आर्ट अपनी दूसरी सदी में निम्नलिखित दानकर्ताओं को उनकी दानशीलता और निरंतर सहयोग के लिए सलाम करता है :

250,000 डॉलर से 499,999 डॉलर – श्री सुभाष कपूर

काँसे की गणेश की मूर्ति की बिक्री 245,000 डॉलर में करने वाला डीलर आख़िर उन्हें नक़द और वस्तुओं को मिलाकर पाँच लाख डॉलर उन्हें क्यों भेंट कर देगा? स्पष्ट रूप से कपूर का कारोबार इतना बड़ा था कि पाँच लाख डॉलर का उपहार दे देना उचित ठहराया जा सकता है। (यहाँ इस बात को बताना ज़रूरी हो जाता है कि मैं किसी भी प्रकार से यह कहना नहीं चाहता कि मैंने जितने भी संग्रहालयों या संग्रहकर्ताओं की चर्चा की है, उन्होंने सुभाष कपूर की करतूतों पर पर्दा डालने, जैसे-तैसे जुटाए गए प्रमाणों को स्वीकार करने, या जिन वस्तुओं को वे जानते थे कि चोरी के हैं, उनके प्रति आँखें मूँद लेने के बदले उपहार, दान या प्रलोभन स्वीकार किए। किसी भी संग्रहालय ने, चाहे वह टोलिडो म्यूज़ियम हो, एसीएम, एनजीए, एजीएनएसडब्लू, या कोई भी हो, उनके बारे में यह नहीं कहा जा सकता कि उन्होंने जानबूझकर ग़लत काम किया। हालाँकि, सुभाष कपूर की ओर से चालाकी से दिए जाने वाले उपहारों ने उसकी साख ज़रूर इतनी बना दी होगी कि संग्रहालयों का संदेह कम हो गया होगा,

यहाँ तक कि उन्होंने अपनी सख़्ती भी कम कर दी होगी। निश्चित रूप से प्रमाणों की जो जाँच संग्रहालयों ने की, उसमें कमी थी।)

आख़िरकार पाँच दिन बाद म्यूजियम से रूखा और अशिष्ट जवाब मिला।

मि. फ़ेच :

डॉ. कैनेडी को दिनांक 18/7/2013 को भेजा आपका ईमेल हमें मिल गया है। गणेश (टीएमए 2006.37) के संबंध में आपने जो जानकारी दी है, हम उसकी जाँच करेंगे। जहाँ तक उन 44 वस्तुओं की बात है, जिनका ज़िक्र आपने सुभाष कपूर से टीएमए को मिले उपहार के रूप में किया है, तो हमने *न्यू यॉर्क टाइम्स* (27 जुलाई, 2012 का डीलर की कलाकृतियों पर म्यूजियम का अध्ययन) को सूचित कर दिया है कि वे मामूली क़ीमत की टेरोकोटा की छोटी वस्तुएँ थीं। उन्हें म्यूजियम में प्रदर्शनी के लिए नहीं रखा गया है बल्कि उनका इस्तेमाल शिक्षण के लिए किया गया है।

टीएमए के संग्रह में मौजूद वस्तुओं पर मिलने वाले अनुरोध को लेकर हमारी नीति रही है कि हम आधिकारिक अधिकरणों जैसे संग्रहालयों, क़ानून लागू करने वाली एजेंसियों, विदेश की सरकारों और उन लोगों को जवाब देते हैं, जो वैध स्वामित्व का दावा करते हैं। आपके ईमेल में जिन वस्तुओं का ज़िक्र है, उनके संबंध में ऐसी कोई जाँच नहीं की गई है।

मूल रूप से यह विनम्र तरीक़े से हमें बताने का तरीक़ा था कि फूट लो, दफ़ा हो जाओ और अपने काम से मतलब रखो।

रवि ने अपना वादा निभाया और वीकेंड पर एकदम साफ़ तसवीरें भेज दीं। हमारी क़िस्मत अच्छी थी – दो ऐसे दोष थे जिन्होंने हमारा काम आसान बना दिया।

काँसे की मूर्ति बनाने की प्रक्रिया में पहले मूर्ति को मोम में ढाला जाता है और फिर उस पर मिट्टी का लेप लगाया जाता है। जैसे ही मिट्टी कड़ी हो जाती है, इसे पकाया जाता है जबकि मोम पिघल जाता है। मूल मोम की मूर्ति हमेशा-हमेशा के लिए समाप्त हो जाती है, और मिट्टी के साँचे के भीतर खोखली जगह बच जाती है। मिट्टी के इस साँचे के भीतर पिघलाई गई धातु को डाला जाता है। जैसे ही धातु ठंडी हो जाती है मिट्टी के साँचे को तोड़ दिया जाता है और मूर्ति तैयार हो जाती है।

जहाँ तक मूर्तियों के मिलान का हमारा महत्त्वपूर्ण काम है, जैसे श्रीपुरंदन गणेश की मूर्ति की आईएफ़पी की मूल तसवीरों से टोलिडो म्यूजियम की गणेश की मूर्ति का मिलान, तो साँचे का इस्तेमाल चूँकि फिर से नहीं किया जा सकता है, इसलिए उस से तैयार हर मूर्ति अनोखी होती है, वैसे ही जैसे फ़िंगरप्रिंट अनोखा होता है। काँसे की हर मूर्ति ख़ास होती है – कुछ में महीन दरार होती है या कुछ छोटे-छोटे दोष।

टोलिडो गणेश की मूर्ति के मामले में, गजराज देवता में दो छोटे-छोटे दोष थे। बरसों पहले, जब मोम की मूर्ति बनाई गई होगी, तब शायद कलाकार ने ग़लती से मोम में अपने नाख़ून गड़ा दिए होंगे, जिससे उसमें एक दोष रह गया था। या शायद यह चूक धातु डालते समय हुई होगी। अब चाहे जो भी हो, गणेश की मूर्ति की दोनों ख़ामियाँ आश्चर्यजनक रूप से आईएफ़पी के फ़ोटो में दिख रही थीं और रवि की तसवीरों में इन्हें कोई भी देख सकता था। हमने दोनों का मिलान बख़ूबी कर लिया।

भले ही म्यूजियम हमारे ईमेल को लेकर अड़ियल बना हुआ था, लेकिन उसके अंदर हलचल शुरू हो गई थी। हमें इसकी जानकारी नहीं थी और हमने फ़ेसबुक तथा यूट्यूब पर अभियान छेड़ दिया। यह जानते हुए कि भारत के कोयंबटूर शहर के पास भी टोलिडो नाम की एक जगह है, एक फ़ेसबुक ग्रुप ने ऐसी माँग शुरू कर दी कि कोयंबटूर शहर के पास स्थित टोलिडो का नाम बदल दिया जाए। उस यूट्यूब वीडियो को 'विघ्नहर्ता' नाम दिया गया।

आख़िरकार, फ़रवरी 2014 में म्यूजियम ने यह बयान जारी किया :

सुभाष कपूर से ख़रीदी गई वस्तुओं की समीक्षा

देश भर के अनेक संग्रहालयों की तरह ही, टोलिडो म्यूजियम ऑफ़ आर्ट ने 2001 से 2010 की अवधि में श्री कपूर से वस्तुओं की ख़रीदारी की थी। टोलिडो म्यूजियम ऑफ़ आर्ट ने जिन आठ वस्तुओं को ख़रीदा था, उनमें गणेश की एक मूर्ति सबसे महत्त्वपूर्ण है। 2006 में गणेश की मूर्ति की ख़रीदारी के बाद, श्री कपूर ने म्यूजियम को टेराकोटा की 56 छोटी-छोटी मूर्तियाँ भेंट कीं। ख़रीदी गई वस्तुएँ सार्वजनिक प्रदर्शन के लिए रखी गईं हैं। भेंट की गई वस्तुओं को प्रदर्शन के लिए कभी भी नहीं रखा गया।

18 जुलाई 2013 को, इस म्यूजियम को भारत की पुलिस से रिपोर्ट की एक कॉपी मिली जिसमें तमिलनाडु के श्रीपुरंदन गाँव से चुराई गई धातु की 18 मूर्तियों की तसवीरें शामिल थीं। उनमें से गणेश की एक मूर्ति की तसवीर काफ़ी हद तक उस गणेश से मिलती है, जिसे म्यूजियम ने आर्ट ऑफ़ द पास्ट से 2006 में ख़रीदा था। ख़रीदारी पर विचार करते समय, इस म्यूजियम को प्रमाण का एक शपथ पत्र मिला और संरक्षक ने स्वयं वर्णित पिछले मालिकों से बात की। उस वस्तु की जाँच आर्ट लॉस रजिस्ट्री से भी की गई और किसी प्रकार की समस्या का पता नहीं चला।

24 जुलाई 2013 को, टीएमए के निदेशक ब्रायन कैनेडी ने न्यू यॉर्क में भारत के महावाणिज्यदूत, श्री सुगंध राजाराम को एक पत्र लिखकर भारतीय अधिकारियों की मदद से गणेश की इस मूर्ति के मूल देश का

पता लगाने का आग्रह किया। आज तक इस म्यूजियम को कोई जवाब नहीं मिला है।

17 फ़रवरी 2014 को अमेरिका में भारतीय राजनयिक डॉ. एस. जयशंकर को उनके सहयोग के प्रति एकजुटता दिखाने के लिए एक पत्र भेजा गया था। इस वस्तु के संबंध में तथा अतीत में आर्ट ऑफ़ द पास्ट से म्यूजियम की ओर से ख़रीदी गईं या श्री कपूर की ओर से भेंट की गईं अन्य वस्तुओं के संबंध में म्यूजियम से ना तो आव्रजन और सीमा-शुल्क प्रवर्तन या किसी अन्य अमेरिकी या किसी भी दूसरे देश की एजेंसी ने संपर्क नहीं किया है।

इस बयान के साथ उन पत्रों की प्रतियाँ भी थीं जिन्हें म्यूजियम ने अमेरिका में भारतीय अधिकारियों को भेजा था, और जिनका उसे कोई जवाब नहीं मिला था! एक तरफ़ हम थे जो जी-तोड़ कोशिश कर रहे थे, दिन में नौकरी और परिवार को समय देने के बाद रात में अपनी धरोहर को बचाने के काम में जुटे थे, दूसरी तरफ़ अमेरिका में मौजूद भारतीय अधिकारियों ने इतने महत्त्वपूर्ण पत्राचार का जवाब देने की जहमत भी नहीं उठाई।

टोलिडो म्यूजियम ने गणेश की मूर्ति का मई 2006 में चोरी के कुछ ही दिनों बाद, 245,000 डॉलर में अभिग्रहण किया था। उसने बताया कि पर्याप्त जाँच-पड़ताल की गई थी, जिसमें प्रमाण का एक शपथ पत्र शामिल था, जो आर्ट ऑफ़ द पास्ट के 2 जनवरी 2006 के लेटरहेड पर दिया गया था। इसमें सेलिना मोहम्मद का दावा था कि उसे यह मूर्ति अपनी माँ, राजपति सिंह मोहम्मद से मिली थी, जिन्होंने उसे 1971 में यानी पुरावशेष और कला निधि अधिनियम, 1972 के पारित किए जाने से पहले भारत यात्रा के समय ख़रीदा था। सेलिना का दावा था कि यह मूर्ति न्यू यॉर्क में उसके पास उस समय से ही थी।

बाद में पता चला कि सेलिना ने ऐसे कई फ़र्ज़ी प्रमाण पत्र जारी कर सुभाष कपूर की सहायता की थी। उसके नाम से तीन गोदाम भी थे, जहाँ अवैध कलाकृतियाँ रखी जाती थीं, जिनके पैसे सुभाष कपूर चुकाता था।

LETTER OF PROVENANCE

Jan 2nd 2006

I, Selina Mohamed, hereby certify that the Dancing Ganesha bronze Chola period size approximately 20 inch from South India, was purchased by my Mother, Rajpati Singh Mohamad in 1971 while on there travel to India My parents' families were originally from India, but settled in British Guyana several generations ago. We have been living in New York since 1971. I inherited these sculpture from my mother. It has been in my possession since that time.

Salina Mohamed
119-49 Union Turnpike, Apartment #8E
Forest Hills, New York 11375
(718) 261-6928

E-mail Artofpast@aol.com • www.Artofpast.com

श्रीपुरंदन गणेश की मूर्ति के बारे में सेलिना मोहम्मद का प्रमाण पत्र

तो टोलिडो संग्रहालय की छानबीन की गहन प्रक्रिया मूल रूप से काग़ज़ के एक पन्ने पर टिकी थी जो फ़र्ज़ी निकली।

बार-बार हम इसी तरह की 'दिखावे' की छानबीन को देख रहे थे, जिसमें 1970 से पहले की किसी तारीख़ की एक फ़र्ज़ी रसीद हुआ करती थी, स्वामित्त्व का दावा करने वाला एक फ़र्ज़ी प्रमाण पत्र, और एएलआर का एक सर्टिफ़िकेट होता था।

बेशक यह म्यूजियम 'भोला-भाला' था जो डीलरों की कहानियों को बिना किसी शक के मान लेने को तैयार रहता था।

आख़िरकार, अक्टूबर 2014 में, म्यूजियम ने गणेश की मूर्ति अमेरिका स्थित आईसीई के हवाले कर दी। जून 2016 में, गणेश की मूर्ति औपचारिक रूप से भारत के प्रधानमंत्री नरेंद्र मोदी को एक औपचारिक समारोह में, कुछ अन्य वस्तुओं के साथ सौंप दी गई। एक और देवता को वापस घर लाया जा चुका था।

सुभाष कपूर से जुड़ी अन्य प्राचीन कलाकृतियों का भी पता चला, और ऐसे कई लोग हैं जिन्होंने उनकी पहचान करने तथा वापस भारत लाने में मदद की है। उन सारी अविश्वसनीय कहानियों को यहाँ बता पाना संभव नहीं है, लेकिन मैं भारत और उसकी विरासत की रक्षा के प्रति समर्पित शिक्षाविद, डॉ. किरीट मनकोड़ी के कार्य की चर्चा नहीं करूँ तो यह बेअदबी होगी। उनका और उनके अथक प्रयासों का ही परिणाम है कि पूरे भारत में फैले सुभाष कपूर के जाल को समझा जा सका। यह ऐसी समस्या नहीं जिससे केवल तमिलनाडु और अन्य दक्षिण के राज्य ही त्रस्त हैं। कश्मीर से कन्याकुमारी तक, इस देश के तमाम मंदिरों में हमारे देवी-देवताओं की मूर्तियों की लूट की जा रही है।

15

गुर्गे

बीते कई वर्षों से इंडी और मैं इलेक्ट्रॉनिक माध्यमों से एक दूसरे के संपर्क में थे और इक्का-दुक्का ईमेल से बढ़ते हुए अब लगभग हर दिन हमारी बातचीत होने लगी थी। इसलिए मुझे जब उसका एक ईमेल मिला जिसमें उसने बताया कि वह चेन्नई आने की सोच रहा है और पूछा कि क्या मैं सिंगापुर से वहाँ आ सकूँगा, तो मैं रुक नहीं पाया। सितंबर 2013 को मैं उससे गुप्त रूप से मिलने के लिए चेन्नई निकला। किसी को भी मेरे इस दौरे की जानकारी नहीं थी। जहाँ तक मेरे परिवार की बात है, और इस खुलासे के साथ मैं उनसे माफ़ी माँगता हूँ कि मैंने उन्हें बताया था कि मैं दफ़्तर के काम से बाहर जा रहा हूँ।

मैं होटल की लॉबी में इंडी के आने का इंतज़ार कर रहा था, और बेसबॉल कैप को अपनी पहचान बना लेने वाले आदमी को ढूँढ़ रहा था। यह भी विडंबना ही थी कि हम ग्रैंड चोला होटल में मिले, जो नया-नया खुला था। इंडी कुछ देर पहले ही आइडल विंग के साथ हताश कर देने वाली मुलाक़ात करके लौटा था और उस हफ़्ते उन जगहों पर जाने की सोच रहा था जहाँ के मंदिरों से चोरियाँ हुई थीं और पुदुच्चेरी स्थित आईएफ़पी जाने की भी उसकी योजना थी लेकिन मेरे सिंगापुर लौटने से पहले हमारे पास आधे शनिवार और पूरे रविवार का वक्त था।

आइडल विंग ने डॉ. नागस्वामी को अपने उस एक्सपर्ट के रूप में इंडी से मिलवाया जिसने विभिन्न मूर्तियों के मिलान में महत्त्वपूर्ण भूमिका निभाई थी जिससे ऑस्ट्रेलियाई नटराज की मूर्ति की पुष्टि श्रीपुरंदन नटराज की मूर्ति के रूप में हो सकी थी। यह सुनते ही इंडी ने पलटकर पूछा था, 'लेकिन सिंगापुर के विजय ने क्या इसे कई महीने पहले ही करने के बाद ऑनलाइन नहीं डाल दिया था?' इतना सुनते

121

ही वे हैरत में पड़ गए क्योंकि उन्हें हमारे आपसी सहयोग की भनक तक नहीं थी।

एक-दो कप कॉफ़ी पीने के बाद हम उसके कमरे की तरफ़ बढ़ गए। हमने कई महीने तक ऑनलाइन हुई बातचीत को याद किया, और पहली बार मैंने कपूर के डोजियर को देखा। इंडी ने मुझे उस अनमोल ख़ज़ाने का एक नमूना दिखाया जिसे ऑपरेशन हिडन आइडल की छापेमारियों के दौरान ज़ब्त हज़ारों ईमेल और तसवीरों में से घंटों की कड़ी मशक़्क़त के बाद छानबीन कर निकाला गया था। अगर संजीवी अशोकन के कंप्यूटर के साथ छेड़छाड़ नहीं की गई होती, तो हमारे पास ऐसा ही एक संजीवी डोजियर भी होता।

इंडी के पास हज़ारों नहीं तो सैकड़ों तसवीरें थीं जिन्हें लुटेरों ने खींचा था, और जो 1980 के दशक तक की थीं। मैं जैसे-जैसे बेहतरीन भारतीय कला की धुँधली पोलोरॉयड की तसवीरों, ब्लैक-ऐंड-व्हाइट फ़ोटो और बाद की रंगीन तसवीरों को देख रहा था, वैसे-वैसे मेरा दिल बैठा जा रहा था और आँखें छलक रही थीं। अंधेरे और गंदे माहौल में, लुटेरे अपने हाथों में लूट के धन को, उन प्राचीन मूर्तियों को लिए खड़े थे, जिन्हें ताज़ा-ताज़ा खोदकर निकाला गया था, जिनमें अब तक कीचड़ और मिट्टी चिपकी थी, जो उनके असली होने के साथ ही उनके प्राचीन होने का भी प्रमाण थी। फिर इन तसवीरों को संभावित ख़रीदारों को भेजा जाता था।

मैंने इंडी से एक छोटी-सी गुज़ारिश की। मैंने प्राचीन कलाकृतियों की लुटेरों के साथ ली गईं सौ तसवीरें देने को कहा जिन्हें सुभाष कपूर ने भेजा लेकिन वे बिकी नहीं। मुझे पूरा यक़ीन था कि कपूर का हिसाब कोर्ट में होगा क्योंकि भारतीय एजेंसियों और न्यायपालिका में मेरा विश्वास था, लेकिन यहाँ तो हम अवैध प्राचीन कलाकृतियों का अनोखा ही बाज़ार देख रहे थे। हमें तस्करों के अलादीन की गुफा का पासवर्ड मिल गया था।

मुझे नहीं लगता था कि मैंने जिस काम का बीड़ा उठाया है, उसे पूरा कर पाऊँगा। इटली के लोगों ने लुटेरों की तसवीरों से कलाकृतियों के मिलान के लिए एक संगठन का गठन किया था जिसे वे कोमांदो काराबिनेरी पेर ला तुतेला देल पैत्रिमोनियो कल्चरेल या सांस्कृतिक विरासत की सुरक्षा के लिए काराबिनेरी टीपीसी कहते थे। इसमें बेहतरीन जाँचकर्ता, प्रशिक्षित अन्वेषक और नवीनतम कंप्यूटर तकनीक थी जिसमें संरचनाबद्ध आर्काइव डेटाबेस और इमेज मैचिंग सॉफ़्टवेयर शामिल थे।

मेरे पास भरोसेमंद एचपी लैपटॉप और सोशल मीडिया के सहयोग के साथ उत्साही स्वयंसेवकों की एक टीम थी। हमने बिना पैसे ख़र्च किए ही अपना डेटाबेस तैयार किया था और अब यह देखना था कि यह कारगर है या नहीं। चुनौती यह थी : किसी ऐसी वस्तु की लुटेरों वाली फ़ोटो लेना जिसे ख़रीदने से सुभाष कपूर ने मना कर दिया था और यह पता लगाना कि वह मूर्ति अब कहाँ है - किसी डीलर

के पास या किसी म्यूज़ियम में। फिर हम उसे वापस लाने के लिए उसके पीछे पड़ सकते थे और डीलर के साथ ही सप्लाई करने वाले को कटघरे में खड़ा करते।

पढ़ने, स्थलों पर जाने, और मूर्तिकला की शैलियों पर फ़ेसबुक ग्रुप के साथी सदस्यों से घंटों और बरसों तक की चर्चा ने मुझे सारी जानकारियों से लैस कर दिया था। लुटेरों की पसंद से भी मुझे मदद मिली – उन्होंने उम्दा भारतीय कला को निशाना बनाया था। शनिवार की उस शाम को मैंने अपने पिता के पैंतालीस साल पुरानी डाइनिंग टेबल पर अपने पिता के कार्यों को फैलाकर रखा। लुटेरों की तसवीरें मुझसे बातें करने लगीं – मैं गुप्त वंश की हूँ, मैं आठवीं सदी की हूँ, मैं मध्य प्रदेश से हूँ, मैं पाल वंश की हूँ, मैं ओडिशा की हूँ...

महज आठ घंटे से भी कम समय में मैंने 100 में से बीस से ज़्यादा मामलों का पर्दाफ़ाश कर दिया था। म्यूज़ियम के संग्रहों, नीलाम घरों के कैटलॉग और डीलर के विज्ञापनों के अपने डेटाबेस की सहायता से मैंने प्राचीन मूर्तियों का पता लगा लिया था। हमारे शिकंजे में दर्जन भर से अधिक संदिग्ध डीलर, नीलाम घर और म्यूज़ियम आ चुके थे। ये वही लोग थे जो कलाकृतियों की माँग कर रहे थे। वे ही थे जिन्होंने उन मूर्तियों को ख़रीदा था जिन्हें कपूर ने ख़रीदने से इनकार कर दिया था।

अगली सुबह मैं और इंडी फिर मिले। अगले सोलह घंटे के भीतर हमने वह गुत्थी सुलझा ली थी। हमें पता चल गया कि हम चोरों के किसी एक गैंग से नहीं निपट रहे थे बल्कि वो कई शातिर गिरोहों का नेटवर्क था।

इस जानकारी से लैस होकर इंडी ने ऑपरेशन हिडन आइडल के फ़ेज 2 की यानी गुर्गों तक पहुँचने की शुरुआत कर दी।

इस ऑपरेशन के तहत, अमेरिकी जाँच टीम की आइडल विंग से मुलाक़ात हुई जिसे कपूर का डोजियर सौंपा गया, जिसमें ईमेल, शिपिंग के दस्तावेज़, लुटेरों की तसवीरें और बैंक ट्रांसफ़र की जानकारी थी, ताकि वे कपूर के भारतीय संपर्कों पर कार्रवाई कर सकें। वैसे भी, अमेरिकी लोग भारत की धरती पर ऑपरेशन नहीं चला सकते थे। उन्हें आइडल विंग की मदद की ज़रूरत थी। यह बाक़ायदा दस्तख़त के लिए हुआ हैंडओवर था जिसकी पुष्टि आइडल विंग ने विधिवत रूप से कर दी।

डोजियर में दो बड़े धंधेबाजों – दीनदयाल और संजीवी का कच्चा चिट्ठा था। अन्य जानकारियों के साथ ही, उन प्राचीन कलाकृतियों की तसवीरें थीं जिन्हें दीनदयाल ने बिक्री के लिए रखा था और उनके साथ महत्त्वपूर्ण प्रमाण भी थे। ऐसे प्रमाण जिनसे उसे तुरंत गिरफ़्तार किया जा सकता था। यह संजीवी से जुड़े सेल्वा एक्सपोर्ट्स का सुभाष कपूर की निंबस के नाम जारी दिनांक 18 जनवरी 2007 का एक इनवॉइस और नोट था।

नोट में लिखा था :

सर,

आपने जिन वस्तुओं के निर्यात के लिए कहा था, उनके भुगतान के लिए श्री दीनदयाल जी के निर्देशानुसार स्विफ़्ट ट्रांसफ़र हेतु अपने बैंकर की जानकारी दे रहा हूँ। हम आपसे आग्रह करते हैं कि कृपया हमें 11,400 अमेरिकी डॉलर भेज दें।

SELVA EXPORTS

16, Aravamudha Garden Street, Behind Dasaprakash Hotel, Egmore, Chennai - 600 008, India
Phone : 0091-44-28253033 Fax : 0091 - 44 - 28238967
E-mail : selvaexp@sify.com, artcolony@sify.com

TO

Date 18-1-2007

NIMBUS IMPORT & EXPORT INC
U.S.A.
E-mail: artofpast@aol.com ✓

Sir,
Please find herewith our Banker's Details for the payment by Swift Transfer instructed by Mr. Deena Dayal towards the Export of your order goods. We request you to send us the payment for **USD 11,400.**

OUR BANKER'S DETAILS

1. REMITTER : **NIMBUS IMPORT & EXPORT INC U.S.A.**

2. REMITTER'S CONNECTING SWIFT CODE BANKER : BOFAUS3N BANK OF AMERICA, 100 WEST AB.NO.026009593 33RD STREET, 4TH FLOOR, NEWYORK.NY 10018.

3. CONNECTING BANKER'S ACCOUNT NUMBER : 6550-5-91876

4. RECEIVER : SELVA EXPORTS SOUTH INDIA.

5. RECEIVER'S BANK : SWIFT:**CNRBINBBMFD** A/C.NO.10221 OF **SELVA EXPORTS** CANARA BANK, KILPAUK BRANCH, CHENNAI-600 010.

Thanking you,
"BEST REGARDS"

Yours sincerely,
for SELVA EXPORTS.

संजीवी से जुड़े सेल्वा एक्सपोर्ट्स का सुभाष कपूर की निंबस के नाम इनवॉइस और नोट

इनवॉइस की यह प्रति आइडल विंग को सितंबर 2014 के आख़िर में सौंपी गई थी। लेकिन, हद की भी हद हो गई कि कुछ नहीं हुआ।

जुलाई 2015 में, इंडी ने भारतीय अधिकारियों के साथ अगले दौर में भी यह जानकारी साझा की। इस बार उसने वल्लभ प्रकाश और उसके बेटे आदित्य के बारे में प्रमाण दिए। यह कपूर का साथी है और ऐसा कहा जाता है कि इसने अन्य कई कलाकृतियों के साथ ही, भारत से एजीएनएसडब्लू के लिए अर्धनारीश्वर की मूर्ति को भी भिजवाने का बंदोबस्त किया था। उसका नाम नटराज की हाथ-कटी मूर्ति के केस में भी है। उस नोट में भी है जिसे कपूर ने आरोन को यह कहते हुए लिखा था कि भारतीय अधिकारियों से 'सौदा' कर ले। एक बार फिर, कुछ नहीं हुआ। भारतीय अधिकारी हाथ पर हाथ धरे बैठे थे।

सुभाष कपूर से जुड़ी कलाकृतियों की वापसी की माँग करने में भारत की ओर से की जा रही बड़ी देर मेरे और मेरे सहयोगियों के मनोबल को कमज़ोर कर रही थी, जबकि उन कलाकृतियों को पहचाना जा रहा था और कई मामलों में दुनिया भर में ज़ब्त भी किया जा रहा था। सिंगापुर, ऑस्ट्रेलिया, जर्मनी और कनाडा से छिट-पुट वापसी हो रही थी, लेकिन क़ानून लागू करने के लिए ज़िम्मेदार भारतीय एजेंसियाँ असली अपराधियों के ख़िलाफ़ पर्याप्त कार्रवाई नहीं कर रही थीं, जबकि उनके पास सबूत पक्के थे।

खैर, क़िस्मत या संयोग लगातार हमारी तलाश में हमारा साथ दे रहे थे और भारत में जारी कछुआ चाल हमारे हौसले को तोड़ नहीं सकी। कपूर के दफ़्तरों और गोदामों पर ऑपरेशन हिडन आइडल के दौरान मारे गए छापे से बरामद इमेज बैंक, ईमेल और अन्य जानकारियों से ज़्यादा से ज़्यादा मिलान हो रहे थे। अमेरिकी लोगों के पास जितनी जानकारी थी, उनके ज़रिए वे चोरों और तस्करों के अनेक 'नेटवर्क' की पहचान कर रहे थे जो कला के इस ख़ास क्षेत्र में शातिर हो चुके थे। उदाहरण के लिए, एक गंधारन नेटवर्क था जो पाकिस्तान और अफ़गानिस्तान में सक्रिय है, एक हिमालयन नेटवर्क है जिसे तिब्बती मूल का एक व्यक्ति चलाता है जो नेपाल और हांगकांग के बीच आता-जाता रहता है और नेपाल से अवैध कलाकृतियों की तस्करी करता है। अमेरिकी एजेंसियों ने ऐसे तीन और नेटवर्क की पहचान कर ली। हालाँकि, सबसे बड़ी कामयाबी तब मिली जब उन्होंने अंतरराष्ट्रीय कला-जगत के सबसे हाई प्रोफ़ाइल और सम्मानित डीलरों में से एक, नैंसी वीनर को गिरफ़्तार किया और उसके ख़िलाफ़ मुक़दमा चलाया। सुभाष कपूर के बाद इस गिरफ़्तारी की चर्चा सबसे ज़्यादा हुई और कला-जगत में भूचाल आ गया।

साल 2011 में 88 साल की बूढ़ी माँ डोरिस के गुज़र जाने के बाद नैंसी ही प्रतिष्ठित और शानदार वीनर गैलरी को चला रही थी। डोरिस न्यू यॉर्क में पली-बढ़ी

थी और उसकी शादी एक जाने-माने ज्वेलरी डिजाइनर से हुई थी। वह 1966 में भारत आने-जाने लगी और 1960 के दशक के आख़िर में न्यू यॉर्क की प्रदर्शनियों में मूर्तियों और चित्रों समेत, भारतीय कला की वस्तुओं को बेचने लगी। डोरिस के ग्राहक अमेरिकी समाज से जुड़े ख़ास लोग थे और उनमें जॉन डी. रॉकफ़ेलर तृतीय, इगोर स्ट्राविन्सकी तथा जैकलीन कैनेडी शुमार थीं। *न्यू यॉर्क टाइम्स* में छपी उनकी श्रद्धांजलि के अनुसार, 'डोरिस वीनर गैलरी की असाधारण कलाकृतियाँ ही दुनिया भर के बड़े-बड़े म्यूजियमों में एशियाई कला के प्रमुख संग्रहों का आधार हैं। अन्य म्यूजियमों के साथ ही, इनमें मेट्रोपोलिटन म्यूजियम ऑफ़ आर्ट, क्लीवलैंड म्यूजियम ऑफ़ आर्ट, नोर्टन साइमन म्यूजियम ऑफ़ आर्ट, एशिया सोसाइटी और ब्रुकलिन म्यूजियम शामिल हैं।' क्रिस्टी'ज नीलाम घर ने डोरिस को 'संग्रह के इस वर्ग में सबसे प्रतिष्ठित दिग्गजों में से एक' बताया।[1] सच कहूँ तो मैं इसे तारीफ़ की तरह नहीं देखता हूँ। अपनी माँ की मृत्यु के बाद नैंसी ने कारोबार और उस शानदार संग्रह की ज़िम्मेदारी सँभाली।

हालाँकि, लोग यह नहीं जानते थे कि अमेरिकी एजेंसियों को लंबे समय से इस बात का शक था कि वीनर गैलरी के एक भारतीय, वामन नारायण घीया से संपर्क थे, जिसे 2003 में चोरी की वस्तुएँ रखने और लूटी गई प्राचीन मूर्तियों की तस्करी के आरोप में जयपुर से गिरफ़्तार किया गया था। घीया को पहले दोषी ठहराया गया और फिर उम्र कैद की सज़ा सुनाई गई लेकिन बाद में हाई कोर्ट ने उसे छोड़ दिया था क्योंकि पुलिस ने जाँच में भारी गोलमाल किया था।[2]

1997 में, ब्रिटिश पत्रकार पीटर वाटसन ने एक किताब प्रकाशित की, *सद्बी'ज : द इनसाइड स्टोरी*, जिसमें इस नीलाम घर और वामन घीया के साथ उसके आपत्तिजनक संबंध को बेनक़ाब किया। इसका इतना गंभीर नतीजा यह हुआ कि सद्बी'ज ने अपने लंदन एंटीक डिपार्टमेंट को बंद कर दिया, जिसे लेकर बड़ा खुलासा हुआ था, और उसे न्यू यॉर्क शिफ्ट कर दिया। सद्बी'ज के घीया से संबंध रखने वाले कर्मचारी ने कंपनी छोड़ दी लेकिन यह दिलचस्प है कि घीया से जुड़ी कई कलाकृतियाँ अमेरिका में सद्बी'ज और क्रिस्टी'ज द्वारा आयोजित नीलामियों में बिक्री के लिए शामिल की जाती रहीं।[3] नीलाम घरों से जब भी इस बारे में पूछा जाता, तो वे इनकार कर देते कि उन वस्तुओं का घीया से कोई लेना-देना है और बस, इतना कह देते कि उन वस्तुओं को 'न्यू यॉर्क के एक प्रमुख डीलर' ने भेजा है। हम सब जानना चाहते थे कि वह डीलर कौन है। कुछ जानने वाले थे जिन्हें शक था कि वह डोरिस वीनर ही है।

इस मामले में कामयाबी कपूर की आर्काइव से कुषाण युग के बुद्ध की मूर्ति की लुटेरों द्वारा ली गई तीन तसवीरों से मिली। तसवीरें शंटू नाम के फ़ोल्डर में मिलीं।

यह मूर्ति एसीएम सिंगापुर की बुद्ध की मूर्ति से हू-ब-हू मिल रही थी, जिसके निचले हिस्से में उत्कीर्णन और पिछले हिस्से में बोधि वृक्ष की नक़्क़ाशी थी। बाद के कोर्ट के दस्तावेज़ों के अनुसार, बुद्ध की इस मूर्ति को वीनर ने वामन घीया से ख़रीदा था जो 'अक्सर लूटी गई प्राचीन मूर्तियों की बिक्री के लिए शंटू का इस्तेमाल करता था।'⁴ हालाँकि, उस समय हमने बुद्ध की मूर्ति के मालिकों के इतिहास की जानकारी के लिए एसीएम पर भरपूर दबाव बनाया तब भी उन्होंने कुछ भी बताने से इनकार कर दिया। हमारे पास आज भी प्रमाण का वह दस्तावेज़ नहीं है जो वीनर से ख़रीदारी के समय म्यूजियम को दिया गया था।

यह भी दिलचस्प है कि एसीएम में बुद्ध की जैसी मूर्ति थी, वैसी ही मूर्ति अब तक कुख्यात हो चुके एनजीए में मौजूद थी और हमें शक था कि वह भी वीनर गैलरी से ही ली गई थी। बेशक निडर और अथक जेसन और मिशेला इस केस के पीछे पहले ही पड़ चुके थे! जेसन को किसी गुमनाम सूत्र से जानकारी मिली थी कि बुद्ध को लेकर लेन-देन में काफ़ी घालमेल है।

हालाँकि, हमेशा की तरह ही, एनजीए से जानकारी हासिल करना टेढ़ा और थकाऊ काम था। म्यूजियम की प्रवक्ता ने मिशेला की ओर से प्रमाण की जानकारी के अनुरोध को सिरे से ख़ारिज कर दिया। मिशेला ने जब इसके ख़िलाफ़ अपील की और सूचना की स्वतंत्रता के तहत आवेदन दिया, तो उसे एक ऐसा प्रमाण दिया गया जिसमें लोगों के नामों में फेरबदल कर दिया गया था! इसके बावजूद, हमने यह पता लगा लिया कि, जैसा संदेह था, उसके अनुसार ही उस बुद्ध को वीनर गैलरी ने ही म्यूजियम को बेचा था। (यह भी बता देना ज़रूरी है कि म्यूजियम की ओर से जानकारी देने में आनाकानी के चलते 14 महीने की देरी हो गई।)

जब जाँच की आँच क़रीब आने लगी, तब एनजीए ने विशेषज्ञ डोनाल्ड स्टैडनर से संपर्क किया जिन्होंने वीनर गैलरी से उस मूर्ति की ख़रीद को प्रमाणित किया था। हैरानी इस बात की है कि उन्होंने यह काम ख़रीदारी के समय नहीं किया था। विशेषज्ञ ने म्यूजियम के संरक्षक को बताया कि उसे जहाँ तक यक़ीन है कि मूर्ति नक़ली नहीं है, और उसे यह भी लगता है कि मूर्ति भारत से चुराई गई है और उसके दस्तावेज़ जालसाजी से बनाए गए हैं!

1 मिलियन डॉलर से भी अधिक की इस ख़रीदारी के समय, एनजीए के संरक्षकों ने नैंसी वीनर की ओर से दिए गए दस्तावेज़ों की जाँच नहीं की थी। इसके बजाए उन्होंने उसकी गढ़ी कहानी को चुपचाप मान लिया था। क्या इससे बचा जा सकता था? भगवान की ख़ातिर, बिलकुल बचा जा सकता था।

दो साल पहले, साल 2005 में, कनाडा के रॉयल ओंटारियो म्यूजियम को भी वह मूर्ति लेने के लिए कहा गया था लेकिन उन्होंने इसे ख़रीदने से इनकार कर दिया

था क्योंकि उसके संरक्षक ने अपना काम अच्छी तरह किया था और उस विशेषज्ञ से संपर्क किया था, जिसने वीनर के लिए उसे प्रमाणित किया था। भारतीय कला के माहिर, स्टैडनर ने कहा था कि वह मूर्ति असली है, लेकिन उन्हें लगता है कि इसे अवैध रूप से निर्यात कर मँगाया गया है और उसे प्रामाणिक बताने के लिए फ़र्ज़ी तरीक़े से दस्तावेज़ बनाए गए हैं।

अंदाज़ लगाइए कि इसके बाद क्या हुआ होगा? नैंसी वीनर ने एनजीए को उसके पैसे वापस कर दिए, बुद्ध की मूर्ति वापस ले ली, और फिर इसे भारत को 'दान' कर दिया। यद्यपि बेचैनी बढ़ाने वाले सवाल जस के तस बने थे।

यह 2014 की बात है। मैं अगले दो साल तक कुछ होने का इंतज़ार कर रहा था और इंडी पर लगातार दबाव बना रहा था कि वह वीनर के ख़िलाफ़ कार्रवाई करे, लेकिन एक प्रशिक्षित ऑपरेटर होने के कारण, वह सही समय का इंतज़ार कर रहा था।

हमारी क़िस्मत अच्छी थी। हर साल 'न्यू यॉर्क मेट्रोपोलिटन एरिया में एशियाई कला की 'प्रशंसा और उसे बढ़ावा देने' के लिए एशियाई कला के उच्च कोटि के विशेषज्ञों, प्रमुख नीलाम घरों, और विश्व-विख्यात म्यूजियमों तथा एशियाई सांस्कृतिक संस्थानों के बीच एक सहयोगपूर्ण आयोजन होता है।'[5] 2016 में एशिया वीक के दौरान, नैंसी ने बिक्री के लिए एक कलाकृति पेश की जिसकी हमारे पास कपूर के आर्काइव से जुटाई गई लुटेरों वाली तसवीरें थीं।

कुषाण बुद्ध

इंडी ने धावा बोल दिया। उसने वीनर गैलरी पर रेड की और उस वस्तु के साथ ही दो अन्य संदिग्ध वस्तुओं को ज़ब्त कर लिया और 'हज़ारों दस्तावेज तथा ईमेल क़ब्ज़े में ले लिए।'[6] इंडी ने एशिया वीक में प्रदर्शनी लगाने वाले चार अन्य लोगों पर छापा मारा और 20 मिलियन डॉलर से अधिक क़ीमत की प्राचीन कलाकृतियाँ ज़ब्त कर लीं। इन सबका श्रेय कपूर के कारोबारी रिकॉर्ड और आर्काइव से मिले डेटा को जाता है।

अन्य छापेमारियों के बीच, मशहूर नीलाम घर क्रिस्टी'ज को भी निशाना बनाया गया और लंदन के डॉक्टर अभिजीत लाहिड़ी के संग्रह में से दो कलाकृतियाँ ज़ब्त की गईं, जिनकी बोली नीलाम घर लगाने वाला था। कोर्ट के रिकॉर्ड के अनुसार, उन वस्तुओं का संबंध सुभाष कपूर से था। कपूर को लाहिड़ी के संग्रह की दो कलाकृतियों की लुटेरों वाली फ़ोटो भेजने वाला भी कोई और नहीं बल्कि शंटू ही था। कलाकृतियों के चारों ओर घास और मिट्टी थी जिससे लग रहा था कि वो चोरी के तुरंत बाद की तसवीरें थीं।

क्रिस्टी'ज नीलाम घर और उसके तौर-तरीक़ों पर एक परोक्ष टिप्पणी : *न्यू यॉर्क राज्य की जनता बनाम नैंसी वीनर* केस में कोर्ट के दस्तावेज़ों के अनुसार, क्रिस्टी'ज की नीतियों की 'मात्र इतनी अपेक्षा है कि कोई प्राचीन कलाकृति अपने मूल देश से साल 2000 (या कंबोडिया के लिए 1999) से पहले निकल चुकी हो, चाहे उस देश का धरोहर क़ानून कुछ भी कहता हो।' पता नहीं इस मशहूर नीलाम घर की प्राथमिकताओं के क्रम को लेकर किसी को और क्या प्रमाण चाहिए।

द कान ऑफ़ द एशियन आर्ट सर्किट के एशिया वीक के दौरान तस्करों के ख़िलाफ़ कार्रवाई कर, हम इस लड़ाई को कला-जगत के केंद्र तक ले जाने में कामयाब रहे थे।

एक विज्ञप्ति में एचएसआई न्यू यॉर्क की प्रभारी स्पेशल एजेंट, एंजेल एम. मेलेंडेज ने कहा था, 'एशिया वीक जैसे जाने-माने अंतरराष्ट्रीय आयोजन की शुरुआत से पहले न्यू यॉर्क ने दो महत्त्वपूर्ण संदेश दिए हैं। सबसे पहले यह दिखाता है कि हम दुनिया भर में सांस्कृतिक धरोहर की रक्षा के प्रति कृतसंकल्प हैं और दूसरा, यह दिखाता है कि हम बाज़ार पर नज़र रख रहे हैं ताकि नए ग्राहकों को भी बचाया जा सके।'[7]

छापेमारियों के साथ ही मीडिया का दबाव बेहतरीन परिणाम दे रहा था। अब म्यूजियम और डीलर वस्तुओं को आसानी से सौंप दे रहे थे। मैंने जब इंडियाना के बॉल स्टेट म्यूजियम में चोल युग की काँसे की मूर्ति देखी और जाँच से पता चला कि इसे भी कपूर से ख़रीदा गया था, तो म्यूजियम ने स्वेच्छा से इसे एचएसआई के हवाले कर दिया। एक निजी डीलर ने नौवीं सदी के तमिल संत-कवि श्रीपुरंदन माणिक्क‍वसागर की मूर्ति न्यू यॉर्क में सौंप दी। इसी प्रकार हमें पीबॉडी एसेक्स म्यूजियम, द हार्न म्यूजियम, और होनोलुलु म्यूजियम में कपूर के आर्काइव से मेल

खाती मूर्तियाँ मिल गईं! म्यूजियमों को जब इन कलाकृतियों ज़ब्ती साफ़ नज़र आने लगी तब उन्होंने इन्हें हमें सौंप दिया।

हालाँकि, भारत में क्या होगा? भारतीय अधिकारियों पर उनके पास मौजूद जानकारियों के अनुसार कार्रवाई का दबाव कैसे बना सकते हैं? इसी दौरान, साल 2016 में, इंडी और मेरी फिर से मुलाक़ात हुई। जून 2016 में प्रधानमंत्री के तौर पर नरेंद्र मोदी अमेरिका का पहला चर्चित दौरा करने वाले थे। यह अवसर ईश्वर की कृपा से ही मिला था। मैंने इंडी से कहा कि क्या हम एक छोटा-सा खेल खेल सकते हैं। क्या यह संभव होगा कि अमेरिका इस दौरे के समय कुछ मूर्तियाँ वापस सौंप दे? 1972 से लेकर उस समय तक भारत को 17 मूर्तियाँ वापस मिल चुकी थीं। अमेरिका बीस मूर्तियाँ लौटा दे तो यह संख्या कम नहीं होगी। इंडी ने जवाब दिया, '20 क्यों, हम 200 लौटा देंगे।'

हाँ, अमेरिकियों ने 200 कलाकृतियों को लौटाने की पेशकश की, जो अपने आप में ऐतिहासिक घटना होने वाली थी, और इस समारोह के लिए 7 जून की तारीख़ तय की गई। इसे प्रधानमंत्री के दौरे के आधिकारिक कार्यक्रम में शामिल किया गया।

मई की शुरुआत में हमने अपना क़दम बढ़ा दिया - अमेरिकी पक्ष ने मूर्तियाँ लौटाने से इनकार कर दिया क्योंकि उनके मुताबिक़, भारतीय क़ानूनी एजेंसियों ने पर्याप्त कार्रवाई नहीं की थी।

हड़कंप मच गया। विदेश मंत्रालय के वरिष्ठ अधिकारी इस शर्मसार करने वाले यू-टर्न और झटके की स्थिति का कोई हल निकालने में भिड़ गए। तमिलनाडु आइडल विंग और मुंबई के अधिकारी स्वयं विमान से न्यू यॉर्क पहुँचे जहाँ मेरा अंदाज़ा है कि उनसे तीखे प्रश्न पूछे गए।

27 मई को यह प्रतिनिधिमंडल अमेरिका की मित्रता के प्रतीक के रूप में काँसे की दो छोटी मूर्तियाँ लेकर लौटा जिससे यह अंदाज़ा भी मिला कि उनके पास जो सूचना है, उस पर उन्होंने तुरंत कार्रवाई की तो आगे क्या होने वाला है।

30 मई को, आइडल विंग ने आख़िरकार चेन्नई के मध्य में बसे बेहतरीन इलाक़े में स्थित दीनदयाल के आलीशान घर पर छापा मारा। इस छापेमारी में 300 से ज़्यादा मूर्तियाँ और पेंटिंग बरामद की गईं। दो दिन बाद दीनदयाल ने पुलिस के सामने खुद ही सरेंडर कर दिया। उसका क़रीबी सहयोगी नरसिंहन कुछ ही हफ़्ते बाद गिरफ़्तार कर लिया गया, जो समुद्र के किनारे बसे ऐतिहासिक शहर मामल्लपुरम में प्राचीन कलाकृतियों की दुकान चलाता था। मामल्लपुरम में उसका 100,000 वर्ग फुट का एक गोदाम था और उसके नीचे और भी काँसे की मूर्तियाँ गड़ी थीं। दोनों के ख़िलाफ़ एक दशक से भी पुराने मूर्ति चोरी के कई केस लंबित थे, जिनमें नटराज की हाथ-कटी मूर्ति का केस भी शामिल था।

दीनदयाल के घर पर छापेमारी में बरामद मूर्तियाँ

प्रधानमंत्री मोदी की मौजूदगी वाला समारोह योजना के अनुसार ही हुआ। शानदार प्रदर्शनी में कुल आठ कलाकृतियाँ मोदी को सौंपी गईं, जिनमें श्रीपुरंदन गणेश और श्रीपुरंदन माणिचक्कवसागर तथा अन्य देवी-देवताओं की मूर्तियाँ शामिल थीं।

सुख़ियाँ बता रही थीं कि अमेरिका ने भारत को 200 से ज़्यादा कलाकृतियाँ सौंप दीं जिनकी क़ीमत 100 मिलियन डॉलर से अधिक है।[8] हालाँकि, दुर्भाग्य से बाक़ी बची 200 मूर्तियाँ एएसआई की लालफ़ीताशाली में फँसी हैं। कितना बड़ा झटका है यह!

नवंबर 2016 में, राजस्व ख़ुफ़िया निदेशालय (डीआरआई) और आइडल विंग ने आख़िरकार वल्लभ और आदित्य प्रकाश को गिरफ़्तार कर लिया। मूल रूप से नेपाल निवासी ये दोनों 1959 में मुंबई चले आए थे। आधिकारिक तौर पर उन्हें एजीएनएसडब्लू के अर्धनारीश्वर की मूर्ति की तस्करी का आरोपी घोषित किया गया।

दिसंबर 2016 में, नैंसी वीनर को अमेरिकी अधिकारियों ने न्यू यॉर्क में गिरफ़्तार कर लिया और उस पर चुराई गई संपत्ति को आपराधिक रूप से रखने और अंतरराष्ट्रीय तस्करी नेटवर्क के साथ चोरी की कलाकृतियों की ख़रीदारी, तस्करी, अवैध धन को वैध बनाने तथा उसे बेचने की साजिश का आरोप लगाया गया। ऐसी दो बातें हैं जो नैंसी के ख़िलाफ़ दर्ज केस में ख़ास तौर पर सामने आती हैं।

एक, वीनर के ख़िलाफ़ आधिकारिक शिकायत हमें अंतरराष्ट्रीय कला अपराध के पाँच नेटवर्कों की झलक दिखाती है जिसके साथ मिलकर उस पर साजिश रचने का आरोप है। इनमें पहले वर्णित हिमालयन नेटवर्क और गंधारन नेटवर्क, तथा

ओम शर्मा नेटवर्क (शिकायत के अनुसार शर्मा 'भारत से अवैध रूप से भेजी जाने वाली प्राचीन कलाकृतियों का सप्लायर है'), शरोद सिंह नेटवर्क (शरोद सिंह को भी शिकायत में 'भारत से अवैध रूप से भेजी जाने वाली प्राचीन कलाकृतियों का सप्लायर' बताया गया है) तथा वामन नारायण घीया नेटवर्क।[9]

दो, कोर्ट के दस्तावेज़ कपूर के भरोसेमंद शंटू की पहचान से पर्दा उठाते हैं : 'कपूर के एक पूर्व कर्मचारी के अनुसार, "शंटू" रंजीत कँवर का उपनाम है, जो भारत से कपूर को चोरी के पुरावशेषों का मुख्य आपूर्तिकर्ता है।'[10] याद कीजिए शंटू का ज़िक्र आरोन को भेजे सुभाष के नोट में बार-बार आता है, और जिनमें उससे भारतीय अधिकारियों के साथ 'सौदा' करने को कहा गया था। कोर्ट के दस्तावेज़ों के अनुसार, वह भी एसीएम बुद्ध की मूर्ति के केस में तथा लाहिड़ी के संग्रह मामले में शामिल था जिसकी वस्तुओं को अमेरिकी अधिकारियों ने क्रिस्टी'ज से एशिया वीक के दौरान ज़ब्त किया था।

अफ़सोस कि इतनी कड़ी मेहनत के बाद भी इंडी को दिसंबर 2016 में कपूर केस से हटा दिया गया। वीनर केस उसका आख़िरी वार था, उसकी आख़िरी कामयाबी थी। भारत सदा उसका ऋणी रहेगा। भारतीय विरासत और संस्कृति के प्रति उसकी समझ और उसकी चिंता मेरी जानकारी वाले ऐसे कई भारतीयों से अधिक है।

16

न्यू यॉर्क में छिपाई गईं नटराज और उमा की मूर्तियाँ

अब हम देख चुके हैं कि कपूर की गिरफ़्तारी और उसके काग़ज़ातों की ज़ब्ती के बाद भारतीय और अमेरिकी अधिकारी कपूर के कई सहयोगियों के ख़िलाफ़ कार्रवाई आगे बढ़ाने में सक्षम हो चुके थे। भारत में दीनदयाल गिरफ़्तार किया गया और उस पर मुक़दमा चल रहा है (हालाँकि, अभी वह जमानत पर छूटा हुआ है), वल्लभ और आदित्य प्रकाश जेल में हैं, और मुक़दमा शुरू होने का इंतज़ार कर रहे हैं, और संजीवी अशोक जमानत पर रिहा होने के बाद फिर से जेल में है और उसके ख़िलाफ़ जो आरोप हैं, उनमें श्रीपुरंदन और सुतमल्ली लूटों से संबंधित नए आरोप जोड़े गए हैं। मद्रास उच्च न्यायालय के दखल के बाद, और महीनों बचते रहने के बाद आइडल विंग का कादर बाचा आख़िरकार 14 सितंबर 2017 को गिरफ़्तार किया जा सका – कल्पना कीजिए, एक शीर्ष पुलिस अधिकारी क़ानून से बचकर भागता रहा![1] अमेरिकी अधिकारियों ने खुलासा किया कि उन्होंने शंटू की पहचान रणजीत कँवर के तौर पर की थी, लेकिन भारतीय अधिकारियों ने अब तक इस खुलासे पर कोई कार्रवाई नहीं की है।

अमेरिका में आरोन फ़्रीडमैन ने जुर्म क़बूल कर लिया है और वह अधिकारियों के साथ सहयोग कर रहा है, और नेंसी वीनर गिरफ़्तार की जा चुकी है तथा उस पर मुक़दमा चल रहा है, लेकिन वह जमानत पर छूटी हुई है। हालाँकि, अब जबकि हम अपनी कहानी के ख़ात्मे की ओर हैं, तो आप यह ज़रूर सोच रहे होंगे कि सुभाष की गर्लफ़्रैंड सेलिना मोहम्मद और बहन सुषमा सरीन का क्या हुआ?

हालाँकि, यह बताने से पहले मैं आपको उस नोट की याद दिलाना चाहता हूँ जो सुभाष ने आरोन के पास भेजा था और जिसमें कहा था, 'सेलिना को 4 कलाकृतियाँ – काँसे के नर्तक जो 4 अलमारियों में रखे हैं, लौटा दो।' उस नोट पर 2 नवंबर 2011 की तारीख़ थी। 6 नवंबर 2011 को आरोन को लिखे एक और नोट में सुभाष ने स्पष्ट किया था, 'काँसे के 4 नर्तक 4 अलमारियों में = 2 जोड़े नटराज और उनकी अर्धांगिनी ऐसा।' जैसा कि पहले बताया जा चुका है, आरोन को भेजे गए ये संदेश ऑपरेशन हिडन आइडल के छापों में मिले थे। यह भी पहले बताया जा चुका है कि इंडी के मुख़बिर 1 के ज़रिए हम जानते हैं कि कपूर नटराज की दो मूर्तियाँ 3.5 मिलियन डॉलर और 5 मिलियन डॉलर में बेचने की कोशिश कर रहा था। इसके अतिरिक्त, कपूर पार्वती की दो मूर्तियों को 2.5 मिलियन डॉलर और 3.5 मिलियन डॉलर में बेचने की कोशिश कर रहा था। 5 मिलियन डॉलर की नटराज की मूर्ति वही मानी जा रही है जिसके बारे में हमें अध्याय 1 में पता चला था और जिस पर सुतमल्ली नटराज उकेरा हुआ था। 3.5 मिलियन डॉलर की पार्वती की मूर्ति उसकी जोड़ी मानी जा रही है जिस पर सुतमल्ली शिवगामी उकेरा हुआ है। आपको याद होगा कि एक अज्ञात सूत्र के आधार पर सुभाष कपूर की गैलरी से बरामद काँसे की उत्कीर्ण सुतमल्ली की इन मूर्तियों की बरामदगी उसके ख़िलाफ़ मामले में मिले सुराग़ों में से एक थी।

उस समय तक, 2013 में आरोन फ्रीडमैन के ख़िलाफ़ अधिकारियों ने चार्जशीट दायर कर दी थी, सेलिना मोहम्मद पर भी चोरी का माल रखने का आरोप लग चुका था, क्योंकि उसके पास से काँसे की वो चार मूर्तियाँ मिली थीं जिन्हें सुभाष कपूर ने उससे छिपाने के लिए कहा था। उस पर चुराई गई प्राचीन कलाकृतियों के फ़र्ज़ी मालिकाना दस्तावेज़ बनाकर उन्हें वैध बनाने की साजिश जैसे आरोप भी थे।

सेलिना ने भी अधिकारियों के साथ दया के समझौते के हिस्से के तौर पर साजिश में भागीदारी का अपराध क़बूल किया। सांस्कृतिक धरोहर मामलों के वकील रिक सेंट हिलेयर बताते हैं :

मोहम्मद ने दिसंबर 2013 में अपराध क़बूल किया कि वह पाँचवीं डिग्री की साजिश में छोटे आरोप को स्वीकार करती है जिसका इरादा एक या अधिक लोगों के साथ मिलकर कोई बड़ा अपराध करने का था। अभियोजन पक्ष ने चुराई गई संपत्ति के आपराधिक क़ब्ज़े के बड़े आरोप, बातचीत के बाद हुए दया समझौते के तहत हटा दिए।

...(2015 में), अदालत ने सशर्त रिहाई पर उसे छोड़ दिया। सशर्त रिहाई का मतलब है कि मोहम्मद को एक साल तक अच्छा आचरण करना होगा या फिर अदालत द्वारा लगाए गए प्रतिबंधों का सामना करना पड़ेगा।[2]

हालाँकि, अधिकारियों ने चोरी की संपत्ति रखने का आरोप क्यों हटा लिया? अदालती दस्तावेज़ों के अनुसार, आरोन ने सुभाष कपूर के कहे अनुसार, चार मूर्तियाँ सेलिना के अपार्टमेंट में पहुँचाईं। हालाँकि, 5 जनवरी 2012 को शुरू हुए ऑपरेशन हिडन आइडल के छापों के बाद, 'सेलिना मोहम्मद चुराई गईं कांस्य मूर्तियों को अपने अपार्टमेंट में नहीं रखना चाहती थी। इसका इंतज़ाम... सुषमा सरीन के साथ किया गया था कि चारों कांस्य प्रतिमाएँ उठाकर किसी "सुरक्षित जगह" पर ले जाई जाएँगी ...सरीन ने भिजवाने का इंतज़ाम किया था। वास्तव में, (कोई) मुख़बिर ...चुराई गई मूर्तियों को गैलरी वापस पहुँचाना चाहता था, लेकिन सुषमा ने कहा कि वे उसके पास सुरक्षित रहेंगी।'[3]

तो, इस तरह से, काँसे की चारों मूर्तियाँ स्पष्ट तौर पर सेलिना के पास नहीं, सुषमा सरीन के पास थीं।

सुषमा पर भी 2013 में चुराई गई संपत्ति रखने का आरोप लगाया गया। उसके ख़िलाफ़ शिकायत में यह भी कहा गया है, '(एक), मुख़बिर के अनुसार ...मुलजिम (सुषमा सरीन) कपूर की गिरफ़्तारी के बाद से ही प्राचीन कलाकृतियों के अवैध धंधे में गहराई से जुड़ी रही है... उसने भारत की यात्रा की, वायर ट्रांसफ़र से धन पहुँचाने में मदद की और कपूर के पहले के सौदों के अनुसार, उसने प्राचीन कलाकृतियों के तस्करों से संपर्क किया।'[4] सुषमा सरीन ने सारे आरोपों से इनकार किया और इस समय वह 10,000 डॉलर के बॉन्ड की जमानत पर है। उस पर 14.5 मिलियन डॉलर की मूर्तियाँ रखने का आरोप है, लेकिन वास्तव में वे मूर्तियाँ अनमोल हैं। भारत ने उसके ख़िलाफ़ कोई अलग से आरोप लगाने की कार्रवाई नहीं की है।

काँसे की चार मूर्तियाँ – सुतमल्ली शिवगामी-नटराज युगल और दो अन्य – अब तक नहीं मिली हैं। आज भी उन्हें न्यू यॉर्क में कहीं छिपाकर रखा गया है।

हालाँकि, नटराज और उमा की दूसरी मूर्तियाँ भारत में हैं कहाँ की? जहाँ कुछ लोगों का मानना है कि वे मूर्तियाँ भी सुतमल्ली मंदिर की हैं, वहीं मेरा मानना है कि कपूर के आर्काइव का एक संकेत हमें सही उत्तर देता है। 'संजीवी' नाम के फ़ोल्डर में चुराई गई नटराज और उमा की मूर्तियों के फ़ोटो हैं। उसके साथ ही एक नोट भी है जिसमें बताया गया है कि वे एक गड़े हुए ख़ज़ाने की हैं जिसे संभवतः लुटेरों ने गुप्त रूप से खोदा था और भारत से बाहर उसकी तस्करी कर दी थी। मेरा मानना है कि दूसरी जोड़ी यही है जो न्यू यॉर्क में छिपाई गई है।

एक बार फिर से उस बलिदान के बारे में सोचिए जो हमारे पूर्वजों ने हमारे देवताओं की मूर्तियों को लुटेरों और उपद्रवियों से बचाने के लिए किया था। सोचिए, उन लोगों ने किस हद तक त्याग किया। हम पहले ही देख चुके हैं कि उन्होंने अपनी जान की परवाह किए बिना उन्होंने मूर्तियों को बचाने के लिए उन्हें ज़मीन में गाड़

दिया। हमने देखा है कि भारी हिंसा का सामना करते हुए भी उन्होंने अपना मुँह नहीं खोला और यह नहीं बताया कि उनके देवताओं की मूर्तियाँ कहाँ छिपाई गई हैं। हमने यह भी देखा है कि किस तरह से पुजारी प्यार या अन्य किसी कारण से नहीं, बल्कि इसलिए अपने बेटों के लिए प्रार्थना करते थे कि देवताओं की मूर्तियों का पता करने और ख़तरा टल जाने के बाद उन्हें फिर से प्रतिष्ठापित करने के लिए कोई तो बचा रहे। कई सदियों तक ये मूर्तियाँ ज़मीन के नीचे तब तक सुरक्षित रहीं, जब तक कि इंसानी लालच और धनपतियों तथा लुटेरों ने उन दोनों का, और मूर्तियों को बचाने के लिए अपने प्राणों का बलिदान देने वाले लोगों का उपहास नहीं उड़ाया। देवताओं की ये मूर्तियाँ सबसे ज़्यादा बोली लगाने वाले को नीलाम कर दी जाती हैं और काँच के पिंजरों में रख दी जाती हैं। वे एक सामान्य वस्तुएँ बनकर रह जाती हैं जिन पर लोग नज़र भर डालते रहते हैं। उनकी कोई देखभाल नहीं की जाती, ना तो उन्हें गाने सुनाए जाते हैं, ना स्नान कराया जाता है, ना ही भोजन कराया जाता है और ना ही प्यार किया जाता है।

मैं केवल यही कह सकता हूँ, 'हे मेरे भगवान, जहाँ भी आपका मन करे, आप वहीं रहिए, सुरक्षित रहिए। हम आपको पाने की उम्मीद नहीं छोड़ेंगे और जल्द ही आपको वापस स्वदेश ले आएँगे।'

लेखकीय कथन

मुझे यक़ीन है कि आपने हर्षद मेहता, अब्दुल करीम तेलगी, नीरव मोदी, विजय माल्या और सत्यम, टूजी, कोलगेट, कॉमनवेल्थ गेम्स और आदर्श घोटालों के बारे में सुना होगा। ये सब जाने-माने नाम हैं और हमारी राष्ट्रीय याददाश्त का हिस्सा हैं। कई घोटालेबाज़ भाग निकले हैं, लेकिन हम कम से कम उन्हें चोर और ठग तो मानते हैं जो कि वे हैं भी। हालाँकि, अगर में मनु नारंग,[1] नॉर्टन सिमोन,[2] बंपर कॉर्पोरेशन,[3] बेन हेलर,[4] एलपी चोराडिया,[5] या वामन नारायण घीया,[6] के नाम लूँ तो क्या इनमें से किसी के नाम पर आपके कानों में घंटी बजती है? नहीं ना? हालाँकि, ये वे लोग हैं जिनके नाम प्राचीन कलाकृतियों की उन सबसे बड़ी चोरियों और तस्करी के धंधे से जुड़े हैं जिनके भारत ने खुलासे किए हैं, लेकिन इन लोगों की इज़्ज़त आम लोगों की नज़र में ख़राब नहीं हुई है।

मैं नहीं चाहता कि हमारे देवी-देवताओं की मूर्तियाँ चुराने और भाग निकलने वाले गुमनाम चोरों और तस्करों की सूची में सुभाष कपूर, संजीवी अशोकन, दीनदयाल, आदित्य प्रकाश, शंटू और कादर बाचा के नाम भी शामिल हो जाएँ। पिछले चालीस सालों में इन लोगों ने मिलकर हज़ारों रत्न और धातु की मूर्तियाँ हमारे मंदिरों से चुराई हैं। इनके गोदामों और भंडारों में पड़े माल या इनकी सूची में सैकड़ों और कई बार तो हज़ारों तक की कलाकृतियाँ पड़ी हुई हैं। ये सारे गुणवान लोग कई-कई दशकों से व्यवसाय कर रहे हैं। क्या आप वास्तविक लूट का अंदाज़ा लगा सकते हैं? प्रिय पाठक, मेरे यह किताब लिखने का कारण ही यही है।

हालाँकि, इस लूट में केवल यही लोग शामिल नहीं हैं। हज़ारों नहीं तो सैकड़ों छुटभैये अनजान डीलर भी हैं जो जाने-अनजाने भारतीय कला की इस अवैध आपूर्ति श्रृंखला का हिस्सा बने हुए हैं। इनमें से ज़्यादातर कोई बड़े नाम नहीं हैं और विश्व की सांस्कृतिक राजधानियों में उनके महँगे-महँगे शोरूम नहीं हैं। उदाहरण के लिए, इनमें से अनेक भारतीय कलाकृतियों के इस व्यापार के लिए ईबे का इस्तेमाल करते

हैं। गूगल पर सरसरी तौर पर सर्च करने पर ही रत्न और धातु की सैकड़ों और हज़ारों मूर्तियाँ छोटी-बड़ी वेबसाइटों पर नीलामी के लिए पड़ी मिल जाएँगी। दुनिया भर के संग्रहालयों और कलाघरों में रखी मूर्तियाँ इनके अतिरिक्त हैं। पत्थरों की ज़्यादातर मूर्तियों के सिर या पैर कटे हुए हैं – जो कि इस बात का संकेत हैं कि हमारे मंदिरों से इन्हें बलपूर्वक, हड़बड़ी में या क्रूरता के साथ रात के अंधेरे में सब्बलों और कुदालियों से निकाला गया है और छोटे वाहनों में रस्सी से बाँधकर रखकर इनकी ढुलाई हुई है। इन वेबसाइटों पर जब भी आपका 'एड टू कार्ट' या 'प्लेस बिड' पर क्लिक करने का मन ललचाए, तो मेरी विनती है कि आप एक बार यह सोचें : अपने मूल मंदिरों से इन प्राचीन कलाकृतियों को किन भयानक परिस्थितियों से निकाला गया होगा? किस तरह से उन्हें भारत से बाहर भेजा गया होगा?

इस अवैध कारोबार के पीछे लंबा इतिहास है। भारत की समृद्ध ऐतिहासिक सामग्री की लूट को ब्रिटिश सरकार और अन्य उपनिवेशवादी मालिकों ने व्यवस्थित रूप दिया था। हमारे पास ऐसे कई मामले हैं जिनमें भारतीय कला के ख़ज़ानों को उठाकर सीधे उन्होंने अपने देश भेज दिया – संपदा का अधिकार और सांस्कृतिक स्वामित्व सब बेकार रहे! कुछ मामलों में तो केवल एक बैग चावल और कुछ सुपारियों के बदले 'मूल निवासियों' से उनकी कलाकृतियाँ ले ली गईं – एक मामले में तो एक चश्मे के बदले ये कलाकृतियाँ ले ली गईं। स्वतंत्रता के पूर्व, हमारी मूर्तियों और कलाकृतियों की तस्करी के लिए डिप्लोमैटिक पाउच का इस्तेमाल होता था। राजनयिक लोग जाँच से मिली अपनी छूट और विशेषाधिकारों का इस्तेमाल करके भारतीय कलाकृतियों को देश से बाहर ले जाया करते थे। जैसा कि हमने इस किताब में देखा, समकालीन लूट में कई तरह के लोग, तरीक़े और तकनीकें शामिल हैं। आधुनिक लुटेरे तो ऐसी भारी कलाकृतियों को भी देश से बाहर ले जाने में और हमारी उन अनमोल धरोहरों पर प्राइस टैग लगाने में सक्षम हैं जिनके बारे में माना ही नहीं जा सकता कि इन्हें कहीं लाया ले जाया जा सकता है।

जहाँ तक माँग का सवाल है, तो दुनिया भर के अनेक नीलामघर, डीलर, निजी संग्रहकर्ता और यहाँ तक कि सरकारी धन से चलने वाले संग्रहालय भी भारतीय कलाकृतियों का ज़्यादा से ज़्यादा भंडार जमा करने के लिए खुलेआम नियम-क़ायदों का उल्लंघन करते हैं। वे बक्सों पर टिक करने की खानापूर्ति करते हैं, यह नहीं देखते हैं कि किसी वस्तु की बिक्री वैध है या नहीं। ऐसा इस कारण से क्योंकि वे जानते हैं कि कम से कम पिछले कई सालों से भारत में हमारी धरोहरों को चुराने वाले लुटेरों के पीछे भागने की इच्छाशक्ति नहीं रही है।

ख़रीदने और बेचने वालों का काम एक ख़ास लुब्रीकेंट से आसान बनाया जाता है : नियमित रूप से संदिग्ध कलाकृतियों को प्रमाणित करने वाले अंतरराष्ट्रीय

विशेषज्ञ क्रेताओं और विक्रेताओंं को सलाह देते हैं, वे वस्तुओं का मूल्यांकन करते हैं और लूट का माल बेचने में सहायक साबित होने वाला कैटेलॉग लिखते हैं। इनमें पद्म पुरस्कार प्राप्त विशेषज्ञों समेत प्रतिष्ठित विद्वान होते हैं। वास्तव में, कई विद्वान दुर्लभ कलाकृतियों पर आधारित शोध पत्र प्रकाशित करते हैं, लेकिन उन्हें 'निजी संग्रह' के सामान में सूचीबद्ध करते हैं। ये कहाँ, किसके पास और कैसे हैं, ये अहम जानकारी वे छिपा लेते हैं। यह उसी तरह से है जिसे 'तुम मेरी पीठ खुजाओ, मैं तुम्हारी पीठ खुजाता हूँ' कहा जाता है।

लुटेरों-तस्करों, ख़रीदारों और विशेषज्ञों की तिकड़ी की हुकूमत को रोकेगा कौन? जहाँ तक भारतीय अधिकारियों की बात है तो कुछ नहीं कहना ही बेहतर है। आइडल विंग में, कस्टम विभाग में, एएसआई में, सर्वोच्च स्तर पर साठगाँठ है। जाँच और सर्वेक्षण रिपोर्टों में धाँधली होती है, विवेचना में जान-बूझकर गड़बड़ी की जाती है, वस्तुओं का मूल्य सही तरह से निर्धारित नहीं किया जाता है, और अनेक मामलों में फ़ॉलो-अप बिलकुल नहीं होता। बहुत ही कम मामले ऐसे होंगे जिनमें कुछ मूर्तियाँ वापस लाई जा सकी होंगी। बरामदगियों की फ़ोटो भर खिंच जाती है, गिरफ़्तारी कोई नहीं होती, और लूट का पूरा खुलासा करने के लिए कोई प्रयास नहीं किया जाता है।

प्रिय पाठक, मैंने यह पुस्तक आपको डीलरों, संग्रहालयों, विद्वजनों और क़ानून लागू करने वाली एजेंसियों के बीच की सुविधाजनक साठगाँठ दिखाने के लिए भी लिखी है। महालेखा नियंत्रक और परीक्षक की 2013 की एएसआई के कामकाज पर रिपोर्ट में संरक्षक के वापसी के कमज़ोर प्रयासों की निराशाजनक तसवीर पेश की है। 1970 से 2000 के बीच केवल उन्नीस कलाकृतियाँ बरामद की गई, और 2000 से 2012 के बीच तो एक भी बरामदगी नहीं हुई। यह कहना उचित होगा कि चोरी की भारतीय कलाकृतियाँ अंतरराष्ट्रीय बाज़ार में ईमानदारी का खेल मानी जाती हैं।

चोल साम्राज्य की काँसे की मूर्तियों के लिए अमेरिकियों की भूख के कारण मेरे राज्य तमिलनाडु ने भारी लूट झेली है। जनवरी 2018 में हिंदू रिलीज़स ऐंड चैरिटेबिल एंडोमेंट बोर्ड (एचआर ऐंड सीईबी) के मद्रास उच्च न्यायालय में दायर जवाब में बताया गया कि 1992 से, 387 मंदिरों की 1,204 मूर्तियाँ (372 रत्नों की और 832 काँसे की) चोरी हुई। इसमें कहा गया, '1200 से ज़्यादा चोरी की रिपोर्टों में से केवल 56 का निराकरण किया गया और केवल 18 मामलों में चोरी का सामान वापस कराया जा सका। 33 मंदिरों से 385 प्रतीकों/मूर्तियों की चोरी के मामलों को मिलाकर, सामान को अप्राप्त बताकर पुलिस विभाग ने शिकायतों पर ख़ात्मा रिपोर्ट लगा दी।'[7] ये केवल एचआर ऐंड सीई विभाग के संरक्षण के स्थलों की चोरी की रिपोर्टें हैं, और इनमें तमिलनाडु के गाँवों और कस्बों में खुले में पड़ी मूर्तियों की बड़ी संख्या शामिल नहीं है। अगर तमिलनाडु जैसे पर्याप्त विकसित प्रदेश में यह हालत

है तो मध्यप्रदेश, राजस्थान, और उत्तरप्रदेश जैसे राज्यों में होने वाली लूट के बारे में सोचकर तो मुझे डर लगने लगता है।

जिस रफ़्तार और पैमाने से भारत की कला धरोहर आसानी से ग़ायब हो रही है, उससे आपको सतर्क हो जाना चाहिए। निश्चित ही मैं यह देखकर स्तब्ध रह गया हूँ। परंपरागत तरीक़े से लगाए अनुमान के अनुसार हर साल क़रीब एक हज़ार भारतीय छोटी-बड़ी कलाकृतियों की लूट हो जाती है। इसका मतलब है कि एक दिन में औसतन तीन महत्त्वपूर्ण कलाकृतियों की चोरी हो रही है और संभवतः वे हमेशा के लिए लापता हो रही हैं। एक पल के लिए रुककर, अपने आपसे पूछिए कि जब से आपने इस किताब को पढ़ना शुरू किया है, तब से लेकर अब तक सुतमल्ली और श्रीपुरंदन जैसी नटराज मूर्तियों की तरह कितनी सारी अनमोल नटराज मूर्तियाँ चोरी हो चुकी होंगी।

हालाँकि, इस समय हमें इस पूरे ज़ोरों पर चल रहे संकट से निपटने के लिए गंभीरता से प्रयास करने चाहिए - चर्चित विद्वान, राजनेताओं और क़ानूनी एजेंसियों के अधिकारियों, सबने तय किया है कि हमारा ख़ज़ाना पूरी तरह से सुरक्षित रहे। अंतरराष्ट्रीय लॉबी हमारे 'प्रबुद्ध वर्ग' को कई तरह के मुफ़्त उपहार और अन्य लालच देती है जिनमें अंतरराष्ट्रीय सम्मेलनों में भाग लेने के लिए निमंत्रण, अनुदान आदि शामिल हैं - और बदले में ये गणमान्य लोग अपनी रटी-रटाई बातें दोहराना शुरू कर देते हैं। इन लोगों ने केंद्र सरकार से यह अनुरोध किया है कि वह हमारी धरोहर के लिए 'खुले बाज़ार' का निर्माण करने के लिए कलाकृतियों से संबंधित पहले से ही बेअसर रहे क़ानूनों को और ढीला करे। इनमें से कई चाहते हैं कि एक हज़ार साल से ज़्यादा पुरानी वस्तुओं के निर्यात पर रोक लगाने वाले क़ानून को हटा दिया जाए।

हमसे कहा जाता है कि भारतीय कलाकृतियाँ धूल भरे पुराने मंदिरों के बजाय, आलीशान विदेशी संग्रहालयों में ज़्यादा अच्छी तरह से और सुरक्षित रहेंगी। इससे ज़्यादा सच्चाई से परे और कोई बात नहीं हो सकती। यह बात स्पष्ट हो जानी चाहिए कि यह अपराध को न्यायोचित ठहराने और अंतरराष्ट्रीय सशक्त लॉबी के एजेंडा को आगे बढ़ाने के लिए झूठा प्रचार ही है।

पहला तो यह कि ये मूर्तियाँ केवल कलाकृतियों के रूप में तैयार नहीं की गईं, बल्कि ये देवताओं की प्रतीक हैं जिन्हें मंदिरों में ही रखा जाना चाहिए, उनकी देखभाल की जानी चाहिए और उनकी पूजा-अर्चना की जानी चाहिए। जब तक सुभाष कपूर और उसके साथी इस मामले में नहीं घुसे थे, तब तक वे कई सदियों से इन्हीं 'धूल भरे' मंदिरों में पूरी तरह से सुरक्षित थीं। इन मूर्तियों की तकनीकी दमक और शिल्पकला मंदिर के अंदर ही, मंत्रमुग्ध कर देने वाली आध्यात्मिकता, कला

और सौंदर्यबोध के मेल के साथ देखी जानी चाहिए। ये श्रद्धा और भक्ति की प्रेरणा देने के लिए हैं। ये उस समय देखने के लिए हैं, जब आपके कानों में घंटियाँ बज रही हों, श्लोक और मंत्रों का पाठ हो रहा है, डमरू बज रहे हों। ये तेल के दियों की रोशनी में या फिर त्यौहारों के दिनों में शानदार रथों पर देखने के लिए हैं। ये तब देखने के लिए हैं जब आपकी इंद्रियाँ घी, धूप और ताज़ा फूलों तथा कपूर की सुगंधों को महसूस कर रही हों। ये काँच के पिंजरों के पीछे से, निर्जीव संग्रहालयों या आर्ट गैलरी में देखने के लिए नहीं हैं, जहाँ उस अद्वितीय अहसास का निर्माण दोबारा किया ही नहीं जा सकता जो आपको किसी मंदिर को देखने से, उसके गर्भगृह में या मंदिर के पवित्रतम स्थल पर देखने से महसूस होता है। हमारा पहला और सर्वश्रेष्ठ विकल्प इन मूर्तियों को उनके स्थानों में, इन मंदिरों में रहने देने का ही है।

इसके अलावा, अगर आप यह मानते भी हैं कि हमारे देवी-देवताओं की मूर्तियाँ अन्य देशों में ही सुरक्षित रह सकती हैं, तो भी ये आपकी नहीं हैं जो आप उन्हें मेट्रोपॉलिटन म्यूजियम या विक्टोरिया और अल्बर्ट म्यूजियम या किसी निजी संग्रहकर्ता को बेच दें। उन पर पहला हक़ साधारण ग्रामीणों का है, और फिर हम सबका है, राष्ट्र का है।

इसके बाद मेरी दूसरी बात आती है। हमारे संविधान निर्माताओं ने संविधान में अनुच्छेद 49 शामिल किया था। इस अनुच्छेद में कहा गया है : 'राष्ट्रीय महत्त्व वाले घोषित किए गए कलात्मक या ऐतिहासिक अभिरुचि वाले प्रत्येक संस्मारक या स्थान या वस्तु का विघटन, विरूपण, विनाश, निष्कासन, निपटान या निर्यात से संरक्षण करना राज्य की बाध्यता होगी।' इसलिए, महत्त्वपूर्ण स्थलों और वस्तुओं का संरक्षण करना सरकार का कर्तव्य है। अमूल्य मूर्तियों को ऐसे ही लंदन, सिंगापुर या ऐसी ही जगहों पर नहीं भेजा जा सकता।

सौ सालों से ज़्यादा पुरानी पंजीकृत प्राचीन कलाकृतियों के निर्यात पर रोक लगाने वाले हमारे धरोहर संबंधी क़ानून को ढीला करने के लिए समर्थन जुटा रहे धनपिपासुओं को यूनान और इटली के धरोहर प्रबंधकों का पूरा समर्थन है। लेकिन, ज़रा अनुमान लगाइए। यूनान, इटली और महत्त्वपूर्ण धरोहर रखने वाले हर देश में धरोहर संरक्षण के लिए अपने क़ानून हैं। इसी तरह से आप अपनी धरोहर रूपी वस्तुओं को सुरक्षित रखते हैं। तो, भारत में ही हमारे क़ानून को क्यों लागू नहीं होना चाहिए? अगर हमारे देवी-देवताओं की मूर्तियों को किसी कारण से संग्रहालय में ही रखना पड़े तो किसी भारतीय संग्रहालय में ही क्यों नहीं रखें?

चीज़ों में धीरे-धीरे सुधार हो रहा है - कम से कम पिछले कुछ सालों में स्थिति बेहतर हुई है। पिछली अनैतिक घटनाओं से अब हम काफ़ी आगे निकल आए हैं। उदाहरण के लिए 1970 के दशक में हुई घटनाओं को देखिए। 1973 में भारत सरकार ने पहली बार एक 'आक्रामक' क़दम उठाया था और उसने लाखों डॉलर में शिवपुरम नटराज की मूर्ति ख़रीदने वाले दुनिया के सबसे धनी लोगों में से एक नॉर्टन सिमॉन पर मुक़दमा किया था, जिसके बारे में पहले बताया जा चुका है। जब *न्यू यॉर्क टाइम्स* ने उससे पूछा था कि क्या यह कलाकृति तस्करी के ज़रिए लाई गई है, तो सिमॉन ने जवाब दिया था, 'बिलकुल, इसे तस्करी के ज़रिए ही लाया गया है। मैंने भारतीय कलाकृतियों के लिए पिछले दो सालों में 15 से 16 मिलियन डॉलर ख़र्च किए हैं, और इनमें से ज़्यादातर को तस्करी के ज़रिए लाया गया है।' नटराज उन चुनिंदा कृतियों में है जिन्हें भारत वापस लाया जाना था। अदालत के बाहर एक समझौता किया गया था - जिसमें एक झटके वाली बात है - समझौते के तहत नॉर्टन सिमॉन को नटराज के बदले भारतीय कलाकृतियों का बाक़ी संग्रह अपने पास रखने दिया गया था, जिनमें शिवपुरम की सोमस्कंद की शानदार मूर्ति भी थी। इस एक समझौते के ज़रिए ही भारतीय कला की आठ सौ से ज़्यादा कृतियों की लूट को वैध बना दिया गया! इस घटना से मूर्ति चोरी के मामलों से निपटने में भारत की सुस्ती भरे तरीक़े का पता चलता है और उसके स्वरूप की जानकारी होती है।

अब मार्च 2018 में आते हैं। संस्कृति मंत्री ने एक रिपोर्ट पेश की जिसमें 2014 से 2018 के बीच सत्ताइस कलाकृतियों को स्वदेश वापस लाने में भारत की सफलता के बारे में बताया गया। यह संख्या बहुत ज़्यादा नहीं है, लेकिन यह भी ध्यान रखना चाहिए कि 2000 से 2012 के बीच एक भी कलाकृति स्वदेश वापस नहीं लाई जा सकी। छब्बीस कलाकृतियाँ मेरे प्रयासों से और मेरे साथ के प्रतिबद्ध स्वयंसेवकों की छोटी-सी टीम के प्रयासों से वापस लाई जा सकीं। इससे पता चलता है कि अल्प संसाधनों वाली छोटी टीम भी लगन और समर्पण के साथ बड़े काम कर सकती है। ये छोटी लेकिन महत्त्वपूर्ण सफलताएँ हमें प्रेरणा देती हैं। हमने यह काम किसी धन या पुरस्कार के लालच में नहीं किया। अगर हमें अपने देश की सरकार का सहयोग मिले तो हम और भी ज़्यादा काम कर सकते हैं। उम्मीद करनी चाहिए कि सरकार में बैठे लोगों तक यह पुस्तक पहुँचेगी।

हालाँकि, सबसे बड़ी बात यह है कि मैं दुनिया के कला जगत के ठगों तक कठोर संदेश पहुँचाने के लिए मैंने यह किताब लिखी है। ऐसे भारतीय हैं जिन्हें अपनी धरोहर पर गर्व है और जो आपसे पूरी ताक़त से लड़ेंगे। हम आपके लालच के बहकावे में नहीं आने वाले। कई सालों पहले, एक बड़े नीलामघर ने मेरी 'रिसर्च' को स्पॉन्सर करने का और अपनी शानदार लाइब्रेरी के इस्तेमाल का 'मुफ़्त इस्तेमाल' करने का प्रस्ताव दिया था। उसने मुझे अपने 'एशियाई प्राचीन कलाकृतियों' की

पूर्व-पड़ताल करने के लिए सलाहकार का पद देने का भी प्रस्ताव दिया था। मैंने यह काम मुफ़्त में कर देने का प्रस्ताव दिया था, लेकिन शर्त रखी थी कि वे अपनी प्राचीन कलाकृतियों के स्रोत का खुलासा करें। अगर मुझे कोई संदिग्ध प्राचीन कलाकृति मिले, तो उसके आपूर्तिकर्ता के बारे में क़ानूनी एजेंसियों को सात दिन के अंदर जानकारी या तो वे दे दें – या फिर मैं दे दूँगा। उसके बाद उन्होंने मुझसे कोई बात नहीं की। न्यू यॉर्क से विमान के ज़रिए मेरे पास आने वाले उनके वकील को मैंने धन्यवाद देते हुए ईमेल लिखा था, जिसके अंत में उनके गरिमामय प्रस्ताव को अस्वीकार करते हुए एक टिप्पणी मैंने की थी, 'हर भारतीय बिकाऊ नहीं होता!'

परिशिष्ट 1

गड़े हुए ख़ज़ाने : सुरक्षा के लिए गाड़ी गई काँसे की मूर्तियाँ[1]

समय-समय पर काँसे की अनेक मूर्तियाँ ज़मीन के अंदर मिल जाती हैं। तमिलनाडु अकेले में ही पिछले दस सालों में काँसे की 200 से ज़्यादा मूर्तियाँ मिली हैं। अधिकतर मामलों में, हमलों के समय, इन मूर्तियों को सुरक्षा के लिए ज़मीन में गाड़ा गया था क्योंकि डर था कि उन्हें नष्ट कर दिया जाएगा या ले जाया जाएगा। अक्सर ये मूर्तियाँ किसी ख़ास तरीक़े से खोदे गए गड्ढों के अंदर रखी जाती थीं और कभी-कभी इन गड्ढों को ईंट या पत्थर की दीवारों से घेर कर बालू से भर दिया जाता था। मूर्तियों को बालू में नीचे मुँह करके सावधानी से रखा जाता था।

काँसे की ज़्यादातर मूर्तियाँ इन ख़ज़ानों में बिना किसी ख़ास नुक़सान के मिली हैं। इससे पता चलता है कि कितनी सावधानी से इनको छिपाया गया होगा, ताकि बाद में कभी उन्हें फिर से निकाला जा सके और पूजा के लिए मंदिरों में स्थापित किया जा सके।

सुरक्षा के लिए गाड़ी गई काँसे की मूर्तियों के बारे में हस्तलेख

काँसे की इन मूर्तियों के ख़ज़ाने के सावधानीपूर्वक अध्ययन से यह बात स्पष्ट है कि इस तरह की परंपरा शास्त्र-सम्मत थी। आगमों में भी सुरक्षा के लिए काँसे की मूर्तियों को ज़मीन में गाड़ने के बारे में बताया गया है। इनमें कहा गया है :

'जब कभी लुटेरों, शत्रुओं या विरोधी राजाओं के हमलों का डर हो, या गाँव में उपद्रव हो, तो कौतुक, स्नापन, उत्सव और बलिबेरा (बलि देने में, त्योहारों में, स्नान संबंधी रीति-रिवाजों में इस्तेमाल किए जाने वाले चित्र), धातु के चित्रों को छिपा देना चाहिए।'

गुप्त और स्वच्छ जगह पर एक गड्ढा खोदना चाहिए। इसमें रेत फैला देनी चाहिए। उसके ऊपर, कुश की घास फैला देनी चाहिए। धरती माता का आह्वान किया जाना चाहिए। इसके ऊपर पवित्र जल का छिड़काव करना चाहिए और मंत्र 'आपो ही स्था' का पाठ करना चाहिए, पूजा करने वाले पुजारी यानी आचार्य, यजमान को भक्तों के साथ पूजास्थल में प्रवेश करना चाहिए, देवताओं को नमन करना चाहिए और भगवान से अनुमति माँगनी चाहिए और कहना चाहिए, 'भगवान, जब तक ख़तरा है, तब तक जब तक आपका मन करे, आप इस धरती में बने रहें।' इसके बाद धातु के चित्र से दैवीय शक्ति मुख्य देवता में स्थानांतरित हो जाती है। अगर कोई चित्र नहीं हो तो (पुजारी के) हृदय में इसका आह्वान करना चाहिए और मंत्र 'प्रताद विष्णुस तापते' का पाठ करना चाहिए। चित्र को सावधानी से गड्ढे में रखना चाहिए, मंत्र 'यद वैष्णव' का पाठ करना चाहिए। मूर्ति का सिर पूर्व दिशा की ओर होना चाहिए। गड्ढे को रेत या मिट्टी से भर देना चाहिए। गड्ढे का मुँह अच्छी तरह से बंद कर देना चाहिए। इसके बाद पूजास्थल में प्रवेश करना चाहिए, मुख्य चित्र की पूजा करना चाहिए। कुश की घास का कुर्चा बनाना चाहिए, दैवीय शक्ति को मुख्य चित्र से कुर्चा में स्थानांतरण करना चाहिए और फिर उसी की पूजा करनी चाहिए। अगर एक से ज़्यादा माह बीत जाते हैं, तो कुर्चा हटा देना चाहिए, और उसकी जगह नया बनाना चाहिए और उसकी पूजा करनी चाहिए।

अगर स्थिति में सुधार होता है, तो धातु चित्र को निकालना चाहिए, इसे इमली से साफ़ करना चाहिए और और पुण्याह क्रिया की जानी चाहिए।[2]

इसके बाद चित्र को पूजा के लिए पुनर्स्थापित करने के लिए अनुष्ठान किए जाने चाहिए। इसी तरह से छह माह या एक साल से ज़्यादा तक छिपे रहे अन्य चित्रों के लिए भी अनुष्ठान किए जाने चाहिए।

इस प्रकार, शत्रु के आने पर, मंदिर के संरक्षक अपने देवताओं की मूर्तियों को बाद में कभी निकालने के लिए ज़मीन में गाड़ देते थे। आज तक, हर साल तमिलनाडु में अनेक ऐसे ख़ज़ानों के मिलने की ख़बरें आती हैं, जो अनेक महत्त्वपूर्ण प्रश्न खड़े करती हैं। जब ख़तरा टल गया तो इन मूर्तियों को निकाला क्यों नहीं गया था?

दुख की बात है कि इसका सर्वाधिक संभव उत्तर यही है कि या तो इनके संरक्षक जान से मार दिए गए होंगे या फिर वे लंबे समय के लिए कहीं दूर भगा दिए गए होंगे। हालाँकि, अत्याचार और मौत के ख़तरे के बावजूद, उन्होंने देव-मूर्तियों की जगह गुप्त ही रखी। इस तरह से उन्होंने पराक्रम और सर्वोच्च बलिदान करते हुए भी दुश्मनों की बात नहीं मानी।

परिशिष्ट 2

प्रोवेनेंस ऐंड आर्ट लॉस रजिस्टर

फ़्रांसीसी शब्द प्रोवेनिर से बने प्रोवेनेंस शब्द, 'उद्गम', का अर्थ किसी ऐतिहासिक वस्तु के स्वामित्त्व, आधिपत्य या स्थान के कालक्रम से लगाया जाता है।

'बेहतर उद्गम' किसे माना जाता है?

- व्यापक रूप से प्रतिष्ठित और मान्यता प्राप्त अधिकारी या कला विशेषज्ञ के हस्ताक्षर वाला सत्यापन प्रमाण पत्र या कथन।

- कलाकृति पर किसी प्रदर्शनी या गैलरी का स्टिकर लगा हो।

- कलाकार का मौखिक या लिखित कथन।

- गैलरी की या सीधे कलाकार की मूल बिक्री रसीद।

- कलाकार की फ़िल्म या रिकॉर्डिंग या फ़ोटोग्राफ़ जिसमें वह कलाकृति के बारे में बात कर रहा हो या उसके बगल में खड़ा दिख रहा हो।

- किसी मान्यता प्राप्त अधिकारी या कला विशेषज्ञ का प्रशंसा पत्र।

- कलाकृति के पूर्व मालिकों के नाम।

- मान्यता प्राप्त विशेषज्ञों या अधिकारियों के पत्र जिनमें कलाकृति के बारे में चर्चा की गई हो।

- समाचार पत्रों या पत्रिकाओं में कलाकृति के बारे में लेख या उसके प्रकाशित चित्र।

- किसी किताब या प्रदर्शनी के कैटेलॉग में कलाकृति का ज़िक्र या चित्रण।

- कला से परिचत या कलाकार को जानने वाले और कला के बारे में अधिकारपूर्वक बोल सकने वाले किसी व्यक्ति से मौखिक जानकारी।[2]

इस पुस्तक में बताए गए सुभाष कपूर के मामले अपने काम में माहिर इंसान की करतूतों का बखान करते हैं। कपूर ने कड़ी मेहनत से 'अच्छे उद्गमों' की कड़ी तैयार की थी। वह संग्रहालयों की प्रदर्शनियों के लिए अपने चोरी के सामान उधार देता था और यहाँ तक कि अस्थायी डिस्प्ले के लिए होटलों को भी देता था, और इस तरह से अपनी वस्तुओं का शानदार इतिहास तैयार करता था। अक्सर कुछ प्रसिद्ध विशेषज्ञ भी उसकी वस्तुओं का सत्यापन उपलब्ध कराते थे।

हालाँकि, कपूर के भंडार के सबसे उत्सुकतापूर्ण उद्गम उसके द्वारा हासिल आर्ट लॉस रजिस्टर (एएलआर) प्रमाण पत्र हैं। इंटरनेट पर एएलआर का स्वयं के बारे में विवरण इस प्रकार है :

दुनिया भर के विशेषज्ञ सामान ख़रीदने या उन्हें लेने और अपने पास मौजूद सामान को दर्ज करने या गुम हुए सामान की बरामदगी के अवसरों को अधिकतम करने के लिए उन वस्तुओं के उद्गमों की जाँच के लिए हमारी सेवाएँ लेते हैं।

एएलआर चोरी हुई कलाकृतियों, प्राचीन वस्तुओं और संग्रह-योग्य वस्तुओं का दुनिया का सबसे बड़ा निजी रिकॉर्ड है। इसकी सेवाओं में वस्तुओं का पंजीकरण, खोज, संग्रहकर्ताओं, बीमाकर्ताओं और दुनिया भर की क़ानूनी एजेंसियों तक उन्हें वापस पहुँचाना शामिल है। ये सेवाएँ अत्याधुनिक सूचना प्रौद्योगिकी के इस्तेमाल से, और विशेष रूप से प्रशिक्षित पेशेवर कला इतिहासकारों की टीम के ज़रिए सक्षमतापूर्वक उपलब्ध कराई जाती हैं...

अवधारणा के लिहाज से, इस व्यवसाय के दो पहलू हैं।

पहला, सभी मूल्यवान वस्तुओं के डेटाबेस में पंजीकरण को प्रोत्साहित करके... एएलआर कलाकृतियों की चोरी को रोकने में अहम भूमिका निभाता है। अपराधियों को अब अच्छी तरह से पता है कि चोरी की कलाकृतियों को बेचने की कोशिश करने में उन्हें किस तरह के ख़तरे का सामना करना पड़ सकता है।

दूसरा, कला विक्रेताओं के लिए अच्छी परिश्रमी सेवा संचालित करके, और किसी भी तरह के अवैध स्वामित्व के संदेह पर दुनियाभर में फ़ोकस होने से भी, एएलआर बरामद किए गए चोरी के सामान को उनके सही मालिक तक पहुँचाता है। हाल के सालों में, इस सेवा ने कलाचोरी के पीड़ितों के लिए मुआवज़े की बातचीत तक और मौजूदा स्वामित्व को वैध बनाने तक अपना विस्तार किया है।[3]

श्रीपुरंदन नटराज की मूर्ति के लिए एएलआर से जारी एक प्रमाण पत्र के मसौदे पर एक नज़र डालते हैं।

एएलआर संदर्भ : AOP 260-4 दिनांक 20 अप्रैल 2007।

निम्न सामग्री के लिए आर्ट लॉस रजिस्टर के डेटाबेस में अब हम खोज पूरी कर चुके हैं।

सामग्री : शिव नटराज

सभ्यता : तमिलनाडु

काल अवधि : 11वीं-12वीं शताब्दी, चोल काल

उद्गम देश : दक्षिण भारत

माध्यम : काँसा

आकार : 52 इंच

उपलब्ध उद्गम : उपलब्ध नहीं कराया गया

हम प्रमाणित करते हैं कि हमारी सर्वश्रेष्ठ जानकारी के अनुसार, यह वस्तु चोरी या लापता कलाकृतियों के हमारे डेटाबेस में पंजीकृत नहीं है, और ना ही किसी दावेदार ने 1933 से 1945 के बीच हमें इस वस्तु के गुम होने की कोई सूचना दी है। हालाँकि, इस पर ध्यान देना चाहिए :

- चोरी या गुम होने की हर घटना की सूचना हमारे पास नहीं होती

- यह डाटाबेस अवैध रूप से निर्यात कलाकृतियों के बारे में तब तक जानकारी शामिल नहीं करता जब तक कि उनके बारे में चोरी होने की सूचना नहीं दी जाए

- एएलआर 1933 से 1945 के बीच ज़ब्त, लूटी गईं या जबरन क़ब्ज़े में रखी गईं या जबरन बेची गईं सारी कलाकृतियों का ब्यौरा नहीं रखता।

इस पर भी ध्यान देना ज़रूरी है कि यह प्रमाण पत्र इस वस्तु की प्रामाणिकता का कोई संकेत नहीं देता।

जिस दौरान हमें खोज की, उसके लिए हम किसी वस्तु के उद्गम की कोई गारंटी नहीं देते। आर्ट लॉस रजिस्टर में आपकी खोज कड़े परिश्रम को दर्शाती है लेकिन इसका मतलब यह नहीं कि आप आगे खोज नहीं करें या कोई जानकारी मिलने पर हमें नहीं बताएँ। अगर हमें जानकारी मिलती है कि इस प्रमाणपत्र का किसी तरह से दुरुपयोग किया गया है तो ज़रूरी लगने पर हम कार्रवाई कर सकते हैं।

अगर हमारी सेवा की आपको फिर से ज़रूरत महसूस हो तो हमसे संपर्क करने में हिचकें नहीं।

यह वास्तव में चकरा देने वाली बात है कि इस तरह के प्रमाण पत्र को कड़ी मेहनत का हिस्सा बताया जाता है। इसमें तो केवल यह कहा गया है, 'यह वस्तु चोरी की वस्तुओं के हमारे डेटाबेस में नहीं है, जो सबसे पहले तो संपूर्ण है ही नहीं।' 1933 से 1945 के बीच की अवधि स्पष्ट तौर पर बताती है कि एएलआर का प्राथमिक उद्देश्य नाजियों द्वारा चुराई/ज़ब्त/अनैतिक रूप से क़ब्ज़ाई कलाकृतियों की वापसी कराना है।

चोल काल की कांस्य की संबंधित मूर्ति पर विचार करते हैं। अनेक मंदिरों में जिनकी पूजा हो रही हो, या अन्य धार्मिक कारणों से काँसे की मूर्तियों की फ़ोटोग्राफ़ी करने की सख़्त मनाही होती है। जहाँ पर फ़ोटोग्राफ़ लेने की अनुमति होती भी है, वहाँ भी शायद ही किसी चोरी की वारदात की रिपोर्ट होती है। अगर चोरी की रिपोर्ट होती भी है, तो भी तमिलनाडु के मंदिर इतने दरिद्र हैं कि वे लंदन स्थित मुनाफ़ा कमाने वाले संगठन एएलआर के चोरी की कलाकृतियों के डेटाबेस में अपनी मूर्तियों के पंजीकरण कराने का भारी शुल्क अदा नहीं कर सकते। भारत की क़ानूनी एजेंसियाँ भी एएलआर की सेवाओं का इस्तेमाल नहीं करतीं। फिर जब इंटरपोल के पास चोरी की गई कलाकृतियों का अपना डेटाबेस है जिसमें चोरी की गई कलाकृतियों का पंजीयन पूरी तरह से शुल्क मुक्त है, तो फिर कोई एएलआर के पास क्यों जाएगा? यह सब जानते हुए, कोई संग्रहालय या संस्थान एएलआर के प्रमाण पत्र को सार्थक परिश्रम के हिस्से के तौर पर स्वीकार करेगा?

मेरी यह जानने की उत्सुकता है कि भारतीय कलाकृतियों के चोरी के कितने मामले एएलआर में पंजीकृत हैं। मैं यह भी जानना चाहूँगा कि एएलआर ने अतीत की कलाकृतियों को कितने प्रमाण पत्र जारी किए हैं, और कितने भारतीय कलाकृतियों के डीलरों को जारी किए हैं।

मेरा संदेह है कि अगर एएलआर उन सभी प्राचीन कलाकृतियों की सूची जारी करता है जिसे उसने प्रमाण पत्र दिए हैं, साथ ही भारतीय कलाकृतियों के अन्य डीलरों की सूची जारी करता है, तो अवैध रूप से निर्यातित और चुराई गई कलाकृतियों की आशंकाओं के मामले में बहुत भारी सफलता मिल सकती है। निस्संदेह, उनमें कुछ स्वाभाविक मामले भी होंगे, लेकिन हमें कहीं से तो शुरुआत करनी है तो इसके लिए यह भी अच्छा मौक़ा है।

नोट्स

1.   सुभाष कपूर की आलीशान ज़िंदगी

1   http://www.metmuseum.org/art/collection/search/39328

2   http://www.sothebys.com/en/auctions/ecatalogue/2013/indian-andsouth-asian-works-of-art-n08976/lot.277.lotnum.html

3   http://www.metmuseum.org/art/collection/search/64487

4   'Th e rogue's gallery: Subhash Kapoor and India's stolen artefacts', Arun Janardhanan, *Indian Express*, 17 July 2016. http://indianexpress.com/article/india/india-news-india/subhash-kapoor-arrestedextradited-idol-smuggling-stolen-2918744/

5   'History on Sale', Achintyarup Ray, *Times of India*, 23 July 2011. http://epaper.timesofindia.com/Repository/ml.asp?Ref=VE9JS00 vMjAxMS8wNy8yMyNBcjAwMjAw&Mode=HTML&Locale= english-skin-custom

6   'Gallery bought $11m worth of art from "smuggler" Subhash Kapoor', Michaela Boland, *The Australian*, 16 November 2013. https://www.theaustralian.com.au/arts/gallery-bought-11m-worth-of-art-fromsmuggler-subhash-kapoor/story-e6frg8n6-1226761365873?sv=df2 1fe0c2fdce9220e59914e87d4b98c

2.   सुतमल्ली और श्रीपुरंदन की लूट

1   S.R. Balasubrahmanyam, *Early Chola Temples*, Sangam Books, 1960.

2   'Tamil Nadu Government works on special preventive law to curb temple thefts', S.H. Venkatramani, *India Today*, 30 April 1984.

https://www.indiatoday.in/magazine/crime/story/19840430-tamilnadu-government-works-on-special-preventive-law-to-curbtemple-thefts-803012-1984-04-30

3   http://www.tneow.gov.in/IDOL/status_info.html

4   http://www.tneow.gov.in/IDOL/status_info.html

5   http://www.tneow.gov.in/IDOL/status_info.html

3.   मुंबई से चला कंटेनर

1   'Th e man who sold the world', Adam Matthews, *GQ*, 5 December 2013. https://www.gqindia.com/content/man-who-sold-world/

2   'ICE seizes statues allegedly linked to Subhash Kapoor, valued at $5 million', U.S. Immigration and Customs Enforcement website. 12 December 2012. https://www.ice.gov/news/releases/ice-seizesstatues-allegedly-linked-subhash-kapoor-valued-5-million

3   'Th e rogue's gallery: Subhash Kapoor and India's stolen artefacts', Arun Janardhanan, *Indian Express* 17 July 2016. http://indianexpress.com/article/india/india-news-india/subhashkapoor-arrested-extradited-idol-smuggling-stolen-2918744/
'Operation Hidden Idol: The struggle to bring back Indian antiquities', S. Vijay Kumar, *Swarajya,* 5 May 2015. https://swarajyamag.com/culture/operation-hidden-idol-the-struggle-tobring-back-indian-antiquities

4   'DRI helps US Customs bust antiques scam', Renni Abraham, DNA, 23 March 2017. http://www.dnaindia.com/mumbai/report-drihelps-us-customs-bust-antiques-scam-1086580

5   'Exposing a multidecade smuggling operation', Narayan Lakshman, *The Hindu* 11 November 2012. http://www.thehindu.com/todayspaper/tp-national/exposing-a-multidecade-smuggling-operation/article4086697.ece

6   Subhash Kapoor's confession note., 'TN cops send letter rogatory to US in case of smuggled idols', *Times of India,* 2 October 2012. https://timesofi ndia.indiatimes.com/city/chennai/TN-cops-send-letterrogatory-to-US-in-case-of-smuggled-idols/articleshow/16638831.cms
'Th e rogue's gallery: Subhash Kapoor and India's stolen artefacts', Arun Janardhanan, *Indian Express,* 17 July 2016. http://indianexpress.

com/article/india/india-news-india/subhash-kapoor-arrestedextradited-idol-smuggling-stolen-2918744/

'Th e man who sold the world', Adam Matthews, *GQ*, 5 December 2013.

https://www.gqindia.com/content/man-who-sold-world/

7   https://www.ft.com/content/fcec428e-6b55-11e7-b9c7-15af748b60d0

5.   पन्ना के लिंग से मिला सुराग़

1   'Idol thieves are adopting innovative ways', Gayatri Jayaraman, *India Today*, 18 June 2015.

http://indiatoday.intoday.in/story/tamil-nadu-stolen-antique-idolswing-prateep-v-philip/1/445384.html

2   *R. Venkataraman v Th e Director General of Police*
https://indiankanoon.org/doc/68007570/

6.   इंडी ने सँभाली कमान

1   'Stolen Vishnu idol sent back to India', *The Hindu* 19 April 2006.
http://www.thehindu.com/todays-paper/tp-international/Stolen-Vishnu-idol-sent-back-to-India/article16905840.ece

7.   आहत प्रेमिका का बदला

1   'Purchasing a major work of art for the collection', Joan Cummins Brooklyn Museum blog, 14 August 2007. https://www.brooklynmuseum.org/community/blogosphere/2007/08/14/purchasing-a-major-work-of-art-for-the-collection/

2   Ibid., 5 October 2007. https://www.brooklynmuseum.org/community/blogosphere/2007/10/05/purchasing-a-major-workof-art-for-the-collection-part-vi/

3   http://eresources.nlb.gov.sg/newspapers/digitised/issue/straitstimes20100319-1#

8. मूर्ति के नीचे अभिलेख और एक गुमनाम सुराग़

1 'Asia Week 2010 in New York: Arts Of Asia Report,' Tuyet Nguyet and Robin Markbreiter, *Arts of Asia,* Vol. 40, issue 3, May–June 2010.

9. जर्मनी में गिरफ़्तारी

1 https://indiankanoon.org/doc/14478654/?type=print

2 'Th e man who sold the world', Adam Matthews, *GQ,* 5 December 2013. https://www.gqindia.com/content/man-who-sold-world/

3 Note dated 3 November 2011.

10. चालाक दीनदयाल और नटराज की खंडित मूर्ति

1 '13 idols stolen from Pazhavoor temple', *The Hindu,* 20 June 2005. http://www.thehindu.com/2005/06/20/stories/2005062004670700.htm

2 'Two idol smugglers held in Mumbai', R. Sivaraman, *The Hindu,* 30 November 2016. http://www.thehindu.com/news/cities/chennai/Two-idol-smugglers-held-in-Mumbai/article16727431.ece

3 Ibid.

4 Ibid.

5 *R. Venkataraman v Th e Director General of Police.* https://indiankanoon.org/doc/68007570/

6 'Idol theft: DSP on the run', R. Sivaraman, Th e Hindu, 29 June 2017. http://www.thehindu.com/news/national/tamil-nadu/idol-theftdsp-on-the-run/article19166544.ece

7 'DSP wanted in antique idols smuggling case arrested', R. Rajaram, *The Hindu,* 14 September 2017. http://www.thehindu.com/news/national/tamil-nadu/dsp-arrested-for-stealing-antique-idols/article19682036.ece

8 'First class facility for Basha rejected', *The Hindu,* 7 October 2017. http://www.thehindu.com/todays-paper/tp-national/tp-tamilnadu/court-rejects-suspended-dsps-plea/article19816065.ece

9 'Th e man who stole gods', Narayan Lakshman, *The Hindu,* 21 October 2017. http://www.thehindu.com/opinion/op-ed/the-man-whostole-gods/article19891536.ece

10 Undated note from Subhash Kapoor to Aaron Freedman.

11 *Subhash Chandra Kapoor v Inspector of Police.* 3 April 2012. https://
indiankanoon.org/doc/14478654/

12 'SC refuses to quash warrant against idol dealer wanted in TN,'
Times of India epaper, 22 June 2012. http://epaper.timesofi ndia.
com/Repository/getFiles.asp?Style=OliveXLib:LowLevelEntityT
oPrint_TOINEW&Type=text/html&Locale=english-skin-custo
m&Path=TOICH/2012/06/22&ID=Ar00701

13 'Th e man who stole gods', Narayan Lakshman, *The Hindu,* 21 October
2017. http://www.thehindu.com/opinion/op-ed/the-man-whostole-
gods/article19891536.ece

11. अर्धनारीश्वर और नटराज

1 'New images of stolen Nataraja surface', A. Srivathsan, *The Hindu,* 28
June 2013. http://www.thehindu.com/news/national/new-imagesof-
stolen-nataraja-surface/article4857658.ece

2 'New Evidence Of Stolen Idols at the National Gallery of Australia',
chasingaphrodite.com, 4 June 2013. https://chasingaphrodite.
com/2013/06/04/scoop-new-evidence-of-stolen-idols-at-thenational-
gallery-of-australia/

3 'New images of stolen Nataraja surface', A. Srivathsan, *The Hindu,* 28
June 2013. http://www.thehindu.com/news/national/new-imagesof-
stolen-nataraja-surface/article4857658.ece

4 'Coming clean: Australia's Art Gallery of New South Wales releases
Kapoor documents', Chasing Aphrodite blog, 25 June 2013. https://
chasingaphrodite.com/2013/06/25/coming-clean-australias-artgallery-
of-new-south-wales-releases-kapoor-documents/

5 'Galleries need new standards for collecting precious artefacts',
Michaela Boland, *The Australian,* 6 July 2013.
https://www.theaustralian.com.au/news/inquirer/galleries-neednew-
standards-for-collecting-precious-artefacts/news-story/1854
3c8aa412d56bf6efef0f9ed706f7?sv=50c1657cdf78aa0e613799868
bb6efe0

6 'Temple idol from Tamil Nadu surfaces in Australia', A. Srivathsan,
The Hindu, 21 July 2013. http://www.thehindu.com/news/national/

tamil-nadu/temple-idol-from-tamil-nadu-surfaces-in-australia/article4935770.ece

7   'ICE HSI, Tamil Nadu Police arrest major India-based artifact smugglers', U.S. Immigration and Customs Enforcement website, 11 November 2016. https://www.ice.gov/news/releases/ice-hsi-tamilnadu-police-arrest-major-india-based-artifact-smugglers

8   'Brian Kennedy backed out of a transaction with Kapoor', Michaela Boland, *The Australian*, 5 November 2013. http://www.theaustralian.com.au/arts/visual-arts/brian-kennedy-backed-outof-a-transaction-with-kapoor/news-story/38feecb9ad0f08167621d9c4fd97f363

9   https://nga.gov.au/AboutUs/press/RTF/ShivaNataraja_MR.rtf

10   'National Gallery of Australia defends practices despite admitting it may have been conned into buying stolen Indian art', Annie Maria Nicholson, *ABC News*, 6 March 2014. http://www.abc.net.au/news/2014-03-05/national-gallery-defends-practices-oversuspected-stolen-art/5300966

11   Ibid.

12   'Waiting for the Nataraja', Nirupama Subramanian, *The Hindu*, 17 April 2014. http://www.thehindu.com/news/national/waiting-forthe-nataraja/article5920514.ece

13   'Th e Dancing Shiva', *ABC Net*, 24 March 2014. http://www.abc.net.au/4corners/the-dancing-shiva/5343282

14   Ibid.

15   'Home at last: Looted Shivas to be handed over in meeting of PMs', *The Australian*, 5 September 2014. https://www.theaustralian.com.au/arts/visual-arts/home-at-last-looted-shivas-to-be-handed-over-inmeeting-of-pms/news-story/e8addaa1534733388700e358b3b40e3b

16   'Stolen idols back from Australia but far from public view', A. Selvaraj and Julie Mariappan, *Times of India*, 12 September 2014. https://timesofindia.indiatimes.com/city/chennai/Stolen-idolsback-from-Australia-but-far-from-public-view/articleshow/42315974.cms

12. सिंगापुर में उमा

1   www.poetryinstone.in

2   Art of the Past advertisement in *Arts of Asia*. Vol. 36 No. 5, September–October 2006.
Art of the Past Catalogue, September 2006.

13. ऑपरेशन हिडन आइडल

1   'Feds: Subhash Kapoor "one of the most prolifi c commodities smugglers in the world"', chasingaphrodite.com, 6 December 2012. https://chasingaphrodite.com/2012/12/06/feds-subhash-kapoorone-of-the-most-prolifi c-commodities-smugglers-in-the-world/

2   https://chasingaphrodite.com/tag/kapoor-galleries/

3   *The People of the State of New York v Aaron Freedman*. https://www.scribd.com/document/189440692/NY-vs-Aaron-Freedman

4   'Assistant to accused antiquities smuggler pleads guilty to possessing looted items', Tom Mashberg, *The New York Times* blog, 4 December 2013. https://artsbeat.blogs.nytimes.com/2013/12/04/assistant-toaccused-antiquities-smuggler-pleads-guilty-to-possessing-looteditems/?_r=0)

15. गुर्गे

1   'The Kushan Buddhas: Nancy Wiener, Douglas Latchford and New Questions about Ancient Buddhas', chasingaphrodite.com, 1 February 2015. https://chasingaphrodite.com/2015/02/01/the-kushan-buddhas-nancy-wiener-douglas-latchford-and-newquestions- about-ancient-buddhas/

2   'Ghiya-wont-serve-life-term-idols-will-go-to-museum', DNA *Syndication*, 16 January 2014. http://dnasyndication.com/dna/TopNews/dna_english_news_and_features/Ghiya-wont-serve-life term-idols-will-go-to-museum/DNJAI46059

3   'The idol thief: Inside one of the biggest antiquities-smuggling rings in history', Patrick Radden Keefe, *The New Yorker*, 7 May 2007. https://www.newyorker.com/magazine/2007/05/07/the-idol-thief

4   *The People of the State of New York v Nancy Wiener.* https://www.
     scribd.com/document/335100264/Nancy-Wiener-Complaint

5   http://www.asiaweekny.com/content/history

6   'A year after raids, Asia Week New York returns to the spotlight', Ralph
     Blumenthal and Tom Mashberg, *The New York Times*, 5 March 2017.
     https://www.nytimes.com/2017/03/05/arts/design/asia-week-newyork-
     returns-to-the-spotlight.html?mtrref=www.google.co.in&gwh
     =9B172AE0746FD0A0834A0C7FDFF323D9&gwt=pay.

7   'Stolen ancient jain and hindu statues worth $450,000 seized in US',
     Quint, 13 March 2016. https://www.thequint.com/news/world/
     stolen-ancient-jain-and-hindu-statues-worth-dollar450000-seized
     in-us

8   'US returns 200 artifacts worth $100 million to India', *Economic
     Times*, 7 June 2016. https://economictimes.indiatimes.com/news/
     politics-and-nation/us-returns-200-artifacts-worth-100-millionto-
     india/articleshow/52634085.cms

9   *The People of the State of New York v Nancy Wiener* https://www.scribd.
     com/document/335100264/Nancy-Wiener-Complaint

10 Ibid.

16. न्यू यॉर्क में छिपाई गईं नटराज और उमा की मूर्तियाँ

1   'TN idol theft case: Absconding DSP Kader Batcha arrested',
     A. Selvaraj, *Times of India*, 14 September 2017. https://timesofi ndia.
     indiatimes.com/city/chennai/tn-idol-theft-case-absconding-dspkader-
     batcha-arrested-/articleshow/60509349.cms

2   http://culturalheritagelawyer.blogspot.in/2015/03/kapoor-idoltraffi
     cking-conspirator.html
     'Kapoor idol traffi cking conspirator sentenced', Cultural heritage
     Lawyer blog, 13 March 2015.

3   *The People of the State of New York v Selina Mohamed.* https://www.
     scribd.com/document/193125267/Selina-Mohamed-Complaint

4   *The People of the State of New York v Sushma Sareen.* https://www.
     scribd.com/doc/175894092/Sushma-Sareen-Complaint

लेखकीय कथन

1. *Ram Lal Narang Etc. Etc v State of Delhi* (Admn.), 10 January 1979. https://indiankanoon.org/doc/889775/

2. 'Norton Simon bought smuggled idol', David L. Shirley, *The New York Times*, 12 May 1973. https://www.nytimes.com/1973/05/12/archives/norton-simonbought-smuggled-idol-a-smuggled-idol-bought-by-simon.html

3. *Bumper Development Corp., Ltd. v Commissioner of Police of the Metropolis and Others*.

4. 'Canada arrests two art dealers in import case', Grace Glueck, *The New York Times*, 28 December 1981. https://www.nytimes.com/1981/12/28/nyregion/canada-arrests-two-art-dealers-inimport-case.html

5. 'Tamil Nadu Government works on special preventive law to curb temple thefts', S.H. Venkatramani, *India Today*, 30 April 1984. https://www.indiatoday.in/magazine/crime/story/19840430-tamilnadu-government-works-on-special-preventive-law-to-curbtemple-thefts-803012-1984-04-30

6. *Vaman Narain Ghiya v State of Rajasthan*, 12 December 2008. https://indiankanoon.org/doc/234105/

7. 'Over 1,000 temple idols stolen since 1992: Tamil Nadu admits in Madras High Court', PTI, *Indian Express*, 25 January 2018. http://www.newindianexpress.com/states/tamil-nadu/2018/ jan/25/over-1000-temple-idols-stolen-since-1992-tamil-naduadmits-inmadras-high-court-1763443.html

परिशिष्ट 1

1. 'Archaeological fi nds in South India: Esālam Bronzes and copperplates', R. Nagaswamy, *École française d'Extrême-Orient*, Vol. 76 (1987), pp. 1–51, 53–68. http://www.jstor.org/stable/43733559?loggedin=true&seq=1#page_scan_tab_contents

2. Ibid.

परिशिष्ट 2

2   Art provenance: What it is and how to verify it, ArtBusiness.com.
http://www.artbusiness.com/provwarn.html

3   http://www.artloss.com/about-us

आभार

यह पुस्तक इन दैवीय मूर्तियों को बनाने वाले गुमनाम शिल्पकारों और मूर्तिकारों को, उन्हें संरक्षण देने वाले राजाओं और सामंतों को, और सैकड़ों सालों तक इन दैवीय मूर्तियों की प्यार से देखभाल करते रहने वाले पुजारियों और संरक्षकों को, और मशाल बनकर मुझे रास्ता दिखाने वाले राजराज चोल को समर्पित है।

बहुत लंबी सूची है जिन लोगों को मैं धन्यवाद देना चाहता हूँ।

लेखक श्री कल्कि कृष्णमूर्ति, जिनकी महान कृति *पोनियिन सेल्वन* ने मेरे अंदर ऐतिहासिक कहानियों के लिए अमर प्रेम पैदा किया।

मेरे इतिहास के सारे शानदार उत्साही मित्र जिन्होंने भारत के गौरव को बहाल करने के मेरे सपने में हिस्सा बँटाया।

मेरे दादा-दादी श्री कुप्पुस्वामी अय्यर और कमलांबल, जिन्होंने बचपन में ही मेरे अंदर अपनी सरल, अटूट श्रद्धा और भक्ति के भाव स्थापित कर दिए थे। काश! वे इस पुस्तक को देख सकते।

मेरे माता-पिता, श्रीमती अरुणा और श्री सुंदरेषण, जिन्होंने अदम्य साहस के साथ मेरे प्रयासों का निर्विवाद समर्थन किया।

मेरे सास-ससुर, जिन्होंने मेरे काम पर गर्व किया और आज तक के मेरे काम की प्रेस रिपोर्टों की कटिंग को सहेजा।

मेरे चाचा डॉ. कल्याण जिन्होंने तमिल कंप्यूटिंग और आर्काइव के अपने निशुल्क कार्य के साथ हमें प्रेरित किया।

मेरे बड़े भाई चीनू जो हमारे बचपन में अपनी *अमर चित्रकथा* की किताबें मुझे देते थे, और जिन्होंने मेरी पांडुलिपि पूरी करने के लिए उकसाए रखा!

मेरी स्कूल-शिक्षिकाएँ सुश्री सुंदरम, सुश्री अजिता मैथ्यूज और सुश्री फ्रांसिस्को राव, जिन्होंने मुझे ज़्यादा से ज़्यादा लिखने के लिए प्रोत्साहित किया। मेरे बॉस श्री

नासिर, जिन्होंने मुझे वह सब करने के लिए प्रोत्साहित किया जो मुझे देश के लिए करना चाहिए।

मेरी कोर टीम, अरविंद वेंकटरमन और शाश्वत, जो मौक़े-बेमौक़े दस्तावेज़ी यात्राओं पर मेरे साथ चलने के लिए अपना सारा काम छोड़ देते थे, और माज़ा की बोतलों और मूंगफली की कैंडी के भरोसे बने रहते थे!

लेखिका अनुषा वेंकटेश, जिन्होंने मुझे बताया कि किताब लिखना कोई रॉकेट साइंस नहीं है - इसके पहले मैं निश्चित रूप से रॉकेट लॉन्चिंग को नॉन-फ़िक्शन से अधिक महत्त्व देता।

चेन्नई और कोयंबटूर के मेरे सभी मित्र - मेरे संरक्षक श्री शंकर वनावरायर जिन्होंने मेरे पहले व्याख्यान का प्रबंध कराया और मेरी वार्ताओं को सुनने से कभी नहीं चूके। कलाकार जीवनाथन जो हमेशा वहाँ मौजूद रहते थे (वह भी मेरी तसवीर नहीं बनाते हुए)।

आईएफ़पी की शानदार टीम, ख़ासतौर पर डॉ. मुरुगेशन जिन्होंने अपने आर्काइव्स से सामग्री चुनने के लिए मेरे द्वारा लगाए जा रहे समय में साथ दिया। 1950 के दशक से आर्काइव का संरक्षण करने के उनके निस्वार्थ कार्य के बिना हम अब भी अंधेरे में भटक रहे होते और रो रहे होते।

जेसन फ़ेच और मिशेला बोलैंड जिन्होंने प्रेस में मेरा विश्वास क़ायम किया और खोजी तथा पूर्वाग्रहमुक्त पत्रकारिता की ज़रूरत समझाई।

संजीव सान्याल, जो हमेशा एक स्तंभ के रूप में सहयोग देते रहे और हमें बताते रहे कि अफ़सरशाही के अंदर काम करते रहने के दौरान किस तरह से अपना ध्यान केंद्रित किए रहना है।

अनुराग सक्सेना, जिन्होंने हमें दिल्ली में काम करने के तरीक़ों की जटिलताएँ समझाईं, इंडिया प्राइड प्रोजेक्ट और #BringOurGodsHome की ब्रांडिंग और स्थापना की ज़रूरत समझाई।

देशभर के सभी स्वयंसेवकों और, मित्रों को बहुत-बहुत धन्यवाद जिन्होंने हमारी बात पर विश्वास किया, और मुझ पर भरोसा करके कई अहम बातें बताईं और हम पर भरोसा किया कि हम उस जानकारी को बेचेंगे नहीं, बल्कि उस पर कार्रवाई करेंगे।

आप सभी चर्चित विद्वानों और बुद्धिजीवियों को भी बहुत-बहुत धन्यवाद, जिन्होंने हमें 'आरामकुर्सी पर बैठे रहने वाला उत्साही' बताया, जिन्हें मूल इतिहास से दूर रहना चाहिए - आपकी बातें हमें चुभीं।

अंत में, कई बार शारीरिक रूप से और कई बार मानसिक रूप से इतने लंबे समय तक दूर रहने के लिए, प्रिया और पृथ्वी से हज़ार बार क्षमा माँगता हूँ। यह बोझ मेरे दिल पर लंबे समय तक रहेगा, लेकिन मुझे उम्मीद है कि मेरे काम की जो विरासत मेरे पीछे रह जाएगी वो काफ़ी हद तक उनके इस त्याग की क्षतिपूर्ति कर देगी।

सबसे अंत में, इंडी को धन्यवाद जिसके बिना यह कुछ भी नहीं हो सकता था।

जब देवता स्वदेश आने का फ़ैसला करते हैं, तो वे अपनी वापसी का समय और साधन चुनते हैं। मैं, बस उनकी स्वदेश वापसी का ऐसा ही एक साधन मात्र हूँ।

लेखक के बारे में

एस. विजय कुमार सिंगापुर में रहने वाले फ़ाइनेंस और शिपिंग एक्सपर्ट हैं, और दक्षिण-पूर्वी एशिया में अग्रणी समुद्री परिवहन कंपनी के जनरल मैनेजर हैं। 2007-08 के आसपास उन्होंने भारतीय कला पर एक ब्लॉग शुरू किया था जिसका नाम *poetryinstone.in* था। विजय अपने इस ब्लॉग के कारण कलाप्रेमियों के समूह में शामिल हो गए और उनके साथ मिलकर कलाकृतियों की चोरी के मामलों का पता लगाने में जुट गए। 2010 के आसपास विजय मूर्ति चोरी और तस्करी के मामलों की जाँच में भारतीय और अमेरिकी, दोनों की क़ानूनी एजेंसियों के साथ जुड़ गए। यह पुस्तक उनके इन्हीं क़ानूनी एजेंसियों के साथ सहयोग पर आधारित है और इसके स्रोत अधिकतर वही दस्तावेज़ हैं जो उन्होंने देखे और इस सहयोग के दौरान जो लोगों ने उन्हें बताया है। विजय ने मूर्ति चोरों और तस्करों की गिरफ़्तारी में योगदान दिया है। संग्रहालयों के पास जो मूर्तियों के हिस्से थे, उनके चोरी की गई मूर्तियों से मिलान करने में भी उनका सहयोग रहा है, और इस तरह से मूर्तियों को भारत लाने में उनका प्रमुख योगदन रहा है।